Smile, please

smile 205
找出自己的獨角獸空間：
世界再忙，你也有權擁有創意滿點的人生
Find Your Unicorn Space: Reclaim Your Creative Life in a Too-Busy World
作者：作者：伊芙‧羅德斯基（Eve Rodsky）
譯者：史碩怡
責任編輯：張晁銘
美術設計：許慈力
排版：陳政佑
出版者：大塊文化出版股份有限公司
台北市 105022 松山區南京東路四段 25 號 11 樓
www.locuspublishing.com
讀者服務專線：0800-006689
TEL：(02)87123898　FAX：(02)87123897
郵撥帳號：18955675　戶名：大塊文化出版股份有限公司
法律顧問：董安丹律師、顧慕堯律師
版權所有　翻印必究

印務統籌：大製造股份有限公司
總經銷：大和書報圖書股份有限公司
地址：新北市新莊區五工五路 2 號
TEL：(02) 89902588　FAX：(02) 22901658
初版一刷：2024 年 5 月

定價：新台幣 500 元
ISBN：978-626-7388-93-8
Printed in Taiwan

找出自己的獨角獸空間

世界再忙 你也有權擁有創意滿點的人生

FIND YOUR UNICORN SPACE

RECLAIM YOUR CREATIVE LIFE

IN A TOO-BUSY WORLD

EVE RODSKY

伊芙‧羅德斯基 著

史碩怡 譯

謹獻給書中提及的所有朋友，
感謝你們願意與全世界分享自己的故事。致扎克、班和安娜，
願各位永遠都能在雨中跳舞。

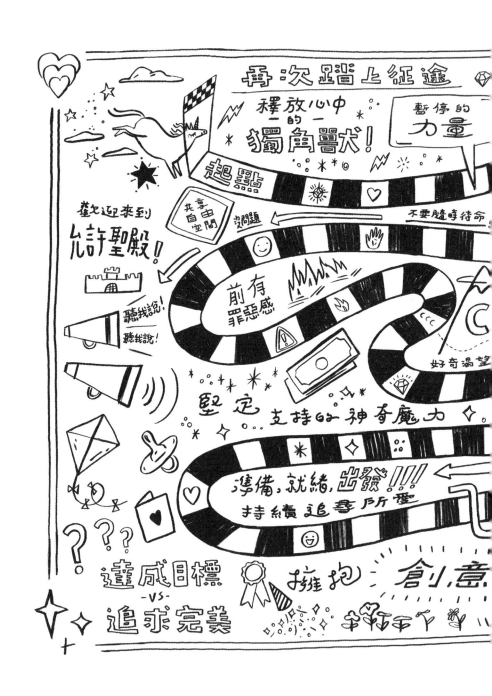

目次

PART 3

//

培養創造力的 3C 原則

祝福各位未來的旅途長長遠遠。

願日後仍有無數美好夏日早晨，

如同初次看見港灣般喜悅快樂。

——摘錄自 C・P・卡瓦菲（C.P. Cavafy）的《伊薩卡》（*Ithaka*），

英文版由埃蒙德・凱力（Edmund Keeley）翻譯

作者的話

《找出自己的獨角獸空間》是希望為所有讀者帶來被看見、被聽見的感受，進而明白自己值得獲得追求創意表達的機會，為人生創造更多的快樂。

我的個人身分認同包括異性戀順性別者、白人、外表是女性、出生於敘利亞猶太移民家庭。我的結婚對象是異性戀順性別者、白人、猶太男子。我成長於勞工階級的單親家庭，但教育和專業職涯發展讓我的經濟穩定無虞。

我為這本書採訪了多元多樣的個體，橫跨了各年齡層、種族、族裔、社經地位、婚姻狀態、教育程度、就業狀態、地理位置、宗教以及順性、跨性、非二元性別和 LGBTQIA+ 社群。有四四％的受訪者身分認同是有色人種，三三％表示自己屬於 LGBTQIA+ 社群。我深知自己在討論此議題時，具備種族和經濟上的優勢，因此費了不少心思與不同種族及社經背景的受訪者交流，想要了解其他人是如何活出創意滿點的人生。

我為《找出自己的獨角獸空間》進行了質化研究，透過開放式問題進行非正式訪談，並根據我對受訪者的觀察，為整個研究奠定良好基礎。這本書可說是專屬於我的英雌征途，為的是打造出專屬於我的獨角獸空間，我的好奇所在是出征的動機，而支持我不斷前行的則是其他人提供的創意洞見；我從形形色色的管道

發掘出這些受訪者，也很榮幸能有機會與他們對話。我閱讀了成千上百篇的文章、原創研究與書籍，只要遇到特定主題，就會去採訪相關專家，領域遍及心理學、社會學、社工、神經科學、行為經濟學以及法律等等，我稱之為「寫書研究」。我有幸可以與臨床心理學教授達比‧薩克斯比（Darby Saxbe）並肩合作，她同時具備專家與獨角夥伴的身分。她是性別分工領域的專家，同時也在積極追尋專屬於她的獨角獸空間，並在團員皆是女性與「媽媽」的樂團擔任吉他手。

為了寫這本書，我不只與專家合作，也採訪了約一百五十位民眾，並在每個故事與每次的採訪過程中，吸收了超多厲害得不得了的創意見解。這些受訪者從事的創意追尋各有不同，而且全都不是有科學根據或依照任何標準化原則去挑選出來的。我也刻意尋找其他國家的受訪者來發聲，包括阿根廷、澳洲、加拿大、薩爾瓦多、歐洲大陸、香港、日本、中國、墨西哥、紐西蘭、奈及利亞、南非、英國以及美國。這些故事如同靈感泉源般在本書交錯出現，並和我為第一本著作《公平遊戲》（*Fair Play*，暫譯）完成的五百多場訪談內容合而為一。這兩批訪談內容都是我在書中引用的「研究訪談」資料。本書只會提及受訪者的名字，除非該人是專家或自認是公眾人物才會寫出全名。我並沒有把每個採訪到的故事都放進此書中，但希望可以在後續的相關著作、播客節目與其他媒體管道上，盡可能去講述更多這類故事。

我做研究時有幸認識的受訪者，很多人都成了我的朋友、導師與不可或缺的靈感來源，讓我得以持續走在打造獨角獸空間的旅程上，更是我向全世界分享此訊息的最大動力。寫這本書是為了向這些女性與所有女人致敬，從順性別、跨性別、女同性戀中偏女性的角色到雙靈人 ¹，即自認為女性的所有人。我把重點放在女性身上的原因有二：首先，因為《公平遊戲》的主題就是在講我們社會的不公不義之處，全是建構在女性的無償勞力以及有色人種女性被低估的有償照護工作之上；再者，研究顯示，為了維持家庭與家族的正常運作，女性負擔起至少三分之二以上的家務，因此較不可能有時間追尋專屬於她們的獨角獸空間。正如我的好友達比·薩克斯比教授所說：「男性待在家時，大部分的時間都拿來從事休閒活動……當男性因擁有更多休閒時間而受惠良多，其妻子自然就失去更多時間。」另外有幾件事想特別提醒一下：我在本書會不斷提及「三職」，即伴侶職（partner）、親職（parent）與專職（professional），此處的「專職」是指有償工作或無償擔任照護者的任何人員；而我在談及和伴侶的溝通建議時，前提都是假設各位處於一段安全且無暴力存在的關係之中。

　　最後，《找出自己的獨角獸空間》是想要向大家展示成為獨角夥伴的意義與看起來的樣貌，以及如何追求獨一無二的創意表達，讓所有人皆能成為無與倫比、生氣蓬勃的自己。

---

1 譯註：英文原文為「two-spirit people」，指稱不符合傳統男性或女性定義的人，簡言之，即是「同時擁有男性和女性靈魂、但又不認同自己是男性或女性其一的人」。

創造力,重新定義為獨角獸空間
ㄔㄨㄤˋ ㄐㄧㄠˋ ㄕㄡˋ ㄎㄨㄥ ㄐㄧㄢ

　　積極放膽追尋任何形式的自我表達,需要以價值觀為依歸的好奇心,並以有意義的方式與全世界分享此追尋。就像啟發本書書名的虛構神話動物一樣,這些與生俱來的天賦與興趣成就了**你**,但除非你允許自己重新找回、探索並悉心培養,否則它們便無法存在。

翻開下一頁,
重新定義專屬於你的創造力。

PART 1

再次踏上征途

何謂獨角獸空間？爲何如此重要？

第一章

釋放心中的
獨角獸

擁抱暫停的力量、全心投入創造力

【個案探討】
糟糕的 Tinder 約會

有天我去拜訪表妹潔西卡（Jessica），我們坐在紐約拉奇蒙特（Larchmont）的施坦茨咖啡廳（Stanz Café），一邊狂嗑整盤酪梨吐司，一邊大聊特聊她的新約會人生。

「我在 Tinder 上向右滑了，」她開口承認。

「真的嗎？」我滿嘴食物問道：「表示你準備好了？」

潔西卡的人生在毫無預警的情況下急轉直下，她先生在三十七歲時發生了嚴重中風，而她辛苦照顧了他整整七年，直到先生康復如初；同時間，她還要應付兩名年幼的孩子與一份全職工作，但她的婚姻最終還是畫下了句點，儘管是和平分手。

潔西卡表示：「已經離婚一年啦，我很自豪什麼事都能自己處理，但說實話，」她停頓了一下，「我不想一直獨自生活。所以

說，對，我想我準備好了。」她堅定地點點頭。

「很好啊，」我語帶鼓勵，「讓我看看你選了誰。」

潔西卡拿出手機，點開了 Tinder 約會應用程式，一直滑到一名叫安迪的男子。「你看一下他的自介，」她邊說邊把手機拿給我。

安迪看起來很愛乾淨，又有種刻意不修邊幅的登山客風格。他笑起來很真誠，列出的興趣如下：冒險、旅行與烹飪。

「看起來不錯啊，」我興奮地說道：「他說『冒險』是他的主要價值觀，跟你一樣欸！」年輕時，我會叫她潔西卡・「冒險王」・科恩，一方面是因為她沒有中間名，所以我逕自給她取了個中間名；一方面也是因為她把當服務生的小費全存下來，然後去爬了吉力馬札羅山、到馬丘比丘探險，以及參訪了柬埔寨的萬人塚紀念館（Ek Memorial）。

「跟過去的我一樣，」潔西卡糾正我。

「還有這個，」我繼續說：「他最愛的格言也跟你一樣：薇薇安・格林（Vivien Greene）的『人生不是只能等待暴風雨過去，而是要學會在雨中跳舞』。真的假的，去哪找喜歡冒險與勵志格言的男人？」

潔西卡嘆了口氣，傾身對我說：「對吧，所以我們已經約會過一次了，但我覺得行不通。」

「我的天，快告訴我所有細節。」我的音量有點大，引起了旁邊整桌人的注意。

「好吧，」她全招了：「我覺得根本是場災難。晚餐才開始十分鐘，他就問我：『你喜歡什麼娛樂活動？』。你能想像嗎？」潔西卡翻了翻白眼。

我清楚感覺到她的惱怒，卻不太明白為什麼。他的問題冒犯到她了嗎？我追問：「休閒娛樂不好嗎？」

她瞪大了雙眼。「誰過了二十歲還會問這種問題啊？拜託，當你要養小孩、把工作做好，還要帶狗去看獸醫，誰會有時間玩樂？我說不出任何『有趣』的答案，所以就提早結束約會了。」

我很能理解她講的那些挑戰，因為我也是職業媽媽，還有好幾隻小小半獸人在家裡晃來晃去。話雖如此，但不是只有 Z 世代或是沒有工作或寵物的單身人士才能享樂吧？

「潔西卡，」我坐起身，用堅定但溫柔的聲音對她說：「和我們所有人相比，你最值得重新找回能為你帶來快樂的事物，而且你必須騰出時間來做這件事。」

她對我比了中指，然後把賬單丟給了我。

✿　◎　⚡

飛回洛杉磯的途中，我思考了一下這個糟糕的 Tinder 約會案例。安迪的「你喜歡什麼娛樂活動」人生觀，看起來似乎是解開潔卡西心情鬱結的正解。她肯定需要來點娛樂，最好還要有自己

的時間與空間，或是來場新的冒險旅程，讓她少一點點責任、多一點點快樂。我該如何幫助她？

暫時想不出什麼好答案，所以我接下來花了整整一小時，滑著各式各樣的 YouTube 影片，結果就發現了「Shige-boh」這個人。我不確定是怎麼點到那部影片的，總之影片中是一群年長的日本阿公阿嬤，超認真的在狂秀街舞舞步，不僅穿著都會街頭潮服，態度更是自然不造作。我看到些什麼？看著這些老人家臉上雀躍的表情，我忍不住露出大大笑容，一邊聽著 CNN 主播吉田真由（Mayu Yoshida）四平八穩的報導：

東京開始出現許多專為老年人設計的街舞課程。此團體自稱為「不老怪獸」（Senior Monster），他們是近期健康風潮的成果之一，證明舞出自我永遠不嫌老。

永遠不嫌老，說得好。吉田主播介紹了一位七十二歲的老人家，名叫 Shige-boh，他秀了一段傳統街舞的複雜腳步動作。他真的很強！他用英文解釋：「我是退休後才開始跳街舞，學了六個月後參加了第一場表演。一開始真的有點難為情，但我邀請了家人來看表演，那是非常難忘的時刻。每次跳舞時我都很開心。」

我懂他。我每次跳舞時也都很開心。我在腦中倒帶至二十五年前的畫面，當時我站在媽媽狹小的公寓中，一臉興奮地在電視機前練習舞步。十四歲時，我和潔西卡表妹超迷《活色生香》（*In*

Living Color）中的「飛躍女孩」（Flying Girls）片段。成為飛躍女孩的一員是我們未來唯一的雄心壯志，每天放學都花好幾個小時、擠在電視和沙發中間那個小小的空間中編舞，就這樣持續到我們辛勤工作的母親和學校升學顧問出於善意，表示我們需要更合理的未來規畫。後來我脫下那雙金光閃閃的舞鞋，暫時放下跳舞夢，走上比較傳統的職涯發展軌道：大學、法學院、三個孩子的媽，潔西卡表妹隨後也走上了類似的方向。

但直到今日，我對舞蹈的熱情從未熄滅。問我的小孩最清楚了，每次我一邊刷牙一邊跳「奔跑的男子」（running man）舞步、一邊替他們準備學校午餐一邊擺爵士手動作，或是一邊折衣服一邊大秀舞步，他們都覺得尷尬死了，忍不住大喊：「媽～拜託你停下來啦！！！」

我先生賽斯的反應則截然不同，他超喜歡我笨拙的舞蹈，每次和朋友出去玩，他都會拱我表演一段舞蹈（幾杯紅酒下肚後，自然而然就跳了起來）。畢竟十五年前相遇時，正是對街舞的共同愛好讓我們明白彼此是絕配。

在飛回家的途中看到「不老怪獸」的影片時，我當下突然有種「找回初心」的感覺。潔西卡差勁的約會經驗教會了我們一件很重要的事。我馬上拿出日記，開始大寫特寫：「人生就是一場又一場的暴風雨，而且隨著年紀愈大，風雨來襲的頻率也愈高。花時間『享樂』是我們平安度過風暴的方式。暴風雨只會接二連三

降臨，所以我們必須學會在雨中跳舞。」

我等不及要和潔西卡分享我發現的這個關聯了。隔天一早，小孩在我身邊亂轉，急著尋找他們的背包和失蹤的鞋子時，我轉寄了那個影片給潔西卡並加註：「必看。」十分鐘後，正當我一如往常地衝出門、準備送大兒子跟二兒子去學校（還要想辦法抓好他們的午餐、我的筆電、裝了太多東西的托特包以及手上的鑰匙）時，她回信寫道：「Shige-boh 單身嗎？」

我回了一個大笑符號並說：「我想你慢了一步，而且你對 Shige-boh 來說也太年輕了，但稍微娛樂一下自己永遠不會太遲。拿出你的舞鞋，是時候在雨中跳舞了。」

創意時間並非可有可無

從忙碌的生活中抬起頭來，才驟然發現我們遺落了某些青春時的夢想與熱情，我相信我和潔西卡絕非特例。各位或許也有同感。你對什麼事感到滿腔熱血？你的身體渴望去做什麼？什麼事可以激起你的好奇心？你的腦袋嚮往去了解什麼？什麼是你過去曾經放棄、現在想要重拾的事物？

想要回學校讀書嗎？想要重新拿起樂器嗎？想要學另一個語言？想要參加馬戲研習營？想要爬山？想要煮一手完美的粵菜？

或是只想留點時間安靜畫個畫？能讓你舞出自我的夢想是什麼？

　　澄清一下，我不是在說什麼找出興趣或重拾嗜好。請先暫時忘掉那些字眼。《哈佛商業評論》（*Harvard Business Review*）的一篇文章表示，嗜好的寬鬆定義為「刻意為之、目標明確地去運用個人擁有的自我時間（不論時間有多短）」。可惜的是，對大多數女性來說，嗜好是非必要的奢侈品，必須在生活有限的時間內，完成所有其他更重要的待辦事項之後，才有機會擁有。

　　既然話都說到這了，不如把「虛榮之作」（vanity project）一詞也丟進垃圾桶吧。虛榮之作一般來說是帶有性別意涵的詞彙，專指不會獲得酬勞的消遣活動，基本上是由伴侶所資助，大多不被社會所看重。這兩個詞彙不僅不受人尊敬，甚至可說是無關緊要。不管是嗜好還是虛榮之作，它們都被歸類為有趣但可有可無的活動。

　　更直白一點的說，我在說的絕對不是找個分散注意力的娛樂活動。相信我，光是要平安度過一天，我就已經夠分心了，才不需要什麼無聊的消遣，各位也一樣。

　　如果不是嗜好、虛榮之作或消遣，那我們在談的究竟是什麼？我指的是積極放膽去追尋任何形式的**自我表達**，需要以價值觀為依歸的好奇心，並以有意義的方式和全世界分享此追尋。不管是藝術創作、拓展專業領域知識，或是發展新技能，意即會讓你沉醉其中的任何活動。無法從事該活動時你會心癢難耐，沉浸

其中時能幫你找到工作、家庭及其他人生義務以外的樂趣,而且完全是為了自己去做⋯⋯正因帶給自身如此豐沛的快樂,所以你會想要和全世界分享。

紐西蘭的一項研究發現,從事類似於我剛所說的創意表達,有助於「良性循環」的形成,包括正向情緒、心理健康以及感到人生「精彩可期」;研究人員將該詞定義為「感覺自己全心投入每日生活,體驗到正面的個人成長,並得以培養社交上的連結互動。這與正向情緒的「擴展與建構理論」(Broaden-and-Build Theory)密切呼應,此概念是由芭芭拉‧佛列德里克森(Barbara Fredrickson)博士首創。佛列德里克森博士的解釋是,正向感受會鼓勵你去拓展視野,進而帶動更多的成長與創造力。東尼‧華格納(Tony Wagner)是「學習政策研究所」(Learning Policy Institute)的資深研究員,他進一步發展了該理論,而其研究顯示,創意表達會帶給人使命感,並能提升心理韌性,還可增加趣味性與好奇心。

鑑於該研究結果(後續會分享更多相關內容),我想邀請各位積極看待「積極放膽追尋專屬於你的創意自我表達形式」,不要再把它視為生活中可有可無、甚或是附加的選項,而是要把它當作是人生必備的基本要素,才能成就全人的身心與情緒健康。

獨角獸空間的力量

好吧，如果保留時間給創意追尋如此不可或缺……為什麼連我本人都費了好一番功夫才做到？我不應是此領域的專家嗎？

容我娓娓道來。我不只是個想要成為街舞舞者的夢想家，同時也是經營一間組織管理顧問公司的律師，專門協助基金會、公司、家族的經營更為順暢。然而就在幾年前，家中的家務整理已將我逼到了極限：我受夠了好像所有事都落在我一個人的頭上，費盡心力讓工作與有著老公和三個孩子的忙碌家庭生活配合得天衣無縫，所以我決意要提高效率，才能拯救我的神智（和婚姻）。

我開始列出我為了維持家庭正常運作，做了哪些不為人道又不受讚賞的瑣事，從煮晚餐、陪寫作業到洗衣服。我將之取名為「我在做的苦差事」清單，並詳細列出執行每項重要性被大幅低估的任務所耗費的時間（包括幫孩子報名課後活動、確認孩子有準時打疫苗、請人來檢查熱水器等等），這些瑣事常常被忽略，但又有其必要性。後來我以「我在做的苦差事」清單為基礎，發明了一套名為「公平遊戲」的制度。我的目標：更公平地分配我家（和你家）的家務和小孩照護責任；唯有如此，一段關係中的伴侶雙方才都能追求成功。透過清楚定義的期望與明確的職責，公平遊戲在家中運用與職場組織管理相同的原則，因為我相信家庭是人生中最重要的組織。

我和朋友以及朋友的朋友分享了公平遊戲這套制度，後來甚至寫成了一本書。此訊息引起廣大共鳴：《公平遊戲》一書成了《紐約時報》最熱賣的暢銷書、獲選為「瑞絲‧薇絲朋讀書俱樂部」（Reese's Book Club）的精選書籍、意外衍生出一套桌遊、一個播客節目及一部記錄片，更讓我因此受邀前往全美和世界各地的團體與公司演講，談論「工作與生活整合」（work-life integration）的概念，以及把社會建構在女性的無償勞力和家務工的低薪勞力上，有多麼地不公不義。親眼見證這套制度光是透過導入一個新詞彙去探討家庭生活，就能引發全球各地家庭的迴響，令我感到十分讚嘆且欣慰。

　　大家都很喜歡在家中制定明確組織策略的想法，而且有不少伴侶告訴我，《公平遊戲》挽救了他們的關係。但真正的魔力在於實行後為所有人（尤其是女性）帶來的改變：當家務以更公平的方式分配後，時間也變多了。

　　在家庭組織中增進效率與公平性的終極獎勵就是時間，有時間休息、有時間專注在自己身上、有時間對事物感到好奇、有時間持續關注所愛之事。在《公平遊戲》一書中，我稱這種時間為「獨角獸空間」。

什麼是獨角獸空間？

　　將創造力重新定義為獨角獸空間，積極放膽追尋任何形式的自我表達，需要以價值觀為依歸的好奇心，並以有意義的方式與全世界分享此追尋，不管是藝術創作、拓展專業領域知識，或是發展新技能。你的獨角獸空間讓你成為無與倫比、生氣蓬勃的你。但就像啟發本書書名的虛構神話動物一樣，除非你允許自己重新找回、探索並悉心培養，否則它們便無法存在。

隨堂測驗

下列哪些活動符合獨角獸空間的條件？

❶ 和朋友輕鬆吃一頓長長的午餐。

❷ 放一缸加了香氛的洗澡水，好好泡個澡、放鬆感官。

❸ 約會之夜：和伴侶晚餐、小酌、跳舞。

❹ 整整一小時不受打擾的時光，心滿意足的在廚房擀開自製麵糰、小火慢燉你的拿手醬料，等會就能自豪地端出去，和親朋好友一起享用晚餐。

答案

❶ 這個選項符合公平遊戲中「成熟友誼」（Adult friend-ships）的定義，對幸福來說是重要且必備的元素，但自成一類。

❷ 這個選項符合公平遊戲中「自我照顧」（Self-care）的定義，是維持大腦和身體功能的必要項目。（不要和「商品化健康」搞混了，也就是試圖賣給你不需要的商品）。真正的自我照顧有其重要性，但不算是獨角獸空間，除非可以連結到更遠大、可與全世界分享的目標。

❸ 這個選項符合公平遊戲中「伴侶關係」（Partnerships）的定義。固定花時間經營關係，不僅能使關係走得更長遠，還能提升關係滿意度，但你仍需追求身為伴侶角色以外的目標，才能獲得終極的自我實現。

❹ 答對了！這個選項具備積極追尋自我表達的所有元素，也涵蓋了以價值觀為依歸的好奇心和有意義的分享。

°°

　　因為我熱愛寫作，所以寫作《公平遊戲》一書就是我的獨角獸空間。能夠將自己在數十本手記中用潦草字跡寫下的各種念頭和零碎想法，轉換成出版用的完整原稿，對我來說就是夢想成

真，而且每次和其他對伴侶聊起這個主題，我都會感到人生像吹起五級的熱情風暴一般。但我愈來愈忙碌，《公平遊戲》也成了一份全職工作（後來甚至超越了正職），我發現把這些工作稱之為獨角獸空間，似乎已不再精確。雖然我很喜愛自己在專業領域的新角色，但也開始失去自我時間。和潔西卡表妹一起重燃年少時期的舞蹈夢想，真能帶我往比較有趣的方向前進嗎？這種創意表達的火花是否能夠讓我振作起來、度過日常生活中避無可避的風暴呢？這個延伸出來的獨角獸空間是否能鼓勵其他人去重拾或探索自己的獨角獸空間呢？我好像快要想通某個很重要的概念了，直覺告訴我，答案已近在咫尺了。

然後新冠疫情大爆發，我和所有其他人精心規畫的一切制度、計畫與夢想，全都被攪亂了。

停下腳步：
世界都陷入火海了，
為什麼還是應該好好重視自己？

當新冠肺炎如野火燎原般擴散開來，導致二千多萬人離開辦公室、居家辦公，有件事馬上就浮上了檯面：娛樂自己的時間永遠排在掃除家務的後面，包括洗衣、洗碗，現在還加上消毒，而這些工作全都落到了女人頭上。

沒什麼好意外的，《公平遊戲》就是在振臂疾呼此事，女性一直在把所有事撿起來做，一肩挑起沉重的育兒和家務重擔數十年。儘管事實上在疫情爆發前，有薪勞動力市場上的女性人數高於男性，但她們在家所做的無償家務仍是男性伴侶的兩倍。而在疫情高峰期，美國女性的無償勞力（育兒和家務）更是增加了一五三％；根據「Pipeline Equity」執行長卡蒂卡‧羅伊（Katica Roy）的一項研究發現，此狀況導致二〇二〇年約有三百萬名女性離開有薪勞動力市場。根據「美國婦女法律中心」（National Women's Law Center）的資料顯示，單以二〇二〇年十二月來看，所有失業人數都是來自於女性，而且主要是有色人種女性。針對仍在工作的女性，根據伽瑪‧札瑪羅（Gema Zamarro）博士和瑪麗亞‧帕多斯（María Prados）博士的研究顯示，四二％的職場媽媽必須降低工時以照顧孩子，相比之下職場爸爸的比例約為三十％；經換算，大約等於媽媽每周多花十小時在育兒上面。

　　如果你以為在全球疫情期間，不得不待在家的男人，會放棄過去老是掛在嘴邊的藉口：「我不在家幫不上忙」，那你可能太過樂天了。想的美，男人一下就找出了替代理由，像是：「我也很想幫忙顧小孩、洗碗、煮晚餐、在 eBay 上下單清潔用品，但我在廚房餐桌上遠端『工作』（與此同時，小孩在家中亂竄、妳忙著為家人煮晚餐，還要順便消毒所有桌面和門把）。」潔西卡‧瓦蘭提（Jessica Valenti）在「Medium」平台上發表了一篇名為〈我是那

個性別混蛋嗎？〉（*Am I the Asshole?*）的文章，她解釋了這種動力關係：「此現象呈現出的部分問題是……特權下的無知；有些男性成長於有性別歧視的世界，以致於他們真心相信所謂的自然性別秩序，而他們不過剛好是得利者而已。」

「性別秩序」讓男性更有理由不參與家庭生活，這種說法令我十分火大，因為全美有四四％有兒女的家庭是由全職雙薪已婚配偶組成，而目前為止我還沒聽過女人拿這件事當藉口。單親媽媽（其中許多人是必要服務工作者）沒辦法使用這個藉口，而處於順性異性戀伴侶關係中的職場媽媽，更是想辦法生出九頭六臂，試圖完成工作職責、安排好一切家事以及監督小孩的遠端學習進度，同時間還要跟她的男性配偶一樣在餐桌上遠端工作。或是像某位女性和我說的話：「我先生在書桌上工作，而我則是在浴缸裡工作，同時還有個小孩坐在我腿上。」

我朋友安（Anne）某晚和我 Facetime 視訊，一邊喝紅酒一邊跟我抱怨：「我要不是在 Zoom 上火力全開地處理工作（或是至少表現得像我有在嘗試），螢幕之外就是在處理和孩子有關的所有大小事：包括下單買日常用品、監督小孩每周的藝術作品；還要安排線上 Hangouts 聚會，以防小孩出現社交退化問題；然後還要規畫體能活動，他們才不會一直癱在沙發上；每天都要跟老師保持聯繫，才不會變成那個不知道回家功課交期的家長。」

「傑夫在幹嘛？」我故意問她。

她閃爍其詞答道：「他喔？他也在家裡工作啊，只是所有『額外』的事都是我在做，因為我的工作比較彈性。」

「真的嗎？」我故意反問。安是某間全美知名投資公司的正職金融顧問，基本上我們是不會用輕鬆容易這種字眼去形容該職位啦。而且鑑於當前的全球金融危機，我知道她的專業貢獻更是備受需要。我再補了一句：「還是妳比較有彈性？」

我們都知道答案，不是只有安比較「有彈性」，而是世界各地的女性都在用更快的速度處理更多的事情。一位名叫梅格（Meg）的女性在「Motherly」平台上寫道：「我已經是幸運兒了，有位伴侶、全家靠單薪收入就能生活，讓我們在這個不穩定的時代得以安穩地生活著。但我其實也很痛苦。大家誤以為現代的家庭主婦就像夢想成真一般，當其他媽媽都在想辦法拼命兼顧孩子與事業兩份全職工作，我們卻在和孩子嬉笑玩鬧、滿臉彩繪顏料……探索大自然、享受有品質的家庭時光。我們有什麼理由喊苦？然而，全家的健康、安全與快樂，是用我的人生目標、夢想以及很大一部分的自我認同與自我價值交換而來的，只因為我選擇了當全職媽媽。」伊莉莎白‧鄧（Elizabeth Teng）是一名天文學博士生，她在推特上總結了自身經驗：「我有用正常產能在工作嗎？沒有。但我有優先處理最重要的任務嗎？也沒有。但我有至少好好照顧自己的身心健康嗎？還是沒有。」

家中更要加倍講求公平

　　我也變得比過去更加忙碌了。我一方面覺得自己能夠安全在家工作很幸運，一方面又覺得每天都是苦差事。我在家拿到的是「回家功課卡」，也就是說在正常情況下，我要協助二個國小兒子和另一位幼兒園的孩子整理並完成學校給的功課。但在疫情期間，這項工作開始無限增生，沒多久我就變成要負責幫三個小孩、用三台學校 iPad、登入三場不同的 Zoom 視訊通話（密碼是什麼！？），每天七次、每周五天。無窮無盡的視訊通話結束後，我必須確保所有作業要在每天下午三點前寫完並上傳到學校入口網站，好讓老師標記為「完成」。單單這件事，就讓家庭生活感覺像是不被感激又沒任何好處的全職工作。

　　與此同時，我實際有給薪的工作也不惶多讓。演講行程全都改成用 Zoom 舉行，再加上現在住家成了我們的全宇宙，所以公司和個人都迫切想知道有哪些秘訣，可以為同住一個屋簷下的所有人，制定一套讓關係更為公平的制度。大家每天都在問我怎麼辦？我們能為家庭（然後還變成「居家辦公」的場所）創造更高的效率嗎？好問題，因為我家也有三個小孩快把我逼瘋了。情緒性進食一度快成為我的自我照護模式，後來狂看園藝節目就成了我的「放空」時間。

　　此時我決定必須在家中喊暫停了。我向賽斯提議：「我們曾經

有套可靠的制度讓家裡順利運作……但現在好像又回到過去的模式，讓人忍不住想翻舊帳。我們是否可以每晚花十分鐘做一下近況確認，確保我們有平均分配工作，而不是偷偷怨恨彼此？」

「好啊，」他一口答應並開玩笑道：「但還是可以把小孩當成共同敵人對吧？」

我發現不管處境多艱難，如果我們可以把注意力放在界線、制度和有效溝通上，就有助於我們適應這個前所未見的時期。時間和制度管理聽起來好像不難，但設立界線對許多女性而言向來並非易事，甚至可說是辦不到的事。所以我們該如何自處？

我進行了一項非正式的意見調查，範圍涵蓋了我生活圈內外的對象，其中許多人是我當初寫《公平遊戲》一書時的受訪者，其他人則是我在這幾年認識的朋友。我的採樣對象非常多元，廣納不同的收入、地理位置、種族與族裔背景，足以反映出美國人口普查的完整樣貌。我問她們：「請用一句話去形容妳在這段期間拼命兼顧工作與家庭生活的感受？」

快要溺斃了。

如果妳已沉入水中，怎麼可能在雨中跳舞。

 讓人失去理智的配方！

——政治學家蘿拉・艾爾德（Laurel Elder）
對「在疫情期間育兒對心智的影響」發表的看法

用不了多少功夫，我開始收到來自全美各地的回音，幾乎像在求救一樣！其中一位女性名叫艾莎（Aisa），她是我的高中同學，已經快被壓力壓垮了。她是一間電商公司的總經理，而新冠疫情的降臨讓她本就負荷不輕的工作量直接飆至高峰。她在一夕之間被委以重任，每天都必須費盡心思應付瘋狂攀升的需求，還得想方設法交付各種必需品給所有客戶。

她說：「很多人的工作在這段期間都停擺了，但我的可沒有。我很感激自己有份工作，但這份工作變得接二連三、永無止盡。我早上八點就開始接無數通的電話，直到晚上八點都不曾停歇。同時還要照顧家中的兩個小孩，而且我先生也有全職工作，真的是要瘋掉了。」

艾莎的先生叫麥特（Matt），她對他的形容是「寬宏大量」，她繼續說：「疫情爆發前幾個月，我們兩人都讀了《公平遊戲》，也積極合作去平均分配家中責任，並鼓勵彼此為『自己的事』保留時間和空間。」艾莎在某次的視訊通話中如是回想，當時麥特也在一旁。

麥特突然開口：「我感覺得出來她的壓力已經快要爆表了，而我想成為她的支持力量，所以有天等孩子都上床睡覺後，我建議她創造一些獨角獸空間。」

「我對他扮了個鬼臉，像是在說最好是，何時才會有時間做那件事？我記得當初還心想，我從沒有感受過如此大的工作壓力，

而且根本看不到隧道盡頭的光。我當時深信，現在不是留時間給自己的時候。」

麥特接著說：「但我一直催促她，因為我知道她需要工作以外的事，她的表情說明了一切，她已經精疲力竭了。」

艾莎說：「我最後終於採納了他的建言，但還在糾結找出留給自己的時間以後，我要做什麼。我仍不太明白獨角獸空間的概念，我和麥特說：『或許我可以繼續練瑜珈。』他還糾正我說：『不行，那是自我照顧，你應該要做些其他事。』想到遠距上學的種種不確定因素，我還考慮過加入家長教師會（PTA），結果麥特說那是為小孩而做的事，一點都不『獨角獸』。真是難倒我了。

「然後就在此時，我打了通電話給住在印度的叔叔，他對印度占星術頗有研究，我問他是否能幫我看看星盤，指引我未來的方向。他說我正在『離開土星，準備進入另一個人生階段』，以及一堆和『我的宮位與主宰行星』有關的其他資訊；對某些人來說，可能會覺得這是在玩文字遊戲，但我卻深受吸引。我跟著叔叔一起進入這個蟲洞探險，然後就完全陷進去了，一點也不想離開。」

從那時開始，艾莎就空出時間發展自己新發現的好奇所在。她訂了一整疊的印度占星術書籍，然後熬夜研讀、找資料，並重新和她的印度傳統文化建立連結。

她說：「我會一頭栽進這些書好幾個小時。占星學賦予我能量、帶給我全新動力，讓我在特別艱困的時期得以去尋覓某種比

自身更偉大、更高等的存在。當然，一方面也純粹是真的很有趣。」

麥特突然插話：「這件事也對我們家帶來不少好處。艾莎和叔叔重新連絡上後，開始重新認識家族的歷史，還會和我與孩子分享。」

艾莎表情堅定地說：「我發現就算我住在美國，也不代表我應該拋下這部分的家族歷史。我祖母一生都在實踐印度占星術的志業，後來傳承給我叔叔，現在又傳到我這。承接下這個傳統，然後分享給自己的孩子，對我來說意義重大……而且誰知道未來會如何發展。」她滿臉笑容。

即便（或說尤其在）所處世界的其他部分好像失去控制時，如果我們能把時間投入在經營創意人生，就能尋找出快樂和意義、與他人分享、加深世代和宇宙間的連結，這些都還只是剛開始就能獲得的好處而已。

「暫停」的力量

請暫停一分鐘。首先我必須承認，疫情造成的現實情況迥然不同，也同意只要還能花任何時間去追尋創造力，其實就具備了某種程度的特權；畢竟世上有很多人還在苦苦求溫飽、住處與工作，還有許多人在想辦法面對如憂鬱症等心理健康問題，以及慢

性疲勞和失眠等生理問題。更別提有更多人至今仍在為活下去奮戰。我願意理解每個人的獨特經歷，但同時也要再次向各位強調，**獨角獸空間對所有人來說都是必要的存在，不論個人處境或財務狀況為何。**（事實上，我發現部分最具特權的人反而更難發揮自己的創造力，而資源較少的人反而更容易在生活中創造出獨角獸空間。之後會深入討論這個現象。）

　　獨角獸空間或許聽起來就像什麼閃閃發光的寶物或彩虹，但令人玩味的是，在我們免不了要面對人生難題時，正是它的魔力可以為你點亮希望。但請切記，獨角獸空間並不是為了取代或阻止暴風雨來襲，而是要協助你安然度過風雨。說實話，如果我們想要避免過勞，就必須先找出時間，才能停下腳步去思考，培養自身的好奇心、興趣與熱情所在，並記起在拿掉工作和家庭角色後，真正的自己是誰。不管是什麼事對生活造成影響，我所說的創意自我表達都是維持心身安康的要素。事實上，科學證實這是「轉化因應技巧[2]」的其中一種形式，讓個人得以應對過渡時期和壓力事件。除此之外，創造力也是維持健康伴侶關係的關鍵，更讓你可以成為孩子、朋友、同事、甚至是所屬社群的榜樣，以身作則、示範如何過上圓滿充實且意義深遠的人生。隨著我不斷和

---

2 譯註：英文原文為「Transformative coping」，此為心理學術語，用來描述個體在面對壓力、困難或逆境時，以積極的心態去轉化變負面情緒、想法和行為，才能有效應對壓力、克服逆境並成為更好的自己。

來自不同背景的人會面與對話，我看見了更多證據支持這個說法。

即便我們身陷各式各樣的困境，我在線上聽到愈來愈多女性分享一個充滿希望的訊息：「疫情所迫的暫停」讓她們得以慢下腳步、觀照內心，並重新評估人生中讓她們快樂與不快樂的事。這種覺察力增強了她們在面對暴風雨時的抗壓韌性。

艾比蓋爾（Abigail）是位新朋友，她直接傳訊息給我：「快看看這些慶祝蛋糕，它們的存在本身就是場派對！這些互動式蛋糕閃爍著各種燈光，因為在這種時期，為生活創造快樂的重要性更勝以往，尤其是好吃又會旋轉的快樂。」

亞莉克絲（Alexis）是位同事，她接著說：「我準備舉辦一項線上即興表演課程，給所有需要創意宣洩出口的人。這是個安全空間，大家都能盡情表達自我、採取行動，無須擔心受到批評。」

另一則訊息則是透過 Instagram 傳來，當時我還不認識這位名為萊絲莉（Leslie）的女性，她說：「我們都需要一些鼓舞人心的事物，才能逃離沉甸甸的重擔。女性經常把自我利益放在待辦清單中的最後一項，讓我們做出改變吧！是時候下定決心，好好照顧自己、珍惜自己的寶貴時間。」

同意！同意！

然後我媽轉寄了一個連結給我，標題是「終極惡女」（Badass Women），並寫道：「快讀這篇文章，文中主角是我在杭特學院（Hunter College）的同事，她在皇冠高地（Crown Heights）開了

一間女性主義書店，我幫你報名了她的讀書會。」

　　我快速瀏覽了一下該篇文章，焦點人物是卡莉瑪・德蘇茲（Kalima DeSuze），她的自我身分認同是非洲拉丁裔的女性主義者、社工、社運人士、老師、退役軍人以及新手媽媽。卡莉瑪是全職的社會工作教育者，同時也是書局兼咖啡廳「Cafe con Libros」的經營者。卡莉瑪的故事最引起我共鳴的部分，是她很強調黑人與棕色人種社群對於歡樂獨有的種族特性。儘管在政治、性別、種族、教育、移民狀態和「差異性[3]」等方面有數不清的不平等情事，不管是卡莉瑪的親身經歷，或是她在別人人生中親眼見證的案例，她還是認為：「我們必須多想想會為我們帶來喜悅的事物。」

　　我對卡莉瑪的故事和使命感極感興趣，因此請媽媽幫忙牽線。幾天後我和卡莉瑪在電話上交談，她分享當書局因全球倒閉潮而收掉時的狀況：「我很幸運還有份全職給薪的工作，讓我可以進一步探索自己希望『Cafe con Libros』成為什麼樣貌，因為對我來說，這不只是間黑人經營的書店，更是個可以讓眾人訴說故事的地方，特別是那些覺得被邊緣化或噤聲的族群。」卡莉瑪表示，在整個新冠疫情期間，以及正當美國在試圖處理國內種族不平等問題之際，「Cafe con Libros」成了愛書人與思考家社群的安全空

---

3 譯註：英文原文為「otherness」，指個體被視為不同於自己、外部或異於主流的特徵，通常是用來描述社會和文化上的多樣性、異質性和差異性，強調了個體、群體或事物之間的差異。

間，讓我們「得以交流互動、傳遞對閱讀的熱愛，這裡是療癒和歡樂的泉源。」

我心想，哇，這不就是獨角獸空間！

和卡莉瑪通完話後，我必須停下腳步、重新思考其他情境，因為並不是大家都快要溺斃了。儘管目前處於狂風暴雨之中，卡莉瑪、艾比蓋爾和亞莉克絲皆在尋找在雨中跳舞的方法。有沒有可能我們即將為人類踏出那極為重要的一大步：不管有沒有伴侶、有沒有孩子、是不是符合傳統定義上的受雇人員，我們都在透過創造力找到自己、表達自己以及療癒自己？

再深入思考下去，我（當然！）認同在此分崩離析的時期，我們對個人表達和人際互動的渴望更勝以往。被迫離開每日的繁忙生活後，我們這些人不得不待在家中、面對「非自願的安靜」，而原本「衝衝衝的世界慢到近乎停止」，亞瑟·C·布魯克斯（Arthur C. Brooks）在《大西洋》的系列專欄文章〈如何建構人生〉（*How to Build a Life*）中，如此描述這種感受。他的建議是，在這種時候我們「才有機會停下腳步，思索讓我們感到幸福且使命感十足的更大驅動因子是什麼。」蘿拉·安普生（Laura Empson）與珍妮弗·霍華德-格倫維爾（Jennifer Howard-Grenville）在《哈佛商業評論》的一篇文章也呼應了此論點，她們表示極限經驗[4]，或是說「長時間遠離正常的生活模式與行事作風……會讓人感到混亂不安，但同時也帶來了反思、探索、甚至是重新創造

的潛在機會。」

當世界看似陷入水深火熱之中，就算家中有人是醫療專業人員與來自不同領域的必要服務工作者，我們仍必須想辦法發揮創意、創造出必不可少的獨角獸空間。

舉個例子好了，在疫情爆發前，羅德里克（Roderick）的職業是牧師，後來就失業了。好險他很幸運，在紐澤西的沃瑪特（Walmart）取得了一份必要服務工作者的全職職位。他的太太伊瑪尼（Imani）是家中兩個孩子的主要照顧者，最近才剛開始在當地中學修習寫作課程。伊瑪尼解釋：「新冠疫情讓所有事都停擺了，所有課程全轉成線上，小孩也必須在家自學，因此一夕之間，我必須做出決定，是要放棄我的課程？或是想其他辦法追尋我的作家夢？後來我和羅德里克試著調整了他的工作時間，好讓我可以在晚上寫作。」

羅德里克補充道：「我不希望成為她逐夢的阻礙。我已經體驗過當牧師的輝煌時期，現在該換她上場了。」

伊瑪尼表示：「儘管過程並不容易，但我們還是一起想出了解決辦法，因為在此混亂時期，寫作對我來說特別重要，要我放棄

---

4 譯註：英文原文為「liminal experience」，該詞最初是由文化人類學家所提出，最初是用來形容一項文化上的轉換儀式，部落中的年輕人必須通過肉體和精神上考驗，以超越自身的極限，進而為成年生活做好準備。後來引申為個體或群體在生活中面臨到過渡或臨界階段，因此處於不穩定的混亂狀態，但也帶來成長、轉變或獲得新見解的機會。

做自己想做的事反而才是真正的難事。」

　　不論是疫情、憂鬱症、經濟衰退或是在戰爭與社會動盪之際，這種對不安定性與不確定性的反思與創意反應並不罕見。當我進一步研究此現象時發現，行為科學與心理學領域中有許多優秀的思想家都曾對此議題發表相關見解。

　　作家暨教育家克里斯蒂娜·利比（Kristina Libby）在《The Riveter[5]》上發表了一篇文情並茂的文章，並在該文章中針對這種集體創意蓬勃發展的現象，提供了她以歷史背景為依據的觀點：「用創造力去應對創傷事件，這在歷史上極為常見。如果我們回顧過去一世紀，就會發現最偉大的幾位藝術家，像是芙烈達·卡蘿（Frida Kahlo）、喬治亞·歐姬芙（Georgia O'Keeffe）、維吉尼亞·吳爾芙（Virginia Woolf）等人，都是在世界大戰、那些被遺忘的戰爭以及經濟衰退的時代嶄露頭角的。她們就跟我們一樣，透過創造力來傳達複雜無比的情緒，不管是自己的真實感受或潛意識的想法，這些全都是活著的證明。」

　　住在洛杉磯的精神科醫師威爾·蕭（Will Siu）也同樣鼓勵讀者擁抱這個時刻：「雖然這段時期特別艱難，但也帶來了機會，讓我們得以用正念與積極的態度去重新評估自身的天賦與需求，並鞏固我們與自己和他人的關係。」

　　這些創造力觀點和我的想法不謀而合，使我深受啟發（好啦，其實是超級著迷），而專研創傷後成長的心理學亦證實，創傷可以

是正向改變的催化劑。瑪莉‧弗加德（Marie Forgeard）在其著作《美學、創意與藝術的心理學》（*Psychology of Aesthetics, Creativity, and the Arts*，暫譯）中表示，困頓時期才能展現真實的創造力量，足以重新定義自我與「開拓表達能力」。

> **時局愈是動盪不安，我們愈需要創造力：**
> **一首詩、一場遊行、一個社群、一間學校、**
> **一個誓言、一項道德準則；一段寧靜平和的片刻。**
>
> ——湯婷婷（Maxine Hong Kingston），小說家與教授

重拾閃亮舞鞋

每天反覆播放的新聞報導，很容易加深心中的焦慮不安，所以我選擇不要把注意力放在那個地方，而是決定向克里斯蒂娜‧利比（Kristina Libby）的「心花朵朵開計畫」（Floral Heart Project）取經；該計畫向所有人提出挑戰：「請拿起鉛筆、找塊陶土、抓支麥克筆、取張空白的紙、插一束花，不管做什麼，花些時間

---

5 譯註：這是一家營利性公司，總部位於華盛頓州的西雅圖，宗旨是支持職場上的婦女，主要活動包括從事政治宣傳、提供辦公室和工作空間、舉辦活動以及發佈相關內容。該組織是以第二次世界大戰期間，在工作場所中象徵女性的「鉚釘工蘿西」（Rosie the Riveter）來命名。

去創作吧。」受到她創立社群的啟發，我也組織了一個臨時聯盟，成員包括來自世界各地的新舊朋友，全都有著不一樣的境遇和背景，她們將與我同行，一起持續追尋獨角獸空間。其中有些女性曾協助我編撰原始版的「我在做的苦差事」清單，該清單後來更成為公平遊戲制度的出發點；有些是我之前採訪過的人，有些人則是我在線上或各地巡迴演講時認識的，而我把她們全視為「心靈之友」，因為她們各自用不同的方式激發我的創意靈感。我把她們全加入同個電子郵件討論串中，並寄了下列訊息給她們：

收件者：各位親朋好友、同事、職場媽媽和夥伴
寄件者：伊芙·羅德斯基（目前對創造力深深著迷的組織管理專家）

　　相信許多人都已聽過我的傳教內容：要為自己保留時間、創造自我表達空間，這對自我身分認同與身心安康至關緊要。所以說，除了當超棒的伴侶和家長之外（如適用），各位還有從事哪些活動（就算一天只有五到十分鐘），讓自己感到活力充沛、專心致志、有所連結且生氣蓬勃？
　　備註：我不是在說友誼和自我照顧（當然也很重要！），而是積極追尋能提升生活檔次的事物（不包括家務和育兒）。相信各位應該都已經倒背如流了，我在說的就是獨角獸空間：積極放膽去追尋讓你之所以為你的任何自我表達形式，需要以價值觀為依歸的好奇心，並以有意義的方式分享，不管是透過電話、電子郵件、社交媒體或是在自家門口進行都沒問題！

在等待回覆的同時，我反思了自己的獨角獸空間。我成為出書作家的夢想已經成真，而且沒人能從我身上奪走那種成就感。現在我想要全新的夢想，接下來要追尋什麼呢？什麼事是我可以投入其中，在點燃創造力的同時，又能對更大的社群有所貢獻？

決定了，我要投入新的寫作計畫！這個夢想是在來勢洶洶的疫情期間淬煉成形，但又不受其定義，重點在於重新想像與擴展獨角獸空間的概念。此概念將證明，每個人、任何人皆可突破家庭、專業、文化與創意的屏障，只要每天全心投入切合自身價值觀的自我表達形式就能辦到。這次我一樣自願身先士卒，率先全心投入創作，並隨時追蹤自己的成敗。我的新夢想無非就是要發動一場創造力革命！

做為此次實驗行動的一環，我打算經常花時間寫作，並把閃亮舞鞋從衣櫃深處拿出來，好好複習一下舞步。只要潔西卡願意，我會再次邀請她當我的舞伴。如果當時沒有旅遊禁令，我可能早就提議我們兩人拋家棄子、跳上飛機飛去東京，向 Shige-boh 請教街舞舞步。當然，各位肯定知道，這全是為了研究，絕對不是因為我們超喜歡跳舞喔。但此事並不可行，所以我家客廳就必須身兼舞廳。每晚孩子上床睡覺、先生忙著看新聞時，我就會播放現在被奉為經典的《活色生香》片段，然後盡情大跳一番，享受純粹的舞蹈樂趣。

（但仔細一想，我好像該學學 Shige-boh，稍微更新一下舞步了。）

第二章

全新創意框架

在困頓之際與任何境遇之下，
為什麼我們都必須擁抱創造力

創意復仇者聯盟：集合

儘管我對新計畫依然興致勃勃，但我發現自己需要其他助力，才能將獨角獸空間的概念推廣給所有人，以及重新發想我一九九〇年代的《活色生香》舞步。所以我向自家的青少年文化大使求助，請他為我的下一步提供建議：我十二歲的兒子扎克。

「扎克！」我喊道。

他出現在門口，靠在門框上說：「安怎？」

「我要去哪觀看最新的街舞舞蹈？你知道的，你和朋友學跳舞的地方。」

「抖音，」他低聲嘀咕。我向他做了一個瑪卡蓮娜式的感謝手勢，他翻了翻白眼，直接轉身走掉。

就這麼說定了，我要展開全新的獨角獸空間追尋之旅：在抖音上學新舞步，然後向所有同意加入征途的旅伴，分享我的業餘

舞者影片。我試圖說服自己，觀看四十四歲的我、認真想要完美跳出哈蒙（Jalaiah Harmon）的「叛徒」（Renegade）舞步，應該很有娛樂價值……吧？除此之外，我在《石英》（Quartz）網站上讀到，哈佛神經科學專家暨暢銷作家約翰・瑞提教授（Dr. John Ratey）也主張，跳舞是對大腦健康最有幫助的運動。他特別強調他指的是「激烈」、會讓人心率上升的舞蹈，而不是隨意擺動的那種。（好，我記住了。）他並表示，這類舞蹈對大腦極具影響力，是因為它需要極高的專注力。「對大腦的要求愈高……〔大腦肌肉〕就會變得愈強壯，」約翰·瑞提教授如此鼓勵讀者。所以跳舞或許不僅能拓展我的獨角獸空間，還能讓我變得更聰明。賺到了！

但有鑑於家中青少年對這項創意計畫的冷淡反應，我知道我勢必需要陣容更堅強的聯盟做為後盾，才能讓計畫順利開展。天助我也，隨著計畫雛型在腦中愈來愈清晰，我也開始收到愈來愈多振奮人心的回應，全都是來自我寄給親朋好友與同事的那封電子郵件邀請。

艾莎（Aisa）第一個回信，她說：「你知道我肯定加入！這周我又收到一本占星術新書的包裹了。」

蒂芬妮（Tiffany）是我在兒子學校認識的一位朋友，她接著說：「我也超想挪出時間和空間，展開行動並達成目標。」她還特別在達成目標下加了底線強調。「雖然照顧小孩和把髒衣服丟進洗

衣機這兩件事我做的心甘情願，但它們真的沒有『完結』的一天，如果可以做一些其他事就太棒了。」

有位朋友叫貝蕾欣（Blessing），她是我在《公平遊戲》巡迴簽書會上認識的人，雖然比我更加樂觀開朗，但仍有自身的限制：「我們都應該全心擁抱留時間給自己的觀念。只不過我必須配合老闆來安排自己的時間，畢竟他顯然認為我一天應該工作十到十二個小時，而且還會有時間照顧好三個小孩。」我一邊看著貝蕾欣的回覆，一邊靜靜回想著她獨一無二的活力。她志向遠大、事業有成，而且看似擁有一切，但通常這表示她什麼都要做。

艾胥麗（Ashley）是另一位新朋友，她回道：「我是自己動手做的類型，所以最喜歡把自由時間花在創作作品上了，我接受挑戰！」

達比是頂尖的臨床心理學家與神經學家，我因為研究關係和她成了好朋友，她也回信寫道：「我一直都待在實驗室，如果能把閒暇時間花在創作上就太好了，只是現階段我必須先處理好所有優先要務。」

我超愛大家一開始的熱情回應，但也看出了些蛛絲馬跡，也就是藏在她們回應底下的懷疑和擔憂。她們已經開始卻步了，拿那些早已內化、再熟悉不過的藉口，當成無法把自我時間放在首位的主因。

把創意生活當成優先要務

這些台詞我聽多了，我把它們稱為「有毒時間訊息」，常常偷偷溜進我們的思維模式（和人際關係）中。以下列舉幾種有毒時間訊息，對個人獨角獸空間的破壞力特別強大：

- 我的時間從來沒這麼少過；我生不出更多時間了。
- 把時間用在我必須做的事（餵狗、工作、買日常用品）上，比把時間用在我想要做的事上來得重要。
- 忙碌的一天結束後，還要想辦法生出時間給自己，感覺就像在待辦清單上多加一件事。
- 全世界有這麼多人在受苦，我怎麼可以把創造力擺在第一位？
- 做這件事又不會賺錢，為什麼我要花時間在上面？
- 總是有事會打斷我或害我分心、無法專注，然後時間一下就沒了。
- 綜觀來看，我真的需要專屬於自己的創意時間嗎？

小心留意！

防範有毒時間訊息

　　除非你願意努力重新框架對自我時間的重視程度，並且有意識地重新調整自我時間的優先順序，否則就永遠到達不了獨角獸空間的應許之地。請務必個別擊破有毒時間訊息，不要讓它們對個人時間選擇造成妨礙，阻止你邁向更圓滿充實的人生。

重新框架時間

　　我加入了對話，並回信給這個電子郵件討論串中的所有人：「我們不少人都感到時間前所未有受限，尤其是在眼前的事態之下；正因如此，現在才是為自己重新奪回些許時間的最佳時機。事情永遠做不完，打掃、育兒、工作只會愈來愈多！儘管如此，我還是要向各位下戰帖，請開始從事任何一項對你來說有意義且能帶來喜悅的活動（再說一次，必須是家務和育兒責任以外的

事）。這並非自私之舉,而是必做之事。」米亞・伯德桑(Mia Birdsong)是名社會正義活動家,致力於提倡人與人之間的相互依賴性,她承認:「放下工作會讓人覺得好像太過放縱,但在資本主義之下,追求快樂是一種反抗形式,也是對人生、愛、創造力、歸屬感以及靈性的深刻肯定。」

我繼續說道:「請特別小心留意,自己是否把自我時間視為放縱或奢侈的行為,接下來請有意識地做出選擇,將獨角獸空間移至必做清單中的頭號任務。如果你發現自己開始找藉口,像是又賺不了錢或是我應該把時間花在為家庭付出等等,請記得研究已證實,人生如果只剩工作、沒有玩樂,會對個人健康造成重大危害。就算妳熱愛自己的全職或兼職工作,還是需要時間與空間從事會讓你感到活著的活動,不能只有為了賺錢而工作。對於一肩擔起家中所有勞務的全職家庭主婦/主夫來說更是如此,你們都需要屬於自己的創意出口;當然,我絕不是在說去大賣場或購物中心血拼紓壓。」

致各位讀者:在繼續深入討論下去前,我想再次強調:空談是行不通的。除非你將自己和自我時間擺在第一位,不然是不可能找到並保有專屬於你的獨角獸空間。這是首要原則。

我會在本書的第二部分深入講解獨角獸空間的所有原則,但在此先簡單說明重中之重的第一原則:每天只有二十四小時,時間跟鑽石一樣有限,所以才如此珍貴。請務必保留部分時間給自己,

方法包括有意識地做出選擇，放下可能占去自我時間的任何事物。空間也是有限的，所以請允許自己「不要隨命待命」，才能全心投入實現自我的創意追尋。

對女性來說，
將創意時間擺第一是否特別困難？

某個下午我和那位神經學家朋友達比見面。我向她抱怨：「女性好像特別難做到這點，反觀男性就沒問題。」

她點點頭說：「女人的自由時間就是比較少，沒有任何爭議。家務和育兒時間幾乎無所不包、無遠弗屆，因為永遠沒有完結的一刻。統計數據顯示，伴侶中的男性通常擁有較多的休閒時間，因此剩沒多少時間留給女性。」

她提到她在加州大學洛杉磯分校（UCLA）做的一項研究，研究對象是有小孩的雙薪家庭。在追蹤典型的「一周日常生活」後發現，太太在家中的大部分時間都是用來處理家事與家務，所以休閒時間排在遙遙無期的第三位。反觀先生的順序則是反過來的：休閒時間是他們在家的首要活動，然後家事排第三。她在此研究中也發現，花較多時間處理家務的那一半，其皮質醇（一種壓力荷爾蒙）水平在晚上的回復程度也較差，意即額外的家務似乎每天都在傷害女性的健康。

該研究讓我想起了我朋友蜜雪兒（Michelle），她已經連續幾個月和我訴苦自己在新冠疫情期間的居家生活。「我先生在隔離期間過得如魚得水，不僅瘦了二十磅、翻新了前廊、開始在「多鄰國」（Duolingo）應用程式上學德文，甚至還真在地下室開始用雪茄盒做一把烏克麗麗，太可笑了。他連在工作上都比以前還忙，但他從不會找不到方法擠出他的『獨處時間』，好好培養讓他感到快樂的興趣與嗜好。」

我向達比回說：「男性擁有比女性多的休閒時間，這是意料之內的事，但絕非僅此一途，一定有天殺的變通之道。」

達比笑道：「對，你在《公平遊戲》一書講得很清楚了。」

想要找到專屬於你的獨角獸空間，首先最重要的條件就是你和另一半（如有）都必須重新框架各自看重時間與空間的方式⋯⋯然後想辦法努力重新平衡彼此分擔家務的時數；如此一來，雙方才都能從創意生活中受惠，擁有真正改變人生與關係的體驗。

切記，我說的是彼此皆能受惠其中。除非雙方皆有所得，否則一鍋滿滿的醜陋怨恨很快就會開始沸騰。我在研究中發現，如果家中勞務有失衡的現象，尤其是在有小孩的狀況下，我們很容易就會開始憎恨另一半投入會讓他們生氣蓬勃的個人追求。對任何一方來說皆是如此。

舉例來說，我的鄰居蘇珊（Susan）向我坦白：「每次聽到傑生（Jason）躲在車庫，和他那些『搞樂團的朋友』一起練習電吉他，

而我卻被困在家中折衣服、追著小孩跑，我就想拔掉他的插頭。當然，我指的是吉他的插頭。」

當我另外找時間詢問傑生關於他練吉他的時間，他聳聳肩說：「我這星期工作了六十小時，這是我應得的休息時間。」

小心留意！

獨角獸空間是快樂伴侶關係的關鍵

一段健康、良好、甚至是充滿愛意的關係，如果出現這種針鋒相對的邏輯，便是陷入惡性循環的警訊。根據我做過的訪談發現，如果試圖阻止伴侶進入專屬於他們的獨角獸空間，關係便可能開始惡化、有時甚至會致使關係破裂。先別絕望！根據我追蹤過的每個關係不平衡的個案，只要伴侶雙方重新框架對彼此時間的看重程度，關係的成功率便會大幅提升。請跟著我說一次：「我和伴侶都值得且需要不受干擾的時間，專心從事自己熱愛的活動。這是維繫長遠關係和個人幸福感的必要元素。」

雖然擁有幸福美滿的關係是最好的報酬，但哈佛執行了

一項與成人發展有關的縱向研究，以健康福祉為主軸，研究時間長達八十年，執行方式前所未見，並發現良好關係是長壽的關鍵；在研究中被視為在關係中「最幸福」的五十歲參與者，後來在八十歲時皆被判斷為健康狀態最好的人。

○○

創意生活的承諾

參與我這場社會實驗的多數女性皆了解獨角獸空間的重要性，但我希望給她們機會重新框架某些有毒時間訊息，因為這些訊息可能會在無意識間阻礙她們前進。初期意見交流結束後的一周，我稍微對群組施壓：「各位邁向創意生活的旅程目前進展如何？」

潔姬（Jakki）是我住在附近的朋友，她剛剛加入群組並說：「由於我們都還被困在家中，因此我一直在帶全家進行『虛擬』假期。我們會在地圖上挑一個地點，然後出發旅行。上周我把義大利帶到我們家的戶外露台，搭配家庭風格的義大利餃、紅色方格桌巾，然後給小朋友戴上淺頂軟呢帽，對著爸爸和我唱歌，就好像坐在佛羅倫斯的大街上一樣。雖然這不是個人的追尋，但大家都樂在其中，也可以稱得上是某種獨角獸了，對吧？」

熱愛自己動手做的艾胥麗表示：「我是哈利波特鐵粉，所以又再次拿起了我的編織鉤針。我決定要做一系列的迷你娃娃，像是哈利、妙麗、榮恩。或許可以放到『Etsy』平台上拍賣，或是自己留下來，我還沒決定好。」

達比向群組的人自我介紹：「我把我們這群『媽媽』組成的樂團『德里媽媽』（Dahli Mamas）換到 Zoom 上練習，雖然和我的虛擬實驗室完全扯不上關係，但誰說科學家不能當音樂家呢？」

最後，我開心宣布：「我辦到了，我報名了爵士放克舞的 Zoom 進階新手班！潔西卡，你要加入我的行列嗎？你就有藉口一小時不用隨時待命了喔。」

潔西卡表妹算是被我半拐半騙進群組的，她只簡單回道：「如果我有一小時再回覆你。」

我發現雖然我們當中有許多人都有意願去發掘更具創造力的自我……但因為缺乏框架，所以前進的道路不明。我們並不總是知道如何起步，也不一定知道該往哪個方向走。好家在，我可以幫忙拿些主意，要說我最擅長的事是什麼，那肯定是深入探究某個主題並找出解決方案。我要開始動工啦。

獨角獸空間的 3C 原則

在過去二年間，我蒐集到來自世界各地、各有特色的故事，

不論這些主人翁有無具名，他們都在尋找新方式揮灑自身的創造力與「釋放心中的獨角獸」。儘管每天都要面對工作生計、家庭生活和人際關係上的挑戰，他們依然找出了時間與空間，創造出更多的成就、分享以及交流互動。

我也持續密切關注我的第一個焦點團體，那是我在封城期間那段最黑暗的日子組成的團體。當我們逐漸形成臨時創造力聯盟後，我們開始稱自己為獨角夥伴（Unis，獨角獸夥伴的暱稱），本書會不斷提及這詞。我一路上不斷為我的資料集合增添更多不同的聲音，為的是反映出真實人群中活力滿點的多樣性：女性、男性、跨性別者、非二元性別者，以及來自各種混合式家庭形態、社經地位、收入、種族、族裔和國籍（詳情請見「作者的話」）。一開始只是親朋好友間簡單的電子郵件討論串，後來演變成千百場的一對一 Zoom 視訊會議以及在家中與外面的多場訪談，受訪者全都是我此生見過最有趣、最具啟發性的人物，我會在書中一一向各位介紹。

早期我是採取六度分隔理論的做法。如果我讀到一篇文章或聽到一場 TED 演講，就會試著和對方建立連繫，不管是撥電話給兒時玩伴、以前的鄰居、前客戶、最喜歡的大學教授、甚至是我媽的獸醫，我全都做過了。我也毫不避諱在領英（LinkedIn）和 Instagram 上找出我想找的人，甚至還在好市多排隊時，進行了一場非正式的民調。當時我心想，何不展開一場對話呢？最糟的情

況不過是對方拒絕我而已。

但結局很令人滿意，由於我勇於追隨自己的好奇心和決心，因此聯絡上許多我連想都不敢想的人，他們願意坐下來和我暢談創造力與逐夢這類主題，像是羅勃‧巴拉德（Bob Ballard），他是發現鐵達尼號的海洋探險家！還有蕾妮‧布林克霍夫（Renée Brinkerhoff），她在五十六歲時成為令人欽佩的賽車手！結果我發現，這些人不僅擁有自己的獨角獸空間，而且樂於和眾人分享他們的成功故事（甚至是他們遭受的挫折）。

在這些對話當中，我開始構想出創意生活的框架，也就是 3C 原則：**好奇渴望（Curiosity）、交流互動（Connection）、達成目標（Completion）**。我會和許多研究創造力的學者（也是我一個個挖出來的！）一一討論，帶各位在本書的第三部分探索這些概念。這是我和獨角夥伴共同踏上的旅程（而且是同時出發！），當時我一邊寫這本書，一邊追求自己的興趣並深入探索這些概念。我們全都花了一些時間才走完好奇渴望、交流互動與達成目標的 3C 原則，然後抵達各自的目的地。但我們不費吹灰之力就發現，即便只有短短的時間（基本上也是我們每天唯一能擠出來的所有剩餘時間），只要我們能夠創造不受干擾的空間和時間，投入會讓我們感到快樂、提升自我意識的事物，並和別人分享成果，就能為生活注入更多意義與使命感。

從各種層面來說，我們對 3C 原則堅持不懈的探索，後來成了

我們手上最強大的武器，得以有效對抗旅程之初無所不在、隨之而來的威脅，包括過勞、放棄、焦慮、憂鬱。除此之外，創造獨角獸空間就像給我們注射了一劑預防針，避免因存在於許多家庭中的性別不平等問題，導致潛在的怨恨愈演愈烈。不僅如此，我們的探險之旅更消弭了長久以來的坐立不安，像是對於存在的渴望、想要更深刻的認識與榮耀自我，或許這才是最重大的成效。

再次踏上征途

當疫情造成的暫停時間抵達尾聲，這個世界小心翼翼地爬出黑暗的隔離外，重新站在陽光之下，我也沒有停下個人的實驗與研究腳步。我蒐集了許多與創意、意義和幸福相關的最新研究，並和人本心理學（Humanistic Psychology）、正向心理學、認知科學、神經科學等領域的多位專家與研究人員商談過，當然也包括心理治療師和人生教練。

我是精準組織管理的死忠擁護者，因此選擇採用嚴謹的組織管理法來分層安排這些資料，最終結論一致吻合且清楚明白：創意生活不是什麼「有也不錯」的好東西，而是「非得要有」的必需品。這對自我意識、身心健康、健全伴侶關係至關重要，也決定了我們是否有能力成為孩子、朋友、同事和所屬社群的榜樣，讓他們知道完整且有意義的人生應有的樣貌。

聯盟的成員不斷增加，隨著持續更深入的探索創意自我，他們是如此形容自身的體驗：意義深遠、改變人生。他們不再說我感覺快溺斃了，而是能夠以截然不同的方式闡述各自的全新現實，而在我聽來，全是生而為人存在的基本要件：

> 我感覺自己好像又能呼吸了。
> 我的腦袋無比清醒。
> 我再次愛上自己的人生。
> 如果不是因為再次擁有，我根本沒有知覺自己錯過了什麼。
> 我活過來了。
> 我是我。

哎，當獨角夥伴回歸正常生活，工作場所、辦公室和學校重新開放，以及通勤時數（還有早晚接送小孩上下學）也恢復了每日強度，我發現我們大多出現了同個傾向，也就是疏遠了自身的獨角獸空間。這並不必然是在瞬間發生，而是漸進式的過程。就算我發現自己愈來愈少穿上閃亮舞鞋，因為原本分配給跳舞的空間，現在全都被用在和朋友聚會與追著三個小孩跑，但我還是必須提醒我們的群組，獨角獸空間不該侷限在「暫停時間」。這樣不對，如果我們把創意自我表達重新框架為消遣、特權、享樂，或單純是人生困難時期的調味劑，對我們只有百害而無一利。不，現下創造力依然是不可或缺的任務，今天、明天以及直到下次的艱難時期都不會改變。

索尼婭‧蕾妮‧泰勒（Sonya Renee Taylor）是作家、詩人暨活動家，她的文字引起了我的共鳴。「新冠肺炎爆發前，這個世界的狀態並不正常，我們只是將貪婪、不平等、精疲力盡、資源耗竭、壓榨、疏離、混亂、憤怒、日漸上升的仇恨與匱乏感都視為常態了。」她停頓了一下才說，因為現在「我們有機會去編織一件全新的衣裳，一件適合所有人類的服裝。」

所以我們該怎麼做呢？要如何根據新模版打造人生？首先從對自己好奇提問下手：

對我來說，人生中最值得珍視且有意義的事是什麼？我想要留下的是什麼？想要改變的是什麼？想要完全放下的是什麼？什麼事能帶給我快樂？如何透過從事「專屬於自己的事」，培養與自我更深層的連結，然後進一步擴展至周遭世界？我們首先要裁去的就是生活中的不平等、精疲力盡、資源耗竭、疏離、混亂與匱乏感，讓其成為丟在裁縫室地上的廢棄碎片，然後才能誠實的回答這些問題。而且只有你可以為自己回答這些問題。

向前推進

我的研究會持續下去，並在此邀請各位加入征途。歡迎各位獨角夥伴！然後回歸到先前的問題：如果你有不受干擾的時間與空間，可以用「真實面對自己」的方式表達自我，你會釋放出什麼樣的獨角獸？然後你會如何與全世界分享？不管你是不是某人的伴侶、有沒有三個小孩或一個都沒有，或是你的工作是有償或無償的，接下來的章節將告訴各位，如何在已經萬分忙碌的生活中創造出時間，好好發揮你獨一無二的創意自我表達，並找出使命感、活出更有意義且圓滿的人生。

小心留意！

放下「該做的事」

覺得自己根本沒時間嗎？覺得自己不需要獨角獸空間嗎？不確定可以為你帶來更多意義、使命與樂趣的「那件事」是什麼嗎？或許這不過是過時的罪惡感在陰魂不散：我「應該」把時間花在採購日常用品、平衡家庭收支預算、為家庭

〔自行填空〕。不論你是用什麼理由、藉口或信念，告訴自己不需要或不值得留給自己更多的空間或時間，都請你讀完本書，好好了解放棄自己生而擁有的創意生活權利，將要付出何等代價。

○○○

第三章

找到自我身分認同

開始反思何謂「成功」、重新定義眞正重要的事

【個案探討】
失去自我身分認同

　　那是我自進入封城模式後，第一次去「目標百貨」（Target）買東西，我迫切需要離家的理由，一方面是要補充固定用品（尿布和紙巾），另一方面也是要多買幾件新的必需品：寬鬆休閒褲和保暖襪套，這是我的封城新裝扮，也是我每天在 Zoom 會議時的下半身穿著。經過目標百貨的電動門時，我幾乎認不出自己了，頭上洛杉磯快艇隊的毛帽拉得低低的、暗色的太陽眼鏡配上口罩；在這個不引人注目的低調時期，我想別人也一定認不出我。我買齊了所需物品後，便閒晃到放筆記本和日記的走道，想說不如買些來備用，為我正在蒐集的那些採訪做準備。瀏覽貨架時，我不禁注意到某排日記封面上的打氣話：你一定做得到！（是嗎？）事出必有因。（是嗎？）死魚才會隨波逐流！（什麼鬼？）

全都不符合我的心情。就在我準備離開這個走道時，目光落到了一本筆記本上，下面這句粗體寫成的引言映入眼簾：

一瞬間我失去了自己

我滿臉笑容地想，哇，這很符合我的心境。

我發現這句引言是出自「電台司令」（Radiohead）一首熱門歌曲的歌詞，現在聽起來感覺特別深奧，就好像他們在當下直接與我對話一樣，但我想這也是許多女性的自我感受，而且不僅僅是在疫情期間，更常在中年時分冒出頭來。其實我最近才和以前法律事務所的同事談心過，當時她眼眶噙著淚承認：「在追求盡善盡美、無所不能的路上，我在某處迷失了自己。我很『成功』，我應該感到快樂，但還是覺得失去了什麼。」

我回道：「聽起來你是失去了你自己。」

每次我和其他女性聊到尋找專屬於她們的獨角獸空間，對話方向不論如何最終都會轉向過度努力、難以招架與某種程度上失去自我身分認同的這類主題，而且這些情緒在生產後全都變得更加強烈；如果失去工作、生病、親友死亡（希望不要）或疫情等無法預料的牌卡，出現在這場人生混戰的牌局當中，這些感受甚至可能會達到無法承受的地步。艾琳‧艾倫伯格（Erin Erenberg）是「Totum Women」的負責人，該社群組織致力於為職場媽媽提

供支持力量與自我提升機會，她表示：「我聽到來自我們社群和其他地方的女性不斷重覆一句話：『我失去了與自己的連結；我再也不知道自己想要什麼了。就算知道了，我還有機會爭取嗎？』」難怪女性特別容易感到分崩離析，畢竟有百分之七十的美國母親表示，她們不僅有正職工作，還要負擔起母獅子般的育兒任務與家務。在這個接連不斷、永無止盡的「輪雙班」輪迴中，女性真能找出不受打擾的時間和空間，拓展出更高的使命感，不再侷限於自身既有的角色嗎？我將這些角色稱之為「三職」（3P）：伴侶職、親職與專職（所謂的專職是指有償的工作或家中無償的工作）。

即使我們對自身成就引以為傲，也能在關係中找到慰藉與歸屬感，更喜歡自己在不同社群中的身分，但和我聊過的許多女性都表達出一種渴望，希望能找回那個曾經的自我或可能成為的自己，或是說尚未嶄露頭角的自己。根據我採訪了數百位女性的資料，我們大多可以分成下列兩種創意類型的人：

一.**認命放棄的夢想家**：儘管有些埋怨，但你已認命，總是停留在想望的階段。「持續成長」是很棒的書名，你心想，但應該只是都會傳說。我應該珍惜現在的自己和至今為止打造的人生，不該再要求更多了。

二.**勇於突破的冒險家**：你決意要打破文化熏陶和自我設限，並尋求更多可能。我很感激我所擁有的一切，

你心想，但我也知道還有另一個版本的我，可以給得更多、學得更好、愛得更深、活得更精彩。

　　如果你正在讀這本書，那有很高的機率（大概百分之九十九吧）你是勇敢的冒險家……而我就是來幫助各位突破限制、把握一切可能。如果用流行文化的語言來說，勇於突破的冒險家經常患有失去自我恐懼症（FOMM，fear of missing me）。儘管如此，你還是經常覺得自己站在懸崖邊，眼前是重新想像出來的現在與未來。你幻想自己跳上一艘船，航向任何地方都無所謂，反正不要再次錯過那艘船的起航日就好。你擁有足夠的勇氣，或是說至少會對接下來的發展感到好奇，但又卡在「接下來」是什麼呢？所謂的「更多」是什麼？以及「從此幸福快樂」又是什麼？有人可以給我清楚的定義嗎？

隨堂測驗

這是你預期中的「從此幸福快樂」人生嗎？

問題：讀書、工作、還有選擇進入伴侶關係與孩子的人，接下來是什麼？「之後」又是什麼？

❶ 照顧父母。在本來已經忙翻的行程中，再加上每周二十一小時的工作量。歡迎加入三明治世代！

❷ 加入美國退休者協會（AARP）。嗨，汽車保險折扣與下午場電影，我來了！

❸ 職涯碰到了天花板。無法往上、只能往下！

❹ 有了外遇、打算離婚。嘿，大家都一樣！好啦，至少是超過半數：百分之五十三的婚姻都是以離婚收場。

❺ 死亡。這個里程碑隨附墓碑。

如果你想選〔以上皆非！！〕，放寬心，本來就可以有其他答案，又不是在討論什麼一翻兩瞪眼的乳房 X 光片。「三職」（伴侶職、親職與專職）以外的閃亮玩意就是你可以為自己創造、專屬於你的新里程碑，引領你找到可能已被自己埋

葬、遺忘或尚未察覺的自我表達方式，或許還能與許多志同道合的朋友交流互動。安伯・桑頓（Amber Thornton）博士是播客節目「找到平衡的職場媽媽」（Balanced Working Mama）的主持人，我們在 Zoom 上通話時，她鼓勵大家：「只要我們允許自己思考自身角色以外的可能性，就能擁有多重的身分認同。」如果聽起來滿吸引你的，請繼續閱讀下去吧……

◦◦◦◦◦◦◦◦◦◦◦◦◦◦●◦◦◦◦◦●◦◦◦◦◦◦◦◦◦◦◦◦◦◦◦◦◦●◦◦◦◦◦◦◦◦◦◦◦◦◦◦●◦◦◦◦◦◦◦◦◦◦◦

重新定義何謂「成功」

在目標百貨看到的引言雖然極具啟發性，但並未定義下一步應該是什麼，或是如何與何時能夠在生活中為下一步行動空出時間和空間，這些問題皆同等重要。說到頭，我們都接收了特定的成功定義：全心投入事業、拿出最佳表現，不斷督促自己、做出比上一代更高的成就；賺比去年更多的錢；然後還要當個表現良好、隨時都在的伴侶、家長與優秀公民。千萬不要有壓力。就算女性無法自我實現，或者這種生活形態並非長久之道，但整個文化還是為達成每個里程碑的女性喝采，那我們要如何重新想像個人的成功？朋友在 Instagram 上反思：「你是否曾看著鏡子心想，

這個人是誰？幹勁十足的超人？事業女強人？然而現在⋯⋯我不知道我是誰，也不知道接下來該何去何從。難不成賣給我的都是謊言？」

有次我難得有時間翹著二郎腿、躺在沙發上，而且沒有小孩向我討零食、要看電視或講故事；在滑 Instagram 時我看到一篇《富比士》（*Forbes*）的文章，其中列出了中年危機的指標，第十點寫道：「願意拋下現階段的『成就』，只為了去追求自己熱愛的事與實現夢想。」真的嗎？追尋個人的熱情所在是中年危機的十大指標！？有沒有搞錯？活出夢想中的人生難道不該是心理健康的指標嗎？怎麼會是心理危機？我對著空蕩蕩的房間大聲問道：「而且說真的，如果不是追尋熱情所在、活出自己的夢想，到底什麼才叫『成功』？」

我馬上想到雅莉安娜・赫芬頓（Arianna Huffington）提出的反面觀點，我覺得合理多了。她在領英的貼文寫說：「當我們忙於追逐在定義上就有瑕疵的成功，危險之處在於我們不僅可能會被引導至不是自己真心想去的目的地，而且很可能在過程中會錯過真正可以為我們帶來幸福與滿足感的事物，像是交流互動、意義、影響力等。」

你不覺得這個說法聽起來比較好嗎？假設你也同意，就讓我們開始反轉成功的方程式吧：重新發掘自己在伴侶職、親職與專

職角色以外的熱忱，這就是實現夢想的方式，而積極追尋自我表達、創造力與探索的心態，則是對抗人生風暴與自我認同危機的最佳辦法。

你失去的是什麼？

而真正的問題是，如果你不允許自己活出更有意義且圓滿的創意人生，你失去的是什麼？

你自己。

思考一下，剝奪或放棄自己的權利，不去釋放境界更高的自我，你會付出哪些代價：

你 [6]

關係滿意度：如有另一半，你可能會出現某種形式的怨恨、嫉妒，整體而言，對關係不滿意且缺乏成就感。如果不予理會或沒有妥善處理，有些人會選擇放棄這段關係，不管是透過外遇、離家出走或離婚的方式，試圖想要「找回自己」。

健全神智與心理健康：對整個家庭帶來嚴峻挑戰的身心健康問題。布麗姬・舒爾特（Brigid Schulte）是「好好生活實驗室」（Better Life Lab）的主任與《左支右絀》（*Overwhelmed*，暫譯）

一書的作者，她寫道：「美國人拼命追求成就、最佳生產力和頂級人類體驗，這已是司空見慣的現象，不僅沒完沒了，而且令人心力交瘁。然而，儘管這些奮鬥的出發點都是好的，但和其他國家的人民相比，美國的孩童（與大人）無庸置疑都變得更不快樂、更焦慮，而且愈來愈容易生病，壽命也在縮短。」

情緒壽命： 諸多研究發現，在中年進入到老年的這個轉換階段，「人生使命感」以及情緒的健康與成長程度呈現縱向下滑趨勢。換句話說，活得更久不一定代表能活得更好：重新發想在壽命漸長的人生要做什麼（或許是在沒有伴侶、不用照顧孩子或退休之後），現已證實是成功轉換到三職以外的人生所缺乏的連結。

失去身分認同： 也就是某種形式的失去自我恐懼症（FOMM），以及感覺自己無法重拾過去讓你感覺自己獨一無二的熱忱、技能和興趣。

財務： 因經濟不景氣、心理疲乏與過勞，而對個人有償或無償的職涯造成影響。其中以過勞為甚，職業心理學家進行的研究已發現，感覺自身身心健康狀況較低下的受試者，通常也覺得自己的專業工作壓力較大，而且在職涯中更容易頻繁且提早感到過勞。

---

6 譯註：此處英文原文是大寫的「YOURSELF」（你自己），並將之拆解成「YOU」（你）和後面的五個字母做為首字字首去定義名詞，分別是「Relationship satisfaction」中的「R」、「Sanity and mental health」中的「S」、「Emotional longevity」中的「E」、「Loss of identify」中的「L」和「Finances」中的「F」，但中文無法取得對應的翻法，因此在不改變語意和閱讀性的前提下，稍微調整了一下譯文。

你會失去自己的一切。在人生中創造出獨角獸空間可以讓人揮灑創造力，以及發掘出遠比日常生活更為深刻且深奧的事物。缺少這個空間，你便可能失去讓你之所以為你的獨特元素。對，代價非常就是這麼大。

但先別絕望，我們可以找到其他出路。

【個案探討】
找回自我之旅

我最初是在 Instagram 上「認識」到美樂蒂（Melody）。她在貼文中談及留時間打造自己的獨角獸空間有多重要，並標記了我：「我以前根本搞不清楚『獨處時間』的意義，而且經常認為自己應該為了親朋好友放棄這些時間。現在我明白給自己空間的重要性了，唯有如此才能傾聽心中聲音、做做白日夢，以及記起是什麼事物讓我之所以為我且感到活著。我現在會刻意規畫『獨處』時間，排定日程、滿心期待、以此為生活目標，並願意為此犧牲其他事物。但要做到這個地步，我就必須先排除其他『該做』的事，才能在日常生活中創造出實現自我的空間。」

哇塞，快把奉獻盤遞過來給我，她根本就是在傳播福音真理。我必須盡快見見這位志同道合的朋友。

美樂蒂大方同意接受採訪，當她出現在螢幕上時，笑容燦爛

到點亮了整個房間。她馬上解釋道，自己並非總是如此輕鬆活潑。

「在我住的地方，孩子就是你的工作、夢想、熱情所在、終極目標。我在這樣的世界中迷失了自己，覺得每天清醒的時間都應奉獻給孩子與家庭。而我真的很愛我的孩子，但全然奉獻並不是我。我硬是把自己塑造成一個不像我的角色⋯⋯真的很痛苦。」

她繼續說道：「我滿心罪惡地想：等一下，我應該要感到快樂啊，畢竟我擁有想要的一切了，好丈夫、好孩子、好房子，對吧？只除了一件事：我什麼都沒留給自己，因此生出了隱約的不幸感，我開始變得不快樂。」

美樂蒂找了一名治療師諮商，而該專家讓她明白，身為天生內向者的她，需要為自己創造獨處時間，才能恢復活力、為了家庭成為最好的自己。

她說：「當我開始留更多時間給自己，事態就開始改觀了。我變成更快樂的太太、媽媽、朋友與女兒，人生在我眼裡再度美好了起來。」

「你的獨角獸空間是什麼？」我問她。

「園藝、攝影和寫作，這是我獨處做自己時會做的事。」

獨處做自己。完全就是失去自我恐懼症的相反！而且還是超棒的勵志格言。這才是我希望在目標百貨看到印在空白日記本上的格言啊！

她繼續說道：「當我發現把一切事物拒於門外、把時間留給自

己有多美妙，以及自己一個人待著時有多快樂，想當然耳必須繼續允許自己不時『與世隔絕』、從事最能讓我活力滿滿的活動。不僅如此，孩子開始看見更真實的我，這也為我們家注入了新氣息。過去好長一段時間，我一直試圖在孩子面前隱藏真實的自己，這實在錯得離譜；為了符合我自以為的『好媽媽』形象和表現，我選擇不去做真實的自己，這對我和孩子來說都是一大損失。生命如此短暫且美好，不該把時間浪費在扮演不是自己的角色上。」

美樂蒂承認，找出獨角獸空間不是一朝一夕的改變。「找回自己」不過是美樂蒂的第一步。以此為出發點，展開探索如何超越「自我」的旅程，並與全世界分享她的獨特天賦。她表示：「這是學習放下的過程，我必須戒除某些舊習。但只要從『應該做的事』後退一步，我就能向實現遠大的夢想前進一步。」

尋找新幸福

堅持下去、不要放棄。美樂蒂為我們做了最好的示範，培養創造力、認真生活的優點多到數不清。不僅如此，踏上追尋真實自我的道路，還能創造許多實際有形的好處，像是增進大腦功能與神經系統效能。（讓腦袋思緒更清晰！）其他研究則強調，創造力可以帶來動機增強、甚至是延年益壽的效果。（活得更久！）同

時也會使壓力荷爾蒙和發炎生物標記的生理調節機制變好（降低虛胖問題與減少焦慮！）

麗莎‧達摩爾（Lisa Damour）博士是心理學家、《紐約時報》專欄作家暨暢銷作家，她提出了睿智的假設，表示心理健康的定義是「在適當的時機擁有適當的情緒，並且有能力應對這些情緒。」獨角獸空間可以賦予你上述提升個人抗壓韌性的能力。獨角獸空間就像一把雨傘，足以陪你度過人生中無可避免的暴風雨。聽好了，人生就是風雨不斷，因此留時間和空間給自己，專心從事自己熱愛之事，才是面對困境與俗事的最佳解方。再大的風雨都無法帶走這些個人經歷。

在繼續深入探討下去之前，我要先強調，這不是一本關於「如何快樂」的書。勞麗‧桑托斯（Laurie Santos）博士開設的「心理學與美好生活」是耶魯大學史上最受歡迎的課程，許多人認為她是當代的幸福學專家，就連她也建議不要把追尋幸福當成終極目標。桑托斯在我們的採訪中表示：「為了幸福而去追求幸福是行不通的。」但在接下來的章節你會發現，當你開始探索、培養並與他人分享專屬於你的獨角獸空間時，幸福感是自然產生的副產品。

【個案探討】
文化衝擊

我和潔西卡表妹分享了我和勞麗·桑托斯的談話重點，她故意誇張地倒抽了一口氣：「你現在是打算毀掉大家眼中的幸福嗎？你要知道，你可能會因此變得不太受歡迎喔，畢竟大家都想變得幸福。」

我大笑說：「潔西卡，我又不是想要奪走任何人的幸福，只是建議大家重新定義而已。與其苦苦追尋幸福，我反而建議大家去創造新里程碑，像是複習一下我們的舞步，才能幫助我們熬過不幸時刻。」我嬉鬧地用手肘推了她一下。

潔西卡做了個爵士手動作，不以為然道：「跳舞比較像是嗜好而已。」

「什麼，你居然說『嗜好』，你知道我最討厭那個字了。」

潔西卡笑了笑、一臉滿意，那是最親密的家人為了好玩、故意惹惱你的模樣。「好啦，或許不只是嗜好，但你不覺得『里程碑』聽起來有點太超過了嗎？在我們的文化當中，里程碑通常是指婚姻、事業、小孩、賺錢。如果夠幸運，或許還包括四處旅遊和盛大的退休派對。」

「伴侶職、親職、專職，」我快速念了一遍：「但你忘了另一個重點：允許自己活出創意人生。」

「你和你的那些職⋯⋯」她裝出不耐煩的樣子。

我抗議：「怎樣？我就是愛對仗。」

潔西卡轉頭看我：「親愛的，這個社會從幼稚園畢業後就不看重創意啦。十歲以前想怎麼表達自我都隨你，但接下來的人生就不是鬧著玩的了。」

潔西卡把人生講得好悲慘。我在心中筆記，我要買雙會令人心情大好的閃亮舞鞋給她，馬上！但她的確說到一個重點：嗯哼，到了特定年紀，「真實」世界確實會扼殺我們的創意表達。當初史岱文森高級中學（Stuyvesant High School）的畢業致詞學生代表特別提醒我們班，我們學校到了一九六九年才開始招收女性入學就讀，因此她鼓勵我們一定要為了夢想而戰；然而在那充滿隱喻意味的一天結束後，我還是收起了閃亮舞鞋，努力往更符合傳統期待的專業職涯走去。那場激勵人心的演講和許多其他類似演說都有著同樣的潛台詞：勇往直前、大膽追夢，但還是要務實些。換句話說：孩子，放聰明點，趕快拿到一個穩定可靠、報酬豐厚的工作。

根本是鬼扯，我心想，腦中一邊迴響著新創專家莎麗・阿佐特（Sari Azout）的話：「要如何鼓勵更多人為全體人類服務？重視、而非扼殺創造力是很好的起點；將焦點放在實現潛能、把握機會、發揮創意、放膽發想、努力開創。」

謝天謝地，我終究還有餘裕可以離開法律職涯，去從事更有

成就感的志業，但連我也花了將近二十年的成年光陰，才下定決心要轉換跑道。而我認識的許多好人還是選擇悲慘不已地待在原地生活，等於是選擇即刻從創意人生提早退休。

我們應該捫心自問：為什麼不再做自己熱愛的事？為什麼甚至不願意去找出自己熱愛的事？更重要的是，為什麼我最初會選擇做自己不喜歡的事？我朋友喬伊・福斯特（Joy Foster）創辦了線上學習平台「TechPixies」，旨在幫助女性重返職場、轉換事業跑道或是創業，她對我說：「我們經常鼓勵孩子追尋夢想，但為什麼自己卻停止逐夢了呢？我兒子想成為藝術家、建築師、演員、美式足球員或板球運動員。我曾經想要成為傳教士、美術老師、首席芭蕾女舞者、美國總統。小時候你想成為什麼？現在你又想成為什麼？」

找出歸屬社群

我又想到了「不老怪獸」。Shige-boh 說街舞是他「存在的理由」，進而使日本文化中的男男女女都因此受到啟發，開始尋找專屬於自己的理由，因為這麼做可以為人生提供直接明瞭的意義與使命。我苦思良久：「我的理由是什麼？」就像潔西卡說的，在我們社交圈的雞尾酒時光中，對話很少能進展到如此深入的程度。

除了我為本書進行的採訪以外，我想不起上一次有誰轉頭問我：「嘿，伊芙，你存在的理由是什麼？」

我心想：沒有把追尋更深層的自我擺在第一順位，會不會就是我們西方文化的常見短處？我們的文化是不是太早就讓自我表達退休，相較於其他國家皆鼓勵各年齡層的人去釋放自我潛力、將人生拓展到傳統里程碑以外的領域？美國人對成就的追求是不是害得我們無法積極追尋、認真看待最能讓我們感到活著的事物？還是根本沒那麼複雜，只要像 Shige-boh 一樣，找到自己歸屬的特別社群即可？當我還在細細琢磨這個議題時，朋友梅格斯（Mags）寄了下列訊息給我：

「各位舞者大家好！今天是《勁爆熱舞》（*Dance for the Revolution*）活動的第一天，歡迎一起加入！」梅格斯就是大家口中那種活出熱情的人，她是藝術家暨活動家，專門透過舞蹈的方式進行示威抗議、鼓勵轉型變革，所以我知道她舉辦的舞蹈活動，肯定是能夠和其他熱血舞者大肆慶祝的獨角獸空間。她們寫道：「線上活動將於七點開始，服裝隨意，因為完全不用踏出家門！」

我心想，沒錯！我和潔西卡需要的就是這個！在電腦前坐了一天，我們都需要簡裝便服的運動，站起來好好活動一下。當下我靈光一閃，找出歸屬社群不需要受到文化規範或期待的限制，「同伴」也不一定要固定在某個實體地點。社群可以是任何一處的共享空間，讓大家可以進行創意表達、推廣自我探索，以及激發

有意義的交流互動，而這一切全都可以在家中實現，因為見鬼了，我們有Zoom啊！我居然現在才想出這個再明顯不過的解方。不管怎麼說，獨角夥伴都是在隔離期間開始追尋更具創造力的人生；而在疫情初期，把垃圾桶拖到街上大概就是我們最遠的征途了吧。

之後會用整個章節來討論這個主題：尋覓與打造自己的歸屬社群，所以如果你正處於迷惘之中，或是找不到歸屬的社群，請堅持下去。現階段只要從眼前出發，找出自己當下的立足點即可。

●●

自我練習題

從當下的立足點出發

透過下列問題展開自我探詢之旅。你可以在日記或下方空白處簡單寫下你的答案。如果你現在還沒準備好「深入探索」，請先將此頁折角做記號，之後再回來完成這項練習題。

● 我現在是什麼樣的人？形容自己現在的狀態。

_____

_____

_____

●我喜歡這個版本的我的哪些部分？不喜歡哪些部分？

_____

_____

●我過去是什麼樣的人？形容自己過去的狀態。

_____

_____

●我一直想像自己會成為什麼樣的人？

_____

_____

●我在哪些方面阻止自己成為「我自己」？

_____

_____

●哪些文化期待讓我無法去追尋最讓我感到活著的事
　物？

_____

_____

- 在哪些社群、團體或環境中，我可以感受到意義重大
  的交流互動？

- 我願意做什麼事去修正目前的生活風格、日常慣例或
  習慣，好與自己建立或重新建立連結，並與他人交流
  互動？

◦◦◦

　　在下次的非正式視訊通話中，我和幾位獨角夥伴討論了上述
問題。我說：「我需要蒐集更多資料，所以拜託各位幫幫忙好嗎？
第一個問題：你過去是什麼樣的人？」

　　蒂芬妮馬上回答：「更年輕。」

　　達比和貝蕾欣大笑。

　　我馬上接著說：「你過去一直想像自己可以成為誰？」

　　「蜜雪兒・歐巴馬，」潔西卡插話。

我們聊得很開心，不斷取笑彼此，直到我問了最後一個問題，大家突然一陣靜默。

　　「真心？沒有人願意去調整目前的生活風格、日常慣例或習慣，好創造出更多的獨角獸空間嗎？這才是這場社會實驗的重點，你們這些女人應該要是我的首席親善大使啊，」我殷殷敦促：「拜託，不要讓我失望。我才又買了兩雙舞鞋，雖然趁清倉拍賣買的，但潔西卡，其中一雙是特別買給你的啊。」

　　「不是不願意，」蒂芬妮回道：「但就真的找不出時間。」

　　艾莎也語帶歉意道：「就算另一半很支持我擁有獨角獸空間，我還是忍不住會拿其他事情把空閒時間填滿，尤其是工作。」她一臉愧疚。

　　艾胥麗插話道：「我個人是因為每次只要拿出我的手工藝工具箱，另一半就會無聲地翻白眼，實在讓人受不了。」

　　「吼，我知道那種眼神，」貝蕾欣說：「擺明了在講，你居然要把時間花在做那些東西？」

　　雖然這個小團體在過去數個月取得了長足進展，但現在又再度站上命運的交叉路口。我該如何說服獨角夥伴繼續前進、允許自己持續走在自我探索與創意表達的旅程上？

　　抓到重點了，對吧？

　　我重新框架了問題：「是你不願意，還是你不允許自己這麼做？」

她們猶豫了，我也得到答案了。重點在於能否允許自己去追求專屬於我們的獨角獸空間、活出創造力十足的人生。

　　獲得這些嶄新見解後，我更加明白，我們若有任何人想順利展開「好奇渴望、交流互動、達成目標」這趟旅程，就必須先全心擁抱三大允許原則。

- 允許自己不要隨時待命
- 允許自己放下罪惡感和愧疚感
- 允許自己勇敢發聲、爭取所需

　　只要遵循這些原則，就能寫下自己的「允許假條」，積極放膽去追尋表達自我獨特之處的方式，進而創造出意味深遠的交流互動，為人生注入更多意義與快樂。接下來，只要握好手中的允許假條，「下一步」的道路自然就會在前方展開，然後就再也沒有任何理由站在原地發呆了。是時候開始在雨中跳舞囉。

PART 2

三大允許原則

　　爲什麼我們每個人都應允許自己不要隨時待命、允許自己放下罪惡感和愧疚感，以及允許自己勇敢發聲、爭取所需？又爲什麼如此一來，就能培養出創造力，並打造出專屬於我們的獨角獸空間？

第四章

原則一
允許自己不要隨時待命

如何找出心流、開始練習說不現在沒空

//

你的內心台詞是什麼？

　　除了固有的伴侶職、親職與專職角色，我也想從事其他能讓我感到快樂且有意義的活動，但是⋯⋯

- 我沒有足夠時間去做必須做的事，自然騰不出時間去做想做的事。
- 又賺不了錢，為什麼要投入時間？
- 我有放到待辦清單中，只是還沒去執行而已⋯⋯只是還沒。
- 我和另一半會輪流花時間去做自己想做的事，現在輪到另一半了。（嗯⋯⋯仔細一想，另一半好像已經輪了好一段時間了。）

- 每次我試著從事工作、育兒或家務以外的事，總是會被其他事打斷，像是工作郵件、賬單、馬桶不通，或是小孩跑來扯我衣服。
- 永遠都有事情打斷我或使我分心，害我無法集中注意力，然後時間就不見了。
- 我的時間愈來愈不夠用，根本沒有任何「多餘」的時間留給自己。
- 安排「自我時間」感覺像是另一件待辦之事。

以上任一個「我沒時間」的理由是否阻礙你去追求更具創造力的人生？以上任一個「我經常被打斷」的實際情況是否奪走你太多時間？不然你早就能夠以忠於自我的方式去表達自己、積極追尋能為人生注入更多意義與提升幸福商數（happiness quotient）的事物。

重新框架、取得進展

在過去幾年，我認識的許多人都對為什麼要有獨角獸空間給予正面回應，因為我們憑直覺就知道，沒道理不留時間給自己。大多數的人一接觸到此概念（尤其是當我將之重新命名為「獨角

獸空間」後），立即就能理解，為什麼在生活中留下創意自我表達的空間，是創造有意義且幸福人生的關鍵要素。

然而，許多女性在文化條件的束縛下，習慣將自己的時間擺在最後一位，所以很難找出獨角獸空間成真的條件與方法……當然，也包括最重要的時機。老實說不意外，因為當你的身心都已被拉扯到跟保鮮膜一樣又薄又緊繃時，怎麼可能找出適當的「時機」。

我朋友莉亞娜（LeeAnah）如此描述自己：「我就像是人形輸送帶，工作一件接一件不斷送來。而我的另一半就像個盤子，只要裝滿了東西，就『什麼都做不了了』。」如果你也覺得自己總是單槍匹馬（或是在沒有獲得太多幫助的情況下），完成所有勞心勞力的家務、育兒、工作（在外或居家辦公），同時還得試圖維持與另一半的良好關係，那你八成不會有什麼力氣留給自己。

是時候做出改變了，請允許自己不要隨時待命。

如果你自願把自己和自己的時間
擺在次要或最後一位，你就是壓迫自己的共犯。

我認識與聊過的許多女性，仍認為想要「魚與熊掌兼得」，比方說學歷、事業、伴侶、家庭、房子、社會地位等等，就必須無

所不包、無所不能、無所不在，她們甚至沒有察覺自己有這種想法。後果是什麼？女性花在照顧自身健康與重要自我照護的時間愈來愈少，甚至會拒絕留任何時間給自己去追尋三職（再次提醒，三職就是伴侶職、親職、專職）以外的個人想望。然而，在缺乏適度自我關照的情況下，女性普遍都感到快要溺斃了，甚至出現過勞現象。（單親媽媽，我都有看見妳們的困境。）我想給我認識的每位女性一個大大的擁抱，並對她們說：親愛的，你缺少的那塊就是忘了留些什麼給自己。

我都懂，因為我也走過同樣的路。

【個案探討】
「現在沒空」便利貼

跟著我念一遍：時間是限量商品。時間是有限的資源，也就是說沒有無限的時間。我一天只有二十四小時，而且我有權選擇如何使用我的時間（在合理範圍內！）。如果我有另一半，表示我們兩個人一天也都只有二十四小時……而且我們彼此的時間同樣重要；因此，我們都應該有同等機會選擇如何運用自己有限的時間。

一直到我刻意重新框架自己的時間，並請另一半也重新思考一天二十四小時的安排方式，我們的家庭氛圍才開始有所轉變。

但在行為方面，還是花了一點時間才開始出現變化。各位要知道，重新框架時間只是整個方程式中的一小部分，設定好界線才能創造出完整的方程式。

讓我們回想一下前不久才發生的事，二〇二〇年疫情爆發，一度使我們習以為常的時空潰然崩塌，模糊了一度壁壘分明的工作場所與家庭場域。根據《華盛頓郵報》（*Washington Post*）的一項「時間日記」（time diary）研究顯示，在疫情期間居家辦公的配偶，平均每小時會被育兒和家務需求打斷十五次。平均不受中斷的工作時間是三分鐘二十四秒，最短的甚至不到幾秒鐘。「財政研究機構」（Institute for Fiscal Studies）針對由異性戀伴侶組成的三千五百個家庭進行的一項研究發現，「孩童干擾造成的中斷」對女性的影響最為嚴重。研究人員發現，母親每天花十‧三小時在顧小孩，比父親多出了二‧三小時。暢銷青少年小說作家妮可‧C‧基爾（Nicole C. Kear）在臉書上分享了自己的「中斷」體驗：「我以五到十五分鐘的間隔在工作，中間穿插著孩子的各種要求：我的充電器咧？Zoom 的連結沒用！然後我餓了，都沒東西可以吃！」

在此艱困時期，為了保有自我，設定界線是最迫切的必需品，而我要在此為多位朋友拍拍手，她們勇於為自己立下清楚界線，全都是為了在同個屋簷下兼顧工作、伴侶、孩子、寵物，以及盡量不要失去理智。我會細細品味她們傳來的影片，像是躲在

廚房的食品儲藏室中與逃到臥房的衣櫃裡。貝蕾欣建議大家：「門鎖兩道都要鎖上。」還有其他朋友和獨角獸伴在浴室和居家辦公室門口貼上警示條、擺上寫著「不要煩我」的小飾品，或是一目了然的「禁止進入」和「媽媽在中場休息！」標誌，都令我捧腹大笑。

我一時衝動、在沒有多加思索的情況下，決定跟隨她們的腳步。當我決定開始動筆寫這本書的草稿時，我制定了類似界線。我將客房的一角改造成寫書角落，希望每周末能有兩個小時不受打擾的工作時間。看似可行，而且滿公平的吧。某個星期天早上，我在吃早餐時向老公與三個孩子宣布：「早餐吃完後，我會花兩個小時寫書。雖然我人在家，但我會假裝不在家。」他們點點頭、貌似同意，然後等餐桌清空後，我就躲進客房，把門關起來。猜猜看接下來發生什麼事？不到五分鐘就有人來敲門。

是賽斯，他說：「嘿，我知道你在忙，但我只是想讓你知道，晚點我需要去路邊取件（curbside pickup）領家中雜貨，沒問題吧？」

「沒問題。」

過了幾分鐘，我家九歲的那位衝了進來：「媽，你什麼時候可以幫我看回家作業？」

「晚點。」我揮揮手打發他。

不到三十秒後，三歲的小女兒開始在隔壁房間尖叫著：「我要

媽媽！」

天啊，家裡的牆真薄。我很快就明白為什麼共享工作空間會如此熱門，重點其實不是在那工作，而是只要付二十美元，就能遠離家人一整天。

隔周，我試著用不同的方式溝通我的界線。我向家人解釋，我需要兩小時的寫作時間，而且沒空回答任何問題、準備點心或更換電視遙控器的電池。我對孩子們說：「如果你們需要任何東西，請找爸爸。」為了讓他們更能理解我在說什麼，我寫了一張「現在沒空」便利貼，然後貼在我的 T 恤上。

「我、沒、空。」為了加強效果，我一個字、一個字的說，然後才冷靜的離開餐桌。猜猜看這次發生了什麼事？不到五分鐘又有人來敲門。

這次是賽斯：「嘿，我知道你現在沒空，但……」

「沒有但是，我在工作。」

「抱歉。」他退了出去，把門關上。

過了幾分鐘，安娜搖搖晃晃地走進來，嘴裡還含著一根棒棒糖。她從我椅子旁邊爬了上來，指著那張便利貼，小聲說道：「我愛你。」然後就跑走了。很可愛沒錯，但還是打斷我工作了。畢竟她還不識字，我猜她對現在沒空的解讀是小聲且充滿愛意的打擾沒關係。

安娜離開後，我享受了十分鐘的獨處時光，剛好足夠我靜下

心來開始寫作，班就衝了進來。我深吸了一口氣：「什麼事？」沒有吐氣就脫口問道。

「呃……」他閃爍其詞、左顧右盼，好像想從房間找個理由解釋他為什麼站在這。由於找不到，他試圖用轉移注意力大法，指著我的胸口說：「嘿，媽，你的便利貼快掉了。」

我受夠了！我站起身，吼出令我後悔莫及的話：「滾出去！」根本來不及制止自己。我才撐沒多久就故態復萌，馬上退回過去的溝通風格，也就是尖銳的要求：這位先生！

「對不起，」班回道，淚眼汪汪、一臉受傷，然後灰溜溜地走掉，而我把剩下的「現在沒空」時間，都浪費在氣到七竅生煙與感到無比愧疚之間徘徊。這樣做行不通，便利貼搭配上教育班長般的口吻，一如往常地不管用；以前我會把垃圾袋放在廚房流理檯上，然後瞪著賽斯，冀望他會突然想通，知道我希望他把滿出來的垃圾拿去倒。

我從垃圾桶事件學到的教訓是，消極被動的死亡之瞪、加上在家中大腳走來踩去與甩門，絕不是打動觀眾的有效方式，也沒辦法取得我想要的結果。制定共同目標、針對期望建立清楚明確的溝通管道，以及設立實際可行的界線，反而才是「神奇」的解決之道。這些工具在我擔任專業調解員時都派上極大用場，而且應用在居家生活中也發揮了奇效。是時候親身實作自己一直在宣揚的理念，並開始運用這些工具來維護我的獨角獸空間了。

隔周日吃早餐時，我換了個方式向家人表達需求，我說：「嘿，今天我想試個新做法，讓大家都能滿足自己的需求，不要再有任何吼叫與眼淚。」我停了下來，和每個人對視、確定大家都有注意聽後，我平靜地繼續說道……

　　「我愛你們，也希望你們在家都覺得被重視、被聽見。當然，我也想要被重視、被聽見，所以我現在跟你們說，早上我需要完整的兩個小時待在辦公室寫作，這段時間對我來說很重要，可以讓我好好為自己看重的事物發聲；也就是說，當我完成這件事後，我將有更多的心力去陪伴各位。我在寫作時，爸爸會滿足你們的一切需求。」我停止說話，目光看向賽斯。

　　「沒問題，」他點點頭。

　　我接著說：「兩小時之後，我就可以把全副心力放在各位身上，但在這之前，」為求效果，我停頓了一下：「請尊重我的時間和空間，好嗎？」

　　「好，」他們含糊應道，眼神放空、一臉不甘願的樣子，但顯然是希望我停止長篇大論。或許是因為我沒讓他們覺得這件事與他們切身相關？

　　我轉向孩子說：「這樣想好了，如果我們為了你們的生日派對，在彈跳床樂園訂了一個私人空間，結果正當我們要切蛋糕時，另一群小朋友開門闖了進來，不僅要吃蛋糕，還堅持這是他們辦派對的地方，你肯定會超不開心，因為還沒輪到他們啊。」

安娜對我編出來的故事憤慨不已。「這樣不公平！」她一邊大喊，一邊握起她小小的拳頭敲向早餐餐桌。

「沒錯，確實不公平，寶貝。這就是我要說的重點：不要闖進我的派對。」

有效設定界線不是靠厲聲說出要求、大力甩門或罷工。如果想要有效捍衛自己的空間與時間，你必須刻意設立界線，但不是靠黃色警示條或便利貼註記，而是要以清楚且尊重對方的方式去傳達自己的需求是什麼、為什麼要這麼做，以及提前感謝大家願意尊重你的界線：感謝各位尊重我的空間和時間，現在請離開吧。

在討論「原則三：允許自己勇敢發聲、爭取所需」時，我會更詳細地說明如何以明確態度和伴侶與家人商量條件。但光是知道自己可以（也必須）這麼做，就是展開整個旅程的一大步。當我設定出公平界線，並取得家人的理解與尊重後，全家的行為都出現了改變。少了點劍拔弩張、多了點協調合作。賽斯明白現在什麼是可行的做法後，也從我這兒得到靈感，替自己商量出每周六不受干擾的兩個小時。當我們夫妻定下明確的界線與期望，小孩馬上就適應了。事實上，他們開始會期待星期六與馬麻的獨處時光（中午吃鬆餅）以及星期天與把拔的相處時光（更多激烈打鬧）。只要我們全家人會一起定期進行近況確認、為周末時間訂下清楚的界線與期望，每個人的需求就都能獲得滿足，至少在大多數時候是如此。

不要隨時待命的好處：心流

當你允許自己不要隨時待命，並同意自己有權運用自己的寶貴時間，就會產生神奇的變化：你會獲得心靈上的自由、額外的腦力，還有思考的空間！以及長時間將專注力放在自己熱愛的事物上。

先別高興的太早。你可能會忍不住在平靜的思緒中又塞進另一張心理待辦清單：在「Instacart」平台上下單、回覆尚未答覆的電子郵件、幫小朋友預約剪髮，然後漫無目的地試圖滑完所有新的推特或 Instagram 貼文。拜託不要！請把時間用在自己身上，我保證值回票價。各位要知道，心無罣礙代表有更多心智空間可以專心致志，因此更有機會體驗到心流。

就算距離上次體驗到心流可能已經過了好一段時間，但我想大家應該都知道什麼是心流。米哈里·契克森米哈伊（Mihaly Csikszentmihalyi）教授是創意專家、頂尖研究人員暨《心流：高手都在研究的最優體驗心理學》一書的作者，他向大眾介紹了這個概念，並在書中提到，心流是「非常投入一項活動的狀態，好似一切其他事物都不再重要；這種體驗本身令人沉醉其中，我們甚至願意付出極大代價，只為了能夠再次獲得那種感受。」《紐約時報》社論專欄作者珍妮佛·希尼爾（Jennifer Senior）則稱之為：「完全沉浸在一件事物當中、如同置身天堂般的狀態。你對時間的

感知消失了，只剩下你和眼前正在做的事，可能是畫畫、也可能是不斷投籃得分。」

比爾・柏內特（Bill Burnett）和戴夫・埃文斯（Dave Evans）是大眾文化領域的作者，著有《做自己的生命設計師》一書，他們對心流的形容如下：「就像打了類固醇一般……你處於一種時間靜止的狀態，全心參與其中。」他們也稱之為「大人的遊戲」。

《創造力覺醒》（*The Creativity Leap*，暫譯）一書的作者娜塔莉・尼克森（Natalie Nixon）表示，心流「創造出讓人感到不枉此生的時刻」。

這些描述都讓我深有同感，而我個人會如此形容心流：在不受干擾的時間內，持續將專注力用在自己熱愛的事物之上。

在處於寫作者心流時，我會全心全意地專注在眼前的頁面，對周遭一切事物充耳不聞。在沒人打擾的狀態下，我可以全神貫注好幾個小時，直到膀胱受不了、提醒我要去上廁所休息為止。當我在講台上向觀眾傳達重新平衡家務分配的概念與追尋夢想的重要性時，感覺就像所處的時空連續體坍塌了，而我昇華至更高的層次，心跳加速、腎上腺素飆高，然後這種感覺會向外傳達出去，使我與觀眾建立起更深刻的連結。這種心流狀態通常能讓我不費吹灰之力就講到最後一張投影片與結語。在我還沒反應過來之前，就到了觀眾的提問時間；我心想，等一下，剛剛發生了什麼事？時間怎麼一下就過去了？哇，太好玩了！心流可以帶給人

最純粹美好的體驗，沒有人可以奪走，就算那個美好時刻結束後，依然讓人回味無窮。

心流對你來說是什麼感覺？上次體驗到心流是什麼時候？克麗絲汀（Kristine）是名小學老師與兩名青少年的媽，她想了一下說：「久到我想不起來了。我連找個安靜的地方都辦不到，更別提任何留給自己的空閒時間了。某天晚上，我以為自己可以偷閒幾分鐘、寫個日記，然後我就發現十四歲的女兒無聲無息地站在沙發後面，越過我的肩膀偷看我在寫什麼！我感覺自己完全沒有獨自一人的時候，更別提創造心流的空間了。」

我們都深愛自己的孩子，但……藝術家暨文化評論家奧布莉婭・索恩蕭（Oubria Tronshaw）如此表示：「小孩永遠不會允許你有時間找回理智，絕對不會。你必須學會為自己爭取時間。」

她說得沒錯，我就幫各位大聲說出來了：兒女就是心流的最大阻力。

珍妮佛・希尼爾有著同樣見解：「孩子還小時，發育中的大腦會偷偷想盡辦法對抗心流，因為小朋友天生就是要盡可能吸收最大量的刺激，而非只專注於某件事上；就算年紀再長一些，他們還是不斷追逐著無窮無盡的需求。」

小孩會一直打斷我們、一直發問，這就是孩子的天性，他們克制不住自己。然而，請務必理解養兒育女本來就是違反心流的事，而小孩也將一直都是干擾的來源。

一位名為亞坎克莎（Akanksha）的女性在臉書教養頁面上貼文表示：「昨天我一邊啜飲著剛沖好的咖啡……〔然後〕正當我心裡想著，終於有『獨處時間』了，我家的半獸人衝了進來，做了個什麼忍者的屁股動作，就把整杯咖啡打翻了。我的『時間』就這樣沒了。身為過來人，我想對有小孩的各位說，小朋友的屁股永遠都能擾亂你內心的平靜。」

設定界線、屁股走開

我遇過很多家長幻想過要把孩子送去火星或是把他們冷凍起來，好找回自己失去的那些無人打擾的時光與空間。「或是至少把他們和 iPad 一起送去另一個房間，」表妹潔西卡說道：「身為一個單親媽媽，有時這真是唯一辦法，我才能得到所需的時間與空間。」有道理，但除了拿電子產品賄賂小孩或把他們趕出家門以外，其實還有另一選項：設定界線。小孩不會怎樣的。但如果你一再拒絕為自己爭取不受干擾的心流時間，反而是你才比較令人擔心。

希尼爾強調：「你需要一段連續不受干擾的時間才能把事做好。如果每天都充斥著花招百出的干擾，時間不斷被分割、再分割，任務就像芝諾悖論般無限衍生……根本不可能進入心流。」

如果人生中沒有心流，契克森米哈伊在《心流》的第一頁就寫道：「人們經常會覺得自己白活一遭，好像人生都浪費在焦慮和無聊之上，從來沒有〔活出圓滿充實的人生〕。」

哎唷喂啊，我是不會講得這麼嚴重，但我可以拍胸脯保證，如果不想要危及你的創意自我表達，你必須學會說不，才能成就專屬於你的心流。

持續專注去做所愛之事最大的反抗力量就是干擾。

沒有兒女，也有問題

各位是不是也忘了在家不受干擾的時光？上一次你遠離伴侶、家人或室友，實際留出空間給自己重新找回創意，是什麼時候？即便是單身、沒有小孩或獨居，也不能保證不受打擾。越界在職場上也十分常見。我們都曾遇過這種主管和同事，老愛在下班後打電話來，以及在周末提出工作要求，好像覺得我們大概都會點頭答應。

「整天排滿會議這種事根本司空見慣。我心想，那午餐怎麼

辦？晚餐怎麼辦？我總是需要吃飯的吧，」一名女性參加我在「女力部落格」（BlogHer）舉辦的工作坊與生活整合專題討論會時如此表示。另一位女性點頭同意：「雪片般飛來的工作郵件主宰著我的生活，害我的工作生產效率每況愈下，真的很讓人受不了。」

工時過長與缺乏休息時間和過勞、精疲力竭與失眠有著密切關聯。此外，晝夜不分工作、「馬上回覆」、隨時注意線上永無止盡的社群動態等文化，是心流與獨角獸空間的最大干擾因素。社會中另一重要群體的難題正在於此；綺莎（Kiisha）是另一位參與專題討論的女性，她指出：「如果沒有小孩，就沒有理由不被打擾。你不能說，我必須離開視訊會議去餵小孩吃飯。」她提出的這點引人深思，時間管理顧問暨研究人員蘿拉·范德康（Laura Vanderkam）在《財星》雜誌上寫道：「我在檢視不同受試者的時間日誌時……我發現有小孩或其他照顧責任的人，反而更加擅長制定休息時間點，這很合理，畢竟他們要考慮到保姆下班的時間或去幼兒園接小孩。」

出於好奇，我決定進一步探究「沒有理由」這個說法，所以我直接私訊了綺莎，詢問她是如何分配工作時間和獨角獸空間。她向我解釋，身為一名三十出頭的單身女性，大家對她的期望是隨時為工作賣命，即使在「非工作」時間亦同。

「時間和空間的界線根本不存在。」她說。

我回道，她必須主張自己的界線，才能為工作以外的人生保

留時間與空間。

她反駁:「諷刺的是,我感覺自己好像必須先找到獨角獸空間,才能主張界線,不然我找不到理由說自己不想隨時為工作待命。小孩和家庭需求在職場中具有一種迫切感,代表你有其他必須照顧的事。如果沒有小孩,就很難創造出那種迫切感。」

或許她說得對,如果要求結束一天會議的理由,是因為自己想趕快回家、開瓶紅酒、狂看 Netflix,大概不會被准許吧。但就像綺莎所說的,如果她是為了創意自我表達要求設立界線,大概會得到全然不同的回應。她說的話提供了一條重要線索,我認為根本值得來場全新的社會實驗。我鼓勵綺莎去主張自己的獨角獸空間,並留心工作上會出現哪些轉變。

她接受了這項挑戰,並重拾了曾經暫時擱置的夢想:報名調酒大師班。幾個月後,我向她詢問了後續狀況,她說:「調酒課讓我終於獲得了一直想爭取的許可,工時變得更固定、更少超時工作。我原本很擔心同事會因為我把時間留給自己而討厭我,但他們反而是超感興趣我在學什麼,而且幾個月過去,他們都很尊重我的需求,不會多過問一句。應他們要求,我們在上星期五下班後舉辦了歡樂時光活動,由我負責教整個團隊調製完美的威士忌沙瓦。」

捍衛自身時間

　　捍衛自身時間的第一步就是自我覺察。你是否過得好像自己的時間可以無限延伸、滿足所有人的需求？你是否下意識會去捍衛伴侶／孩子／同事／朋友的時間，與此同時耗盡了自己的時間？你是否把時間視為如沙礫般的無限資源？

　　請停下來，承認**你的時間有限**，而且是極為稀有且珍貴的資源，就像鑽石一樣！所以請好好保留與保護它，允許自己放下每日無止盡的待辦事項，以及拒絕會消耗自身寶貴時間的要求。我的演講受眾如果是女性，此訊息最能引起多數觀眾的共鳴，因為我們大多不曉得該如何捍衛自身時間。我們每天都在分分秒秒地給予出去。來自另一半、同事、醫生辦公室或小朋友學校的干擾或許百分百值得你花心思處理，但毫無止盡地為他人付出，只會不斷消耗與危害你僅有的所有時間，除非你重新框架自身時間的價值，然後為自己不受中斷的時間重新安排優先順序。

　　保護自身時間最重要的步驟就是設立界線。我稱之為允許自己不要隨時待命。這個建議同樣也經常引起爭議。一位女性參加了我的另一場線上專題討論會，會後她在群組聊天室中寫道：「你有允許自己不要隨時待命嗎？這是我被問過最強而有力的問題。一直到不久前，我的答案可能都還是『呃，沒有！』我也是經過刻意思考並重新訓練自己，才學會允許自己休假。是時候補給燃

料、再度充實自己了，如此一來我才有能量去照顧所有其他人。」

　　「只有你可以給予自己許可。允許自己拒絕不合理的要求、允許自己什麼都不做、允許自己休息一下。你必須為自己的人生設立界線，」波雅‧拉克希明（Pooja Lakshmin）醫學博士如此說道，她是專攻產前及產後照護的精神科醫師、喬治華盛頓大學醫學院的精神病學臨床助理教授，以及女性心理健康線上教育平台「Gemma」的創辦人。我和波雅相識於一場名為「那些沒人告訴你當媽的事」（Things No One Tells You About Motherhood）專題討論會，後來過沒多久就成了朋友。

　　拉克希明醫師坦白承認：「我發現每當我答應了太多人太多事，就特別容易被激怒，即便只是最小最小的要求，而且最後每件事感覺起來都像是乏味的雜務（就算是我平常最愛做的事！）。」

Permission Slip

我允許自己不要隨時待命。

——簽署者：我自己

加倍不隨時待命的時間

我先生賽斯和我都很享受周末各自不受干擾的兩個小時。因為實在太喜歡了，所以我提議：「不如我們各休一整天的假，你怎麼看？」我才剛採訪完史都華·佛里曼（Stewart Friedman）博士，他是一九九一年「華頓工作／生活整合企畫」（Wharton Work/Life Integration Project）的創始人，以及包括《領導者家長：你最需要的領導方針，賦予教養使命感、帶事業更上一層樓並創造更富足的人生》（*Parents Who Lead: The Leadership Approach You Need to Parent with Purpose, Fuel Your Career, and Create a Richer Life*，暫譯）等數本著作的作者。在視訊訪談時，佛里曼博士給了我不少靈感，鼓勵我在家也要啟動領導者思維模式。如果把創造不受干擾的時間留給創意追尋當作目標，我認為這個目標的意涵是：不要只有兩小時，不如要求一整天吧！

在賽斯還來不及回答前，我又用了從佛里曼博士那學到的另一個技巧，他表示如果想要有效率地領導，「就要深知互惠態度對集體利益的價值。換句話說，不能只和我有關，而是必須關乎我們。在最親密的關係中，要如何將對你來說最重要的事，變成另一半的一致目標，使雙方都能從中受益？」

有鑑於此，我神不知、鬼不覺地提出了一項價值主張，保證讓賽斯無法拒絕：「你想像一下，」我故意想引他上鉤：「星期六

一整天，你可以不受干擾的專心運動、看無數小時的『世界體育中心』（SportsCenter）、和朋友聚會⋯⋯」

「還有把《時代》雜誌從頭看到尾。」他眼睛一亮。

「沒錯，通通都行。我們已經有多久沒有享受過有小孩之前這種完整、不受打擾的獨處時間了。」我如此說道。

「足足十二年欸，」他算了一下。

「如果能再次擁有這樣的時光，該有多酷？」

他說：「聽起來是很棒。那星期天呢⋯⋯？」

「換你負責陪孩子一天啊。」我故作輕鬆地說。

我看得出來他的心情從積極轉變成遲疑。這樣要扮演嘻笑打鬧的好玩爸爸幾個小時啊？

我趕快在他反悔前插話：「不然先試行一下如何？如果行不通，我們就放慢腳步。或是說不用每個星期都執行。」我再次強調：「但只要我們定期做近況確認，就能定下合理的界線與期待，如何？」

「一言為定。」他微笑同意。

保護你的時間、
保護你的空間、保護你的心流。

只要盡力重新框架自己看待時間的方式，然後刻意優先保留一些時間給自己，就能邁向更加充實圓滿的人生。拒絕會左右個人選擇的有毒時間訊息，開始思考如何設立經過深思熟慮的界線，保護專屬於你的時間、空間和心流。

問問自己

- 我如何看待自己的時間？
- 我可以如何開始制定時間與空間的界線？
- 如果擁有不受干擾的一天或短短一小時的自由時間，
  我會如何運用？

請每天複誦一次：我允許自己不要隨時待命。

第五章

原則二
允許自己放下罪惡感與愧疚感

如何空出腦力、發揮創造力

你的內心台詞是什麼？

除了固有的伴侶職、親職與專職角色，我也想從事其他能讓我感到快樂且有意義的活動，但是⋯⋯

- 我應該把時間花在⋯⋯為家庭服務或對家中財務有所貢獻。
- 我已經花太多心思在工作上了，不把時間用在孩子身上會讓我感到內疚。
- 我的另一半期待我將「額外」的時間也用在經營婚姻和家庭關係上。
- 我比較擅長操持家務與養育兒女，所以應該把心力放

在最需要我的地方。

- 家庭需求擺第一。

- 我也想從事工作和家務以外的活動，卻不知道要做什麼，總覺得有點丟臉。

- 我每次想試著留時間給自己，就會遭到〔伴侶、孩子、朋友、同事、雙親、親家〕的反彈，他們對於我「應該」怎麼運用自己的時間意見很多。

- 「獨處時間」感覺好奢侈，幾乎可說是自私了。

　　「該做的事」帶來的罪惡感和愧疚感，是否讓你無法追尋伴侶職、親職與專職以外的事物？你是否覺得社會、所屬社群、伴侶、甚或是你自己，都不允許你去從事自己過去曾擁有、或是希望自己能自由探索的興趣或天賦？請花一分鐘想想，是哪些信念與期待阻止你去找出上述角色以外的真實自我。這些訊息會負面批判我們的行為（罪惡感），並減損我們的自我價值感（愧疚感），在我們的文化對話當中屢見不鮮。作家、演說家暨此領域的頂尖專家布芮尼‧布朗（Brené Brown）如此解釋：「愧疚感把焦點放在自己身上，而罪惡感著重的是行為。愧疚感就像在說『我很差勁』，罪惡感則是『我做了很差勁的事』……罪惡感是『抱歉，我犯了錯』，愧疚感則是『抱歉，我的存在是個錯誤』。愧疚感與罪惡感都會讓你感受很差，當兩者合而為一，就成了殺傷力強大的

武器，會害人即刻否決足以助你重新找回自我的個人空間與時間。」

【個案探討】
愧疚感與罪惡感沙龍

某個星期天下午，我坐在家中附近的美甲沙龍，一邊排隊等待空位，一邊獨享神奇的「偷閒」時光。根據賽斯和我最近的協商結果，我不僅充分運用了兩小時在家不受中斷的寫作時間，現在更準備盡情享受我辛苦換來的獨處時間。

「我期待做指甲好久了，」我忍不住向坐在一旁安靜候位的女性說出心底話：「離家裡和家人遠遠的。」

她給了我一個心領神會的眼神，馬上快活地答道：「哎呀，我懂。我有三個孩子，所以能坐在這裡就是個奇蹟了。我隨時都可能收到訊息，問說『妳什麼時候會回家』。」

我稍微靠向她，露出計謀得逞的笑容：「我手機關機了。」

她一臉驚訝：「真的嗎？你真敢，我就做不到。我覺得自己好像應該隨時待命，因為總是有突發狀況。」

我回道：「我先生會負責到底，我相信他可以處理任何事。」

「哈！」她笑道：「你怎麼辦到的？」我抓住這個大好機會，

趕快分享我最近發明的時間管理與界線設立策略：「我和我先生制定了周末時間表，星期六由我負責照顧孩子，然後星期天換他負責。現在是我第一次的周日『放風』。」我做了個祝我好運的手勢，並繼續說：「目前為止一切順利。」我笑了一下，靠回椅子上，幻想著等會雙腳浸在泡泡水裡的感覺會有多棒。

她挑了挑眉：「等一下……你讓他自己帶孩子一整天？」

我心想，又來了。即便所有女人都想要更多時間，但看到其他女人勇敢爭取時，難免會忍不住害對方產生罪惡感。我花了近八年的時間蒐集與家庭性別不平等的相關資料，當然很清楚大家期待「好媽媽」要負起維持家庭正常運作和照顧孩子的主要責任，研究也證實了此論點。舉例來說，皮尤研究中心（Pew Research Center）的一項研究顯示，在參與研究的已婚或有同居伴侶的婦女當中，約五十％表示自己比她們的男性伴侶承擔較多的育兒責任（相較之下，只有四％的男性表示自己比他們的女性伴侶承擔起較多的育兒責任）。這就是失衡的現況，所以就算母親負起照顧孩子的全責，不管是多花了幾個小時、甚至是幾天（拜託不要），大家都一副理所當然的樣子，因為……媽媽為什麼需要休息？

黛安娜・史柏丁（Diana Spalding）在「Motherly」線上社群擔任「身心健康」（Health and Wellness）部門的主任，她針對「好媽媽」意識形態寫了這麼一段話：「從我們當上父母的那刻起，就

開始體驗到性別刻版印象與社會慣例，而我們也漸漸習以為常。這麼說吧，慣例是……〔我先生〕從沒被問過他要如何平衡事業與家庭，大家就是不會這樣問男人。而他也承認，睡前他也不會有『我今天表現的夠好嗎？』那種強烈的不安感。這種社會包袱只有我會有。」

安柏·索爾頓博士出的結論是：「〔女人〕常常誤以為花時間在〔孩子、伴侶、工作〕上，遠比花時間在自己身上來得重要。這會導致我們忽略自身的需要和渴望，然後就演變成如果把時間留給自己，我們就會產生罪惡感，最後導致與〔孩子、伴侶、工作〕相處的品質下滑，因為我們受夠了自己總是被忽略，也因為我們認為那就是我們該做的事。」

我自己也會有媽媽罪惡感。如果是在不久之前，那位沙龍友人的評論會毀了我美好的一天，害我對自己有許多糟糕的想法：我是個差勁透頂的媽媽，自私地拋家棄子就為了讓自己獲得閃閃發亮的美甲。但現在，對於母親和父親兩者間不公平的時間分配，以及誰的時間比較寶貴這件事，只會讓我感到厭煩而已。

但我也沒試著反駁她，只是轉向她冷靜且不帶歉意地說：「對，他負責帶孩子一整天。」

她一臉不可置信：「那他待在家時，你今天一整天要做什麼？」

「我要做自己。」我露出一個大大的微笑，考慮做完水療後花一小時去練習新舞步。

「哇，你真幸運。」她的目光看向另一位離開沙龍的女性，頭微微歪向一邊，好似在想：「如果我有一整天的時間留給自己，我會做什麼呢？」

擁有整天的自由你會做什麼？

離開愧疚感與罪惡感沙龍後，我拾起我的研究精神，向日漸壯大的獨角夥伴社群發問（不管有沒有另一半）：如果你有整天的自由，你會為自己做什麼（家庭生活以外的事）？

她們的回應大多落在以下三大類別：

- 成熟友誼（「和摯友共進晚餐」、「讀書會」）
- 自我照顧（「冥想」、「沙灘散步」）
- 獨角獸空間（「逛美術用品店買新水彩筆」、「為我的商業點子製作願景板」）

儘管多數的受訪者在回答會如何度過「自由」的一天時都異常熱絡，但當我建議馬上採取行動時，她們也馬上就舉手投降，認為這只不過是「聽起來很美好，但⋯⋯」的幻想，尤其是那些答案落在創意追尋與獨角獸空間的獨角夥伴。

「我連一分鐘的自由時間都沒有了，怎麼可能找出一整天的時間？」潔姬疑惑問道。

　　蒂芬妮笑說：「用一整天的時間做自己的事？除非回到過去還沒結婚生子的時候吧。」

　　潔西卡半開玩笑地說：「我離婚得到的唯一大禮就是每隔一周可以獲得二天的『休假』，不用帶小孩或感到內疚。這個辦法不錯吧。」

　　這些答案讓我想起最近從洛杉磯飛去舊金山出差的事，當時飛機上坐我旁邊的是一位男士，手上拿著《哈佛商業評論》出版的《哈佛商業評論指南：在工作與生活間取得平衡》（*HBR Guide to Work-Life Balance*，暫譯）。我轉頭向他微微一笑：「我很好奇你在讀的這本書，不介意的話，可以簡單跟我講一下重點嗎？」

　　他樂意之至：「這本書收錄了平衡工作與生活的精選內容，焦點放在設立界線和神聖不可侵犯的時間。這些作者提倡每周至少要有一天完整屬於自己的時間，不受任何其他外界因素的『侵犯』，像是工作、家庭、責任義務等等。」

　　「聽起來很不錯欸，」我如此說道，想起在沙龍遇到的那位友伴（天啊，還有我認識的每位女性），覺得她們應該都需要看看此書。「你有成功執行嗎？效果好嗎？」

　　他微微傾身說道：「老實說，我已經有很多自由時間了。」

　　「哦，」我開始看出些端倪：「你單身嗎？」

「不，」他斷然搖頭：「我有太太和兩個小孩。」

嗯……這就不太合理了。我追根究柢想要找出答案：「好吧，那你對於運用這些『神聖不可侵犯』的時間，去追尋自己在工作與家庭生活以外的興趣，會有罪惡感或愧疚感嗎？」

他笑了，而且是大笑出聲。「太太或許會找我麻煩，但不會，我完全不會有任何罪惡感。」

截然不同的罪惡感差異

我忘不掉和「神聖不可侵犯先生」在飛機上的對話。我發現困擾我的不只是他的態度，而是他的答案和我截至目前為止談話過的女性的答案前後呼應。我又回頭去找我的好友兼同事波雅‧拉克希明醫師，她正在寫一本書，主題是自我照顧的暴政（tyranny of self-care）[7]。她的臉一出現在 Zoom 上面，我馬上開口：「為什麼有小孩的女人好像永遠都在自我犧牲？那套好媽媽、好家長就該把自己擺在最後一位的說法，我們到現在都還在買單。為什麼對男人來說，神聖不可侵犯的時間是理所當然的事？但女人的直覺反應是將之視為幻想或奢侈？」

---

7 譯註：此處的概念是指，把自我照護不足的責任歸究在女性身上，卻未考慮到社會不完美的體制讓職業婦女根本不可能有時間好好照顧自己，就如同專制不講理的暴政一般。

拉克希明醫師回說：「事實就是如此令人心碎，幾乎每天都在我的臨床診療中上演。媽媽們每天都像在永無止盡的矛盾之海中航行，試圖在照顧家庭的同時，還要想辦法在專業領域求發展。問題是在我們的文化風氣下，同時扮演好這些角色，並且喜歡自己在做的所有工作，是不可能的事，因為社會制度沒有在這方面給予女性任何支持力量。所以說，如果患者從未感受過什麼是公平正義，或是認為自己在兩個角色上都沒做到盡善盡美，她們自然而然會苛責自己。」

　　拉克希明醫師接著說：「回到你的問題，罪惡感會阻止我們留時間給自己。研究顯示，和父親相比，母親表示有較高的工作與家庭罪惡感。而我最最最好奇的是，究竟有多少女人把自我犧牲當成是否是好媽媽的指標。」

　　「嗯嗯，那是因為我們的文化讚揚受苦受難的女性，鼓勵女人不斷給予、直到油盡燈枯為止。」我插嘴道：「而且這種犧牲自己、成就他人的想法很早就開始形成，超越了種族、階層、地區和信仰的一切界線。不管有沒有小孩，女性自然而然會把自身需求擺在次要地位……排在前面的可能是爸媽、朋友、鄰居、同事，甚至是寵物！」

　　拉克希明醫師點頭表示贊同，並說：「沒錯，這就是女性面臨的困境。一旦你認同自己的殉道者角色，你的力量正是來自於你覺得自己微不足道，這才是最諷刺的事；也就是說，你的力量和

你受到的折磨是連動的。許多女性不了解這種處境的毒性，因此誤以為這是真正的力量，也是可以理解的事。」

聽到她說「殉道者」時，我忍不住皺了皺眉，打從心底厭惡這個字眼，因為它充滿了性別意味；男人從來不會用這種方式形容自己，而女人卻把它當成親師座談會的名牌一樣別在身上。為什麼「殉道者」必須是女人的敘事、女人的身分認同？我把這個詞彙換成了人類付出者症候群，這是我最近在一本精彩非凡的書上看到的詞彙：《情緒耗竭：停止過度付出、解開壓力循環》，作者是健康行為博士艾蜜莉・納高斯基與音樂藝術博士艾米莉亞・納高斯基。作者對人類付出者症候群的描述是「具感染性的錯誤信念，認為自己具備道德義務，應該要把自己身而為人的一切，包括時間、注意力、精力、情感、甚至是肉體，奉獻給他人，不論自己要付出什麼代價。」該書作者接著表示：「這暗示著，人類同胞有發展或表現其人性的道德義務，而『人類付出者』的道德義務，則是必為人類同胞付出自我。猜猜看，女人屬於哪一類？」

拉克希明醫師嚴肅提醒道：「女人是不會停止過度付出的，除非我們明白當一名殉道者的獎賞絕對不會是幸福。把自己和自身需求為了家庭縮到最小，好像總是比較容易的選項，但故事走向也總是大同小異，注定悲傷的結局：一位滿腔怒火、累到出現生存危機的媽媽。簡而言之，為他人付出到失去自我，注定是場敗局。」

一棵枯萎凋零的樹木沒什麼好驕傲的，
枯萎凋零的女人也是。

——格倫儂·道爾（Glennon Doyle），《我，不馴服》

隨堂測驗

你是棵不斷付出的愛心樹嗎？

讓自己隨時待命，配合另一半、家庭、朋友、同事的需求，忽略自己的感受讓我覺得：

一 . 崇高偉大　　五 . 有使命感　　九 . 忿恨不平

二 . 公平正義　　六 . 犧牲自我　　十 . 不像自己

三 . 慷慨大方　　七 . 無私奉獻　　十一 . 生氣憤怒

四 . 具有價值　　八 . 消耗殆盡

如果你的答案是其中任何一個，請思考一下自己心中那棵不斷付出的愛心樹是不是給的太多了，而且儘管你立意良

善，結果卻弄巧成拙。先澄清一下，我不是要貶低照護者的價值，但我確實是對付出到一無所有這件事很有意見。不要擔心，各位在下一章節就會讀到，大家都能成為「設定健康界線的樹」，陶佛‧佩恩（Topher Payne）在他經典兒童故事《愛心樹》（*The Giving Tree*）的當代改編版本中如此建議。

●●

【個案探討】
「媽媽罪惡感滾開」世界巡迴

　　在寫本章內容時，我點開了最愛的播客節目「輪雙班」（The Double Shift），該節目專門挑戰母親角色的現狀，共同主持人是得獎記者凱薩琳‧哥德斯坦（Katherine Goldstein），我們是共同為照護工作倡議時相識的。在某集節目中，哥德斯坦大聲疾呼：「罪惡感讓所有母親保持沉默、卑躬屈膝！」緊接著在線上宣布再次發起「媽媽罪惡感滾開」世界巡迴。我要報名！

　　我主動出擊，希望再次與她交流並深入了解更多資訊；在Zoom上，她熱情地和我分享最初促使她創辦這場「世界巡迴」活動的動力。哥德斯坦有名六歲的小孩和一對還在學步的雙胞胎，她說原本不過是一時興起的念頭，當時她想要創造一場僅此一次

的好玩活動，為的是慶祝她的播客節目第一季大獲成功。

「我真的連線上活動傳單都有做喔，結果所有門票在不到二天內都被訂購一空。這時我才發現，多數的觀眾是真心想要參加一場名為『媽媽罪惡感滾開』的活動，不管那究竟代表什麼意思。我甚至不確定這場活動會演變成什麼樣子，但它邀請了所有像我一樣、覺得自己失敗透頂的女人。我在第一個兒子出生時失業了，感覺好像所有人都能搞定職場媽媽這件事，除了我以外。」

「隨著時間流逝，我也慢慢想通了，現在已經能在播客節目上坦然的說：我不是個失敗者。成為母親不是失敗，失敗的是美國文化不支持我們。整個體制因素與阻礙讓媽媽的工作困難重重，而每當我們需要遠離孩子與伴侶，找出能夠讓我們發揮創意和自我實現的空間，心中就會充滿罪惡感。」

哥德斯坦繼續解釋，「媽媽罪惡感滾開」活動（現已成為在世界各地舉辦的系列活動，包括紐約市、德罕、北卡羅來納、奧克蘭、舊金山）給女性一個「無需感到抱歉、擁有全面許可的空間，讓她們得以享受整晚的快樂時光，盡情與他人交流互動、建立所屬社群。」

哥德斯坦把創造獨角獸空間這件事變成專屬於她的獨角獸空間！

哥德斯坦語帶鼓勵：「女人不該有罪惡感，反而是要學會憤怒，才會生出挑戰現況的動力。」

燒掉罪惡感和愧疚感

三年前，正當我準備把三個孩子丟給他們的爸爸，離家整整二周（讀者表示震驚和恐懼）去美國各地巡迴宣傳我的第一本書時，我認真正視了內心的罪惡感和愧疚感。不在家的這段期間，我知道我會錯過孩子許多「應該要在」的時刻。無數次的用餐、睡前故事，而其中最糟的大概就是錯過生日了！來囉，罪惡感準備登場。如果我依舊決定出發，並錯過了這些「應該要在」的時刻，然後還不特別覺得有罪惡感，就準備換愧疚感上場了！

過去的我根本不會考慮長時間離家，去追尋自己想要的事物，但進化後的伊芙開始質疑自己這輩子受到社會價值觀侷限的那些想法：我真的要拋夫棄子、去參加這場巡迴簽書會嗎？我是不是應該待在家、才不會錯過唱生日快樂歌和吹蠟燭的機會？我當然可以自主選擇留在家裡，但真正的問題是：我應該要嗎？

我想起自己採訪過的許多女性，她們都向「該做的事」投降，並放棄了自己的夢想，讓充滿活力的那個自己凋謝枯萎或燃燒殆盡。齊比‧歐文斯（Zibby Owens）是獲獎播客節目「媽媽沒時間閱讀」（Moms Don't Have Time to Read Books）的主持人，她如此描述自己的不甘之火：「我心中的那團火焰，讓我之所以為我的火焰，經過數十年來不斷被澆冷水，終至熄滅。我感覺就像住在那種傳統的烤肉爐當中，距離晚餐結束已過了很久很久，而我就是

那堆燒完的木炭，只剩一縷輕煙。」

如果我屈服於同樣的社會罪惡感，並拒絕允許自己把時間花在家庭以外的地方，只因那些事被認為不夠要緊，或是不如我身為照顧孩子與賺錢養家的角色重要，我一定會後悔。如果我聽從那些聲音的竊竊私語——「追尋自我並不值得」，並拒絕允許自己向世界證明，我是名積極活躍、熱情四射的女性，而且是付出了極大努力才走到這一步，那我很可能會憎恨我先生，在更糟的情況下，甚至可能會怪罪孩子。

得出這個新見解後，我的思緒自動倒帶到某次的採訪，受訪者是位名叫艾倫（Ellen）的女性，外界壓力讓她感覺自己必須放棄事業，才能善用時間把家庭與小孩顧好。那是當時的社會期待，而她沒有多加反抗就屈服了。她開始放下當好母親和家務責任以外的興趣，退到自己人生的背景之中。在近乎一輩子的無私奉獻，艾倫向我承認，雖然她的人生很有意義，但終究還是缺乏自我實現感。她表示：「老實說，我認為我已經找不到方法讓自己成為有趣的人了。現在已經長大成人的孩子們，只看見一部分的我，這讓我追悔莫及。在他們眼中我只是個媽媽，但我應該早點向他們展現完整的我才對。」

該死。難道這將成為艾倫的傳承嗎？居然是由她的犧牲來定義？她的朋友和愛人只會記得那部分的她嗎？一個擁有多重面向的女人，最終只剩下單一版本？我腦中閃過一個念頭，我發現罪

惡感和愧疚感沒有為艾倫帶來任何好處，對我當然也不會有。它們比較像是我要各個擊破的障礙，才能創造出專屬於我的獨角獸空間，畢竟我媽以身作則、向我示範了這件事的重要性。身為兩個孩子的單親媽媽，她必須想辦法爭取到教授終身職，代表著她要在學校工作到很晚，回到家就更晚了。多年下來，她承認自己也有罪惡感，犧牲了家庭去追尋夢想。但我現在明白，她已盡全力了，不管是對她自己還是對我們。而她不在家的時候，我開始「自學」，讀了許多她最愛的女性作家作品，比方說貝蒂·傅瑞丹（Betty Friedan）在她一九六三年開創性的著作《女性的奧秘》（*The Feminine Mystique*，暫譯）中寫到：「面對著緩慢死去的自我，美國女性必須開始認真看待自己的人生……去實現〔她〕身為人獨有的一切可能。」

　　跳一下回到現在，我將貝蒂的智慧與我從布芮尼·布朗那獲得的洞見融合在一起；身為創新想法的先驅，她在其著作《脆弱的力量》中寫道：「如果我們對愧疚感培養出足夠的覺察力，有能力為其命名並大聲說出來，就等於斬斷了它的雙腳。愧疚感最痛恨被文字包圍了。」於是在短短幾小時內，我創造出一項儀式，象徵著個人演化史的長足進展，但我沒打算「斬斷它的雙腳」，而是決定讓它在火焰中燃燒。「燒掉罪惡感和愧疚感」儀式的靈感來自我無意間在網路上看到的一句格言：「不要等待別人幫你點火，你自己手中就拿著火柴。」還有作家佩尼·里德（Penny Reid）

寫的這句話：「你沒必要燃燒自己、照亮別人。」

　　我先前在日記本上寫下這兩句話，以供日後參考，想說或許有天會派上用場。現在正是派上用場的時候。我從女兒的房間拿了幾張漂亮的摺紙和一支銀色的 Sharpie 萬用麥克筆，並用最漂亮的字跡寫下罪惡感和愧疚感二個詞。我把那張紙摺成小正方形，並拿了根小火柴，走到家中外面點火、看著它燒成灰。（如果各位也想進行此儀式，請在安全的地方點燃你的罪惡感和愧疚感，拜託不要觸發家中的火災警報器或害鄰居家著火。）

　　在正方形摺紙起火燃燒時，我說：「罪惡感和愧疚感，謝謝你們陪我走到今天，但我再也不需要你們了。從今往後，你們只會害我分心、只是人生旅途上的障礙。我願意放手讓你們走，同時放我自己自由。」

　　隔天早上，我起床時感到神清氣爽、好像擁有全新使命。我準備好展開我自己的「媽媽罪惡感滾開世界巡迴」，然後馬上叫了一輛來福計程車（Lyft），頭也不回、離家整整兩個星期，完全沒有因為選擇逐夢而產生任何罪惡感或愧疚感，反而是特別珍惜這段寶貴時光，好好與最美好的自己交流互動。

Permission Slip

我允許自己
燒掉罪惡感和愧疚感。

——簽署者：我自己

築起防火牆

罪惡感和愧疚感是不是左右了你，不願意允許自己去做想做的事？那些不被允許的事，通常正是最能點燃心中火焰的火引，得以帶我們化身為活得最精彩的那個自己。現今女性有權感到憤怒，因為在文化的迫害下，我們忍不住去懷疑留時間給自己的念頭是否正確，但瑪莎・貝克（Martha Beck）博士表示，這種痛苦是「絕望的配方」，她是社會心理家、人生教練暨《崩潰邊緣：為什麼女人會崩潰以及要如何重新創造自己的人生》（*Breaking Point: Why Women Fall Apart & How They Can Re-Create Their Lives*，暫譯）一書的作者。

所以更健康的配方是什麼？拉克希明醫師建議：「我們必須重新框架罪惡感，它就像是出問題的引擎故障燈。面臨近在眼前的

選擇時，罪惡感不會為我們提供任何有生產力的資訊；它不過是大腦愛去的舒適圈。如果想要抵消這個作用，女人必須學會鍛練名為『允許』的新肌肉，才能擊敗罪惡感。你不需要做出任何戲劇性的改變，只要每天給自己小小的允許，讓自己明白你的決策無需受到罪惡感主宰。」

　　心理學家雪瑞兒・岡佐拉・齊格勒（Sheryl Gonzalez Ziegler）是《媽媽過勞》（*Mommy Burnout*，暫譯）的作者，她也建議將罪惡感修正為比較具有生產力的感受。我在 Zoom 上採訪她時，她鼓勵大家：「如果心中充滿了罪惡，最好的辦法是面對它的存在並將之重新框架。不要說『我因為〔請填空〕，心中充滿罪惡感』，而是說『我因為〔請填空〕，而做出了這個決定』。換句話說，不要感到抱歉、勇敢面對自身選擇，並在肢體語言和語調展現出自信。這麼做將使局勢大為改觀，等於是在告訴伴侶、孩子和老闆，你十分確信自己的決定。最重要的是，這麼做會大幅扭轉你對自身選擇的感受。」

　　一旦你重新框架罪惡感和愧疚感，將之視為於你或所愛之人均無益處的內在噪音，你就能夠奪回力量、有意識地設立界線，或是像我說的：築起防火牆。

　　燃燒儀式是我面對自己選擇參加巡迴簽書會的方式。我主動選擇拒絕接收那些雜音：「我滿心罪惡，因為我要離開家人……〔啦啦啦，一堆廢話〕」，並將之重新框架成：「我選擇離家兩星

期，因為我相信我有重要的訊息與獨特的技巧可以幫助其他女性，而且我由衷想要與大家分享。故事說完了，一路順風。」

猜猜看發生什麼事？我的界線沒有絲毫動搖。事實上，在兩星期的旅程接近尾聲時，我突然冒出一個念頭：或許我應該多留下來幾天，好好認識這個城鎮。我的旅程終點站是瑞士的達佛斯（Davos），雖然參加「世界經濟論壇」（World Economic Forum）是最無可比擬的經驗，讓人感到充滿力量、難以忘懷，但我其實沒有任何時間離開飯店或會場。難道我不該至少見識一下經典的瑞士鄉間風景嗎？我還沒買任何一件帶有仿毛皮兜帽的保暖大衣，就算根本用不著也沒關係。我打電話給賽斯，告訴他我打算延後幾天回家。他猶豫了一下開口：「真的嗎？還要再幾天？」然後他不自覺向我灌輸媽媽罪惡感：「你要知道，孩子真的很想你。」

我確認了一下內心想法，我也很想他們；接著問了一下自己的直覺，多留兩天對家庭美滿與否真有很大的影響嗎？不太可能。他們的需求固然重要，但不代表要永遠擺在最前頭。我檢視了一下自己的感受，顯然沒有浮現過去會有的任何罪惡感，我甚至還試著擠出一絲絲負罪感，但完全辦不到。我開心的對賽斯說：「抱歉，這次你說什麼都沒有用。你記得我在出發前，你看見我在後院燒東西吧？那就是我的罪惡感與愧疚感，你再也不能拿它們來對付我了。」

賽斯大笑，溫和友善地說：「好吧，證明你真的是女巫。」

「善良的女巫。」我回道。

我在這趟旅程中學到，我曾經非常恐懼的一件事：主張界線會毀掉婚姻，實際上卻是婚姻的救星。現在如果我腦海中再次出現罪惡感與愧疚感（我覺得好罪惡，因為今晚沒陪安娜睡覺），我會重新框架那個想法（我選擇今晚不陪安娜睡覺，因為我和潔西卡有個重要的晚餐約會……而且隔天一早我會好好親一下睡醒的安娜）。如果這樣做還不能斬斷它們的雙腳，我就再做一次儀式；有時只要拿根火柴、點燃蠟燭，馬上就能燒掉煩惱了！

允許自己有意識地選擇要如何過人生，就是在為自己築起防火牆，並在自身時間和罪惡感及愧疚感間設好界線。有了這些防護措施，你和他人的關係也會有所改善。或是像我下位受訪者講的那句超經典的話：你和自己的關係可以達到前所未有的高度。

【個案探討】
翻轉金字塔

某場論壇的主題是在探討於新冠疫情期間，女性日漸攀升的心理負擔，我在論壇上認識了萊絲麗・福特（Leslie Ford），她是「媽媽需求理論」（Mom's Hierarchy of Needs）平台的執行長兼創辦人。我馬上採用了福特的做法來減輕心理負擔，也就是在腦海

中將馬斯洛需求理論**翻轉**過來。在福特全新改版過的媽媽需求理論中，自我照顧和個人興趣應擺第一，福特解釋道：「對包括我在內的許多媽媽來說，一旦把太多時間耗在金字塔底層，優先照顧孩子的身心健康與家中大小事務，身體健康狀況就會開始下滑。我的研究顯示，生活重心大多放在金字塔底層的女性，常呈現持續性的焦慮與憂鬱跡象，而且這種現象在女性身上特別常見。我的研究也發現，這是正在形成的心理健康危機。」

福特是在第二個孩子出生後才開始展開金字塔上層的探索之旅，她說：「當時我崩潰了，整個人精疲力竭、日漸憂鬱，開始失去讓我之所以為我的自我。我慢慢變成『灰暗版』的福特。」

福特知道，她必須在人生中做出重大改變，否則健康只會每況愈下，而第一步就是「好好照顧自己，允許自己在午餐時間散個步，而不是想辦法看完一百封電子郵件。」

自從踏出了重要的第一步，照福特的說法是「打定主意」並承諾要妥善照顧自己、看重個人時間，後來有天便下定決心要**鞭策**自己去幫助其他女性創造專屬於自己的空間。「我開始研究壓力相關的神經科學，並和其他女人對話，我發現母親特別容易因**犧牲**自己、待在金字塔底層而受到表揚，而她們如果選擇把時間花在金字塔上層的事，像是學習、發展興趣和享受人生，簡言之就是任何滋養身心與情緒健康的活動，反而會因此受到羞辱。」

福特警告大家：「如果我們繼續一肩擔起所有底層的責任，而

且每次忙裡偷閒、把時間用在自己身上時都會感到內疚，就永遠不可能向上提升。而且」福特加重語氣強調：「女人如果繼續把自己的時間切得零零碎碎，日復一日、年復一年，就永遠不可能擁有『心流』體驗。除非你擁有不受干擾、問心無愧的時間，否則就永遠不可能將自己的絕妙想法化為現實，或是去追尋你全心想望的興趣。」

沒錯！只要允許自己奪回有限的時間和空間、允許自己拒聽或拒看自己的罪惡感，就能擁有足夠的心智空間去體驗心流。

梅莉莎是我的朋友兼獨角夥伴，同時也是「梅莉莎伍德健康中心」（Melissa Wood Health）的創辦人，她表示：「當我放下對我再無益處的那些事，人生就多出了許多空間，讓我得以去〔成為〕我應該成為的人。在馬不停蹄、方方面面的盡心付出一切後，我遇到了撞牆期。我將自己答應要做的那些事情看得透徹，對不想做的事就更透徹了。〔我發現〕如果不把自己放在最重要的第一位，我們終將不再有任何能力給予。」

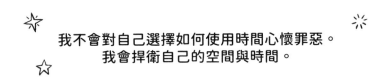

我不會對自己選擇如何使用時間心懷罪惡。
我會捍衛自己的空間與時間。

從現在開始！只要你努力重新框架自己看重時間的方式，並

刻意為自己優先安排不受打擾的時間，就能通往獨角獸空間的應許之地。消滅那些不斷騷擾著你的內在罪惡感與愧疚感吧，它們不僅會損及你的選擇判斷力，更會妨礙你的創意心流。勇敢說不、保留個人時間與空間，必要時就點燃火柴吧。

問問自己

如果沒有罪惡感和愧疚感，我會有哪些感受？

請完成下列句子：當我選擇把時間用在〔寫下你的獨角獸空間〕，我感覺：

- 驕傲自豪
- 稱心如意
- 受到尊敬
- 有所成就
- 心滿意足
- 受到重視
- 自我實現
- 高興愉悅

請每天複誦一次：「我不會對自己選擇如何運用自己的時間心懷罪惡或有所愧疚。」

第六章

原則三
允許自己勇敢發聲、
爭取所需

如何開口爭取所需的創意時間

你的內心台詞是什麼？

除了固有的伴侶職、親職與專職角色，我也想從事其他能讓我感到快樂且有意義的活動，但是……

- 我沒有任何「額外」的時間留給自己。（還是覺得自己被時間追著跑嗎？趕快重看一次第四章。）
- 沒把時間用在那些其他的責任（工作、小孩、家務）上，我會有罪惡感。（還卡在「該做的事」嗎？趕快重看一次第五章。）
- 我允許自己不要隨時待命以及燒掉罪惡感與愧疚感，但馬上遭遇另一半的反彈。

- ・「另一半聽到我說『我需要屬於我的自由時間』，他們會假裝沒聽見。」
- ・「她痛恨我留時間給自己。」
- ・「他不懂，他就是不懂我。我感到被忽視。」
- ・「他們直接拒絕我。」

- 當我想要主張自己有權擁有專屬於我的時間，脫口而出的話都不太好聽。
  - ・「每次一開口，我忍不住就會開始大吼。」
  - ・「用不了多久，我們就開始吵架了。」
  - ・「我甚至不確定自己該要求什麼。」
  - ・「有時我覺得不開口還比較輕鬆。」
  - ・「我不知道該要求什麼，所以保持沉默。」
  - ・「我終於開口要求『獨處時間』，因為我直接提離婚了。」

溝通不良或缺乏溝通讓各位無法追尋三職以外的人生嗎？以上列出的敘事奪走你的時間和空間、讓你無法去做想做的事嗎？為自己發聲、勇敢爭取權利，進而活出創造力滿點的人生至關重要，而如何發聲則是關鍵。

自討苦吃

我在某個周日早晨造訪了朋友碧安卡（Bianca）的家，聊聊這周的大小事。我們坐在她家小廚房的餐桌旁，相互分享一邊養育小小孩、一邊經營專業職涯的心得；突然她先生史帝夫（Steve）從樓梯上跑了下來、衝進廚房，身上穿著短褲、跑鞋並戴著耳機。他禮貌性揮揮手說「早安」，在水槽把水瓶裝滿，此時碧安卡靠向我，小聲說：「他在為馬拉松做訓練，周日早上是他的『長跑』時間，」她停下來、翻了個白眼：「也就是說我要一個人顧小孩一整天。」

史帝夫拿下耳機、邊走邊說：「我有聽到喔，而且我不是整天都不在，下午就回來了好嗎。那你有跟伊芙說，你昨晚出門很晚才回家，留我一個在家顧小孩嗎？」

碧安卡回嘴：「那是我閨蜜的四十歲生日，而且我只出門二小時，出門前還幫你們叫了外賣、把電影加入播放清單！」

史帝夫提高音量：「喂，那是你自己要做的。說好了星期天是我的跑步時間，我想跑多久就跑多久。」

「哦，真是抱歉吼，」碧安卡吼了回去，絲毫沒有任何歉意：「但我們什麼時候說好的？」

他們一來一往爭論著「自由時間」這個話題。我悄悄坐在椅子上等著他們吵完。謝天謝地，史帝夫衝出了後門、大力把門甩

上，碧安卡氣急敗壞地說：「每個星期天都是這樣，最後我們一定會吵架，根本完全無法溝通。」我把咖啡杯洗乾淨，準備離開碧安卡的廚房，不想陷入另一場激烈的意見交換當中，我心想，好吧，事實上你們有在溝通，只是效率不太好而已。

是不是溝通不良？

「你說話聽起來就像指甲刮在黑板上一樣刺耳。」我先生賽斯過去是如此形容我的溝通風格，而且他沒說錯。我的語氣總是特別嚴厲，你要幹嘛！我很忙！不要打斷我。我說過了，我、很、忙。結果有得到所需的時間與空間嗎？沒有（請參考第九十一頁的「【個案探討】『現在沒空』便利貼」，那是我溝通失敗的最好示例）。我的尖銳要求很常被當作耳邊風，而我本人只感受到無盡的干擾與挫折，直到我改變溝通風格後，情況才有所轉變。

在我日漸壯大的獨角夥伴聯盟中，許多女性承認，雖然她們渴望不受打擾的空間和時間，但「不會溝通」使她們得不到想要的結果。潔姬坦言：「討論這件事就是讓人忍不住發怒。」我毫不懷疑這句話的真實性。我們當中許多人的溝通方式都無法獲得正面結果，但不是因為各位沒有溝通。大吼、衝出房間或生悶氣全是溝通……只是溝通不良。

隨堂測驗

你的溝通風格是什麼？

以下哪個溝通方式聽起來最熟悉？以現在很熱門的《新婚遊戲》(*Newlywed Game*)節目為例，當你和另一半激烈爭執時，你們會如何形容對方的溝通風格？

- **不停碎念型**：你一直在講，但沒人在聽，或是沒有人回話，因為你還在講。「然後還有另一件事……」你單方面的獨白好像耗盡了整個房間的空氣。
- **尖銳命令型**：教育班長般的語氣與表達方式並無法讓你眼前的部隊聽命。「不要再打斷我了！」「離開時把門關上！」
- **挑錯時機型**：你的困境在於挑錯時機。「我知道已經很晚了，而且你明天還要早起，但我們需要談談，現在馬上！」除此之外，你提出「獨處時間」的時間點也很不恰當。「我報名了一場今天的網球錦標賽，二十分鐘後就要比賽了，你可以顧一下孩子嗎？謝謝，拜拜！」
- **出口成髒型**：「你他媽的瘋了嗎？你在打網球？又在打？」

- **冷嘲熱諷型**：故意用溫和冷靜的語氣說出傷人的話。「喔～親愛的，你有想過自己會成為史上最糟的爸爸、永遠把自己擺在別人之上嗎？」
- **全盤否定型**：「你總是把時間用在自己身上、從來沒有替我想過。」
- **大翻舊帳型**：「你上次也是這樣離開我們整個周末。」
- **情緒沸騰型**：「我那時什麼都沒說，後來也不打算說什麼，現在〔大叫〕我氣炸了。」
- **突然爆炸型**：「夠了，〔邊哭邊喊〕我受夠了。」
- **逃避衝突型**：你不想要冒險，所以寧可選擇逃避衝突、沉默不語、載上耳機、溜之大吉或先斬後奏。「幹麻要先講？傳簡訊說『我會晚回家，不用等我』就好了。」或是「反正他們不會同意，或是會勸我放棄，何必要問？直接做我想做的事就好。」
- **斷然拒絕型**：「不要。」

°°

　　被動攻擊、全有全無式的論調、挑錯時機、大聲命令和控訴、不予理會、逃避等等，是我們許多人和伴侶溝通時採取的態度。蘇珊・皮斯・蓋杜瓦（Susan Pease Gadoua）在《新聞周刊》

（*Newsweek*）上發表了一篇文章，名為〈我的工作是幫助打算離婚的配偶〉（*I Work with Couples about to Divorce*，暫譯），其中寫道：「當我聽到大家說『他總是……』或『她從來不……』，我看見所謂妖魔化的過程正在發生，雙方都把另一半當成敵人……如果配偶多年來不斷妖魔化彼此、憎恨彼此，婚姻就會陷入岌岌可危的狀態。」

「逃避〔也是〕現今屢見不鮮的衝突回應方式，」威廉・尤瑞（William Ury）博士在其著作《正向說不的力量》（*The Power of a Positive No*，暫譯）中寫道：「我們因擔心冒犯別人、引起他人不快與非難，所以選擇默不作聲，希望問題會自行消失，即便我們心知肚明那是不可能的事……逃避不只會對個人健康造成危害……逃避……更會使生活變得沉悶乏味。」

心理學家珍妮佛・彼崔格里利（Jennifer Petriglieri）博士是歐洲工商管理學院（INSEAD）的助理教授與《雙薪家庭進化論：打造神隊友，成就彼此的愛情與事業》的作者，她對我說：「所有配偶免不了都會有負面溝通，包括羞辱、指責、自我防衛、築起高牆，也就是高特曼學院（The Gottman Institute）所說的衝突溝通的『末日四騎士』（the Four Horsemen）。」彼崔格里利繼續說道：「但眾多心理學家發現，重點不是在於是否以負面方式溝通，而是負面與正面溝通的比例。」

「我受不了了，我要離婚，」某天早上我和朋友凱莉（Kelly）

喝咖啡時，她氣急敗壞喊道。

「等一下，不要衝動，發生了什麼事？」我懇求她。

「同樣的事一再發生，他一生氣就走掉，我開始冷戰、滿心怨恨，我覺得我們之間玩完了。」

「或許你們需要好好談談，」我提議。

「辦不到，」凱莉斷然說道。

凱莉因為說不出口的委屈想要離開先生，聽起來好像有點極端，但不是只有她這樣。我認識許多女人寧可提出離婚，也不願直接提出要求、讓自己在婚姻中也能獲得自我實現感。我聽過無數次類似答案，當我問其他人（其中許多是有權有勢、處於領導職的人）在家是如何和另一半溝通，他們說：「我們不溝通。」而且有更多人甚至會採取被動攻擊的溝通方式。他們不和另一半對話，而是在線上論壇抱怨另一半（而且口氣不善）。

蘇珊・皮斯・葛杜亞（Susan Pease Gadoua）表示：「如果你的工具箱中沒有和另一半（也就是與你有歧異的那位）對話這個工具，請務必想辦法把它找出來。」我舉雙手贊成！現今社會的風氣，相較於和同住一個屋簷下、共用廁所的同居人直接溝通，獨自坐在房裡冥想，反而是更為常見且廣為大眾所接受的做法。是時候做出改變了！只要清楚明確的傳達自身需求，就能重現和伴侶、室友、同事、深愛之人的健康對話。沒錯，我說的就是直接誠實的對談，這也是作家布芮尼・布朗信奉的對話方式，最擅

長揭開赤裸真相的她表示：「你必須全心擁抱自己的脆弱，並讓對方看見這樣的自己。」

小心留意！

通往獨角獸空間應許之地的大門，必須透過實踐「3C」原則（好奇渴望、交流互動、達成目標），才能成功推開，但如果你不允許自己為自己發聲、爭取所需的時間與空間，此門將永遠緊閉。如果你覺得心有不甘，請承認自己很可能已經在溝通了，就算只是透過非語言的形式。是時候走出有口難言的困境，直球對決人生中的重要他人。各位可以考慮跟隨蒂芬妮‧達夫（Tiffany Dufu）的腳步前進，她是「The Cru」的創辦人，在其著作《失敗又何妨》（*Drop the Ball*，暫譯）中寫道：「如果想要得到從未擁有過的事物，就必須採取從未嘗試過的行動，你才有機會如願以償。」

找出雙贏解方

我在多年擔任專業調解員的工作經驗中學到，溝通是人生中最要緊的課題，唯有不斷練習，才會有所進步。多年來，我借鑑眾多專業人士的智慧，開發出數個實證有效的訣竅，得以讓參與溝通的各方都取得正向進展。如果想要創造出個人的時間和空間來壯大心中的獨角獸，首先建議各位為自己想像與設定一個雙贏目標。我們都很熟悉零和遊戲，意即一方的獲得就等同於另一方的損失。舉例來說，當史帝夫星期天早上花四小時去做馬拉松訓練，碧安卡認為就自己少了四小時。也就是說，他的獲利等於她的損失；他花時間從事充實自己的活動，就表示碧安卡能用來充實身心的時間變得更少。

如果你和另一半也是使用類似的計分方式，那我保證其中一方一定會持續落居其後，而我觀察到在多數異性戀伴侶裡，主要都是女性在承擔損失。所以說，想要抵達伴侶雙方都能各取所需的交叉口，最重要的第一步是轉變溝通風格，從競爭（零和）轉向合作（雙贏）前進。換句話說，你們必須團隊合作。

珍妮佛・彼崔格里利表示：「我的研究顯示，當配偶發現他們一直陷在零和互動當中，就會來到所謂的突破時刻。他們終將明白，這種共有的動力不是因為你對我做了什麼，而是我們對彼此做了什麼。」

從提出邀請開始

　　合作式對話必須從提出邀請開始，因此不妨邀請另一半與你討論個人獨角獸空間的重要性。積極對話至少需要兩個人才能展開，但一定要有一方先開口，所以何不賦予自己力量、擔起引導角色？因為這麼做並不容易，所以為了尋求展開合作式對話的指引，我聯絡了高中同學丹尼爾‧史提爾曼（Daniel Stillman），他有著全世界最酷的工作：「對話設計師」，同時也是《好好談話：如何設計真正要緊的對話》（*Good Talk: How to Design Conversations that Matter*，暫譯）一書的作者。

　　他說：「一份完整的邀請函，不能只有令人害怕的一句話：*我們需要談談*。邀請必須包括回報，也就是雙方皆能獲得的直接好處。比方說，如果只對另一半說：『我需要更多獨處時間』，很容易聽起來像是威脅，或是讓另一半感覺在推開或拒絕他們。但如果說『我想和你談談要如何為你、為我、為我們創造出更多時間』，那就是伴侶雙贏。當你為雙方的『開口要求』創造出直接好處，並且加入令人安心的特質，便可提高參與動機。」

　　如果要為獨角獸空間設計專用的另類開場白，丹尼爾的建議如下：「我想和你談談什麼事能讓我們彼此都獲得快樂」；「我想要探索看看什麼事能讓我們彼此都覺得更加充實圓滿」；或是更務實的說法：「我想和你談談，我們可以如何攜手合作，讓彼此都

能擁有更多時間與空間，去追尋工作和親職以外的興趣與活動。」

看出來了嗎？丹尼爾的開場白善用「我們」陳述句來邀請另一半加入對話。丹尼爾並強調：「思考一下要如何拋出邀請，並加入回報。『我們倆都能得償所願、我們倆都會更加幸福快樂。』這就是雙贏遊戲。」

在擬定邀請時，丹尼爾也建議：「能否成功踏入門內，或是被拒於門外，關鍵在於語調必須盡可能不引人反感。邀請另一半加入對話時，以冷靜、寫意且隨和的態度開口。千萬不可以是『我們必須談談！』，而是比較像輕鬆的說『嘿，晚點可以找你方便的時間，討論一下〔自行填空〕，你覺得如何？』」

心理學家暨暢銷作家麗莎・達摩爾博士也贊同此策略。她和我分享：「溝通的重點在於用語（說出口的話語）和語氣（說話的方式）。在必須討論可能令人不悅的話題時，用語清楚易懂，語氣平穩真摯、令人安心，通常能帶來最大效益。」

達摩爾博士和丹尼爾此處談到的溝通策略，是我擔任調解員十多年以來一直在運用的策略，而且我見證過不知道多少次，此策略是如何成就與斬斷各種關係。換成我的話來說，我運用的策略如下：絕對不要當下回應。如果想以適當用語及語氣和另一半掏心掏肺，基本上就表示要管好嘴巴、不要衝動回話，然後……耐心等待最佳時機。

耐心等待最佳時機

　　講到本於團隊精神進行溝通，時機就是一切。不論是伴侶、室友或雇主，我建議各位等到彼此情緒穩定、認知能力活躍時再說。什麼意思呢？我舉個伴侶間常發生、大家肯定都很熟悉的反面例子：另一半問你是否能在二十分鐘後出門和朋友打網球，此時家中的學步兒正在廚房正中央的地板上大發脾氣，而你連澡都還沒有洗。你心想：*我向老天發誓，如果他走出那道門，我會趁他不在時把鎖換掉。*這種情緒緊繃的時刻很容易就導致行為經濟學家丹・艾瑞利（Dan Ariely）所說的「情緒瀑布」（emotional cascades），他向我解釋，就是當你憑本能反射做出情緒決策的情境，而且經常伴隨難以預料的後果。

　　神經學家達比・薩克斯比教授在電話上向我進一步解釋這個現象：「我一直在研究『壓力傳染』（stress contagion）的概念：伴侶如何日漸誘發彼此的壓力荷爾蒙。如果配偶開始激怒彼此，而不是協助彼此冷靜下來，衝突很快就會升溫並失去控制。我們開始憑本能反應，而不是試著靜下心來傾聽對方。」丹尼爾・卡爾森（Daniel Carlson）是猶他大學（University of Utah）家庭、健康與公共政策學系的助理教授，他的最新研究顯示，這種瀑布效應會降低長期的婚姻滿意度。總而言之：如果你不想在今天（以及在可見的未來）被鎖在門外，請在情緒平穩的時候進行事前討

論，這是向另一半詢問下午可否「請假」的最佳時機。

這些年我一直很努力在邀請賽斯加入低情緒張力、高認知能力的對話。現在如果我覺得需要說清楚界線，好埋首寫作或調高音樂、開始跳舞，我再也不會用像指甲在刮黑板的聲音說出需求：我需要獨處時間！我會管好自己的嘴巴，耐心等候適當時機，讓我們得以冷靜坐下來、在心情放鬆的狀態下溝通。如同先前說過的建議，有效設立界線不是靠大聲命令或以離婚要脅。反之，你要做的是捍衛自己的空間與時間，邀請另一半在安全容器內溝通，讓彼此都能訴說真意、受到傾聽。

製作安全容器

選個安靜輕鬆的時刻，以合作為目標，心平氣和地與另一半展開對話。這種夢幻世界存在嗎？就像獨角獸空間一樣，它不會神奇地憑空出現，所以遇到這種狀況，千萬**不要空等**。你必須創造出空間來展開對話，方法是設計出一個「溝通容器」：事先安排好時間與空間，你和另一半彼此便可自在地維護自身界線，同時又不失禮貌。

營養成分表

本包裝含量：2份
建議食用人數：你和另一半

每份營養含量　　　　一輩子

認知能力　　　　　　100%
情緒　　　　　　　　0%
轉身走人　　　　　　0%
打斷對話　　　　　　0%
看手機　　　　　　　0%
編故事　　　　　　　0%

成分：
有能力制定時程，注意語氣，說明背後的原由，
商量彼此的空間與時間，訴說你的故事

　　賽斯和我每晚（對，每晚）都會進行近況討論，差不多是在洗完晚餐碗盤、小朋友都上床睡覺後。我們會坐在廚房餐桌旁，一起分享一桶冰淇淋（有時甚至是一人一桶！），次數多到我不想承認。我們會討論家中目前哪些流程可行、哪些不可行，以及我們要如何以更有效率的方式平衡彼此的家務分配量，讓我們都能保有更多時間與空間用在個人追尋上。經過多方的嘗試與犯錯，還有數不清吃下肚的卡路里，我們才發現每晚深入（但簡短）的

對話，是我們交流互動、排定時間表、為創造力展開合作的最佳時機。儘管聽起來貌似違反直覺，但在容器內（對我們來說就是一桶「想像世界和平」口味的班傑利冰淇淋）溝通，反而可以擴大並加深彼此的交流互動。我們會等到特定時間再展開對話，然後感受到更勝以往的深刻連結。聽起來不錯對吧？你們家的「溝通容器」是什麼呢？不確定有沒有嗎？總共只需五種製作成分，接下來將一一說明。

在容器內溝通可以擴大並加深彼此的交流互動。

制定時程並嚴格遵守

不管是每天或每周一次，請務必把「近況確認」排為優先要務，就像一定要準時收看最愛節目的新集數，絕對不容錯過。不開玩笑，真的不要錯過！根據我和世界各地伴侶的談話經驗，我發現會定時聚在一起討論彼此獨角獸空間的配偶，也擁有較高的創造力。事實上，這也是我對關係長久度與個人幸福感的主要觀察。反過來說，我發現常常略過近況確認的伴侶，都表示他們又重回過去錯誤溝通的窠臼，然後負面瀑布效應便隨之而來。

許多配偶表示，每晚的近況確認是討論個人追尋的最佳時機，因為儀式感可以增進親密感與對彼此的關注。其他有些配偶喜歡在星期天的早午餐時間、在狗狗公園，或是在周五晚上小孩忙著看電影時進行近況確認。場景並不特別重要，重點在於你們刻意為自己和另一半排出時間或安排最佳時機，讓彼此可以好好的交流互動與協調行程。一旦排定好近況確認時間，雙方就不會覺得有壓力要負責開啟對話。已經寫在行事曆上的事，就沒人需要硬著頭皮說：「我們必須談談」。

小訣竅！賦予滿滿的儀式感。最理想的情況是把近況確認安排在你和另一半都沒有外務干擾的時間點，而且最好是可以每周輕鬆複製的時機，如有需要，一周不只一次也行。

事先商量好彼此的創意空間與時間

再次重申：神聖不可侵犯的空間與時間不會從天而降，讓你得以去追尋三職以外的個人目標，因為你必須積極開口要求與創造這種時空。在做近況確認時，你們可以事先商量或重新協商家務與育兒的工作分配，如此一來，你和另一半都能為自己的獨角獸空間安排時間。運用這段時間談談哪些部分進展良好，哪些部分效果不彰。一開始最好先聊正面的事，然後再把對話方向引導至需要重

新找回平衡的領域。以合作態度好好商量，直到彼此都覺得公平合理為止。切記：這是「自訂預設任務」的最好時機。也就是說，你們要事先商量好各自要負責哪些家務和育兒任務。透過自訂「誰負責做什麼」的動作，就不會有人被預設必須去洗碗、擔任共乘司機或是溜狗，而且兩人都能享有不受干擾的專屬時間與空間去做自己的事。在我們家，我負責做早餐並幫小孩準備好去上學，然後賽斯負責小孩放學後的一切事務，包括開車載兩位男孩去參加不同的課外球類運動（老實說，我覺得在這件事上我比較占便宜，但賽斯熱愛球類運動，所以他也覺得自己是贏家。）

「Credly」的創辦人暨執行長喬納森・芬克爾斯坦（Jonathan Finkelstein）在《快速企業》（*Fast Company*）雜誌上分享：「當我先生安迪（Andy）和我決定要有小孩的時候，我們吸引了許多關注目光，卻找不到任何社會教戰手冊可以遵循。〔我們聽到〕許多人質疑，『你們兩個都是爸爸，小孩出生後誰要在家帶小孩？』（對某些人來說的翻譯就是『你們誰才是媽媽？』）……對我們來說這是個大好機會，能夠跳脫受到過時產假手冊主導的對話，也就是職場上存在已久針對女性的偏見，以及允許大家對男性有較低的期待。」

以「自訂預設任務」來說，喬納森對同性雙親職責的觀點引發了我的好奇心，所以我主動聯繫他進行採訪。

他在 Zoom 上跟我說：「決定要有小孩表示我們必須經歷許多

內在對話。首先，我們兩人都是男性，要如何讓孩子出現在我們的人生中？我們要如何平等的擔起雙親責任？計畫成為家長讓我們開始討論家庭時間平等分配的問題，包括學習分擔家長責任、善用各自的育嬰假，以及探索如何創造出新空間留給自己與家庭。」

事先商量好神聖不可侵犯的空間與時間。
否則獨角獸就永遠只能留在童話故事中。

留意自身語氣並仔細傾聽

只要面對面坐下來討論，全神貫注在彼此身上，並以適當方式溝通，就能創造出正面體驗；也就是雙方都覺得自己被看見、聽見，而且各自的時間都有獲得尊重。首先，請檢視自己是否有任何被動攻擊的指責行為與直接指控，並以清楚、有禮的方式溝通。這些行為貌似很容易分辨，但現實是大多數的人在和伴侶互動時，常不經大腦或毫無顧忌。我們會直接想到什麼就說什麼，沒有考慮接收的一方會是什麼感受。潔姬承認：「當我停止在每句話都帶髒字，然後不再用足以震破玻璃的音量講話後，另一半反

而開始聽我說話了。」

關鍵在於，溝通時要用邀請歡迎的態度，而不是拒人於千里之外，才能讓另一半真正把話聽進去。「傾聽技巧能在困難對話中發揮最為強大的力量。」道格・史東（Doug Stone）在其書名絕佳的著作《困難對話：真正重要的事就要好好討論》（*Difficult Conversations: How to Discuss What Matters Most*，暫譯）中如此寫道，該書也是《紐約時報》的商業暢銷書。

約拿・博格（Jonah Berger）在其著作《如何改變一個人：華頓商學院教你消除抗拒心理，從心擁抱改變》中表示，人們只要感覺對方有在用心聆聽，就會「開始凝聚信任感」。

說明背後的原由

除了感覺受到傾聽（本身就是一大勝利）以外，只要說清楚背後的原由，所要求的時間與空間界線通常會被接受，甚至會獲得讚賞。對話設計師丹尼爾・史提爾曼提醒我們：「在提出要求前，你必須知道自己想要求什麼以及為什麼要提出要求。當你可以和對方分享你想『做什麼』與『為什麼』要這麼做，對話層次就能一次比一次深入。」

我來舉例說明：寫這本書的靈感冒出來的時候，在我的想像

中，讀者會和我一樣受到啟發，並衝破自身獨有的家庭、專業、文化與創意屏障，重新發掘或展現他們的創意自我表達。我很清楚自己需要不受干擾的時間與空間，細細琢磨這個重要訊息。某天晚上和賽斯分享一桶班傑利冰淇淋時，我提出了這個想法，但他不以為意：「可是你已經出了一本書啦。」

我放下手中的湯匙，慢慢把臉轉向他：「對，而我的寫作夢並不會止步於《公平遊戲》。我也可以問你同樣的問題，你靠創辦公司賺錢，在成立了第一間公司後，你有停下腳步嗎？」

「很公平。」他對自己的文字遊戲笑了笑。「但⋯⋯為什麼？為什麼你想再寫一本書？很費功夫耶。」

我遵循丹尼爾‧史提爾曼的建議，進一步深究下去。我審慎思考自己的「為什麼」究竟是什麼？想好答案後，我對賽斯說：「創作《公平遊戲》是我人生中最令人振奮的旅程。在這個過程中，我從大家身上學到了如此之多，並和世界各地為改變奮鬥的女性有所交流。這個作品讓我成為更好的我，不管是對自己、對你、對我們的孩子，還是對我認識的每個人來說皆是如此。而這項工作並未『完結』，我也不會遇到困難就放棄。激勵女性發揮潛能生活是我繼續寫作的理由，你懂嗎？」

「懂了。」賽斯帶著笑容、親暱說道。猜猜看後來情況如何？賽斯再也沒過問為什麼我要寫這本書了。（各位應該還記得，過去我很難開口要求時間與空間來寫作，這需要多加練習，當然也不

能只靠便利貼。）

「為什麼就是你渴望做某件事的隱藏動機，」葛瑞格‧麥基昂（Greg McKeown）如此說道，他是《少，但是更好》一書的作者與播客節目「真正重要的事」（What's Essential）的主持人。

麥基昂邀請我去上他的節目，討論重新平衡家務分配的議題，在節目接近尾聲時，我們的話題轉到「為什麼」的議題上。他表示：「只要你願意好好說明自身決策背後的原由，就幾乎沒什麼事不能拿出來討論。聽起來好像再簡單不過了，但大家常常跳過這個步驟，或許是因為分享自己的原由會讓人自覺脆弱。」

或許真是如此，但只要我們允許自己脆弱，並以尊敬有禮但無所愧疚的方式設立界線，自然而然就能吸引另一半點頭加入。「別人認識你的深度，取決於你對自己有多認識，」麥特‧卡恩（Matt Kahn）如此教道，他是靈性領袖與暢銷書《擁抱生命中發生的一切事物：愛的革命從你開始》（*Whatever Arises, Love That: A Love Revolution That Begins with You*，暫譯）的作者。我與另一半的關係正是如此，當我降低自己的防衛心，並邀請賽斯參與我的故事，他就看見了真實的我。而我採訪過的多數配偶皆表示，當他們開誠布公地講出自己的「原由」，另一半就會積極參與，而且更願意做好準備去支持彼此的獨角獸空間。

蘇珊‧皮斯‧蓋杜瓦在《新聞周刊》上寫道：「我從未見過會讀心術的配偶，但我認識的許多人都期望另一半知道自己的需求

是什麼⋯⋯即便是配偶也需要多問彼此各式各樣的問題，而且千萬不要假設自己懂得比較多。我親眼看過許多好人因胡亂假設而給自己惹上麻煩。」

當我在從事調解業務、慈善工作以及和其他配偶討論獨角獸空間時，我會鼓勵大家透過說故事練習來闡明自己的「原由」。回到跑馬拉松的史帝夫，我特地問他：「請和我說說你第一場比賽的故事，以及第一次衝過終點線的感覺。你在跑步訓練時的感覺是什麼？當你沒有時間去練跑，你有什麼感覺？這項個人追尋是否幫助你度過一天當中較難熬的時光？」

史帝夫的「原由」強而有力且發人深省：「我爸死於糖尿病，所以我必須為家人保持身體健康。」

我必須承認，史帝夫的答案嚇到我了，不過是好的驚嚇！史帝夫的周日長跑突然變得完全不像碧安卡詮釋的那般自私，他的誠實和脆弱讓他成為充滿同理心的人，連我都想站在終點線為他歡呼。

我鼓勵史帝夫和碧安卡分享他的故事，而如我所料，當他把對話從「我周日跑步的時間到了」轉變成「為什麼對我來說周日去跑步非常重要」，他們的零和互動開始出現變化。

碧安卡對我說：「當我明白，對他來說跑步以及為孩子和我維持健康為何如此重要，我對他周日早上『放假』一事的怨恨感瞬間少了大半。後來換我要求留時間與空間給自己時，史帝夫也舉雙手贊成。」

自我練習題

你的理由是什麼？

思考一下自己要在人生中創造獨角獸空間的**原由**或意圖，然後用一句話寫下來或記在腦中。

在每日／每周的行程中排定時間去＿＿＿＿＿＿＿＿＿＿
＿＿＿＿＿，這對我來說萬分重要，因為＿＿＿＿＿＿＿＿
＿＿＿＿＿＿＿＿＿＿＿＿＿＿＿。

繼續腦力激盪：你在做這件事的感覺如何？無法做這件事時你有什麼感覺？生活中總有較缺乏創意的面向，創意表達是如何使保護你不因此而有所消磨？擁有或沒有獨角獸空間對生活中的其他面向會帶來什麼樣的影響？比方說對人際關係、職場、生產力、情緒以及身心狀態。＿＿＿＿＿＿＿＿
＿＿＿＿＿＿＿＿＿＿＿＿＿＿＿＿＿＿＿＿＿＿＿＿＿
＿＿＿＿＿＿＿＿＿＿＿＿＿＿＿＿＿＿＿＿。

你有天會找到適當時機和另一半分享你的原由，並邀請對方分享他們「為什麼」需要不受干擾的空間與時間，進而

達成互惠。再說一次：當你打造出對雙方皆有利的回報，就等於大幅提高另一半（或小孩／同事／室友）支持你的動機。以下列舉幾個陳述「原由」的說法，取自我採訪過的眾多配偶的真實案例。

在每日行程中為我的獨角獸空間安排時間，對我來說極為重要，因為：

- 我想要與自己和人生建立更深刻的連結。
- 我想要我們彼此都能與工作和家庭以外的事物交流互動。
- 我想要有能力自由安排我的時間，同時又不需要丟下現有的關係／工作。
- 擁有這個創意出口讓我充滿活力，每天醒來都更加快樂，也讓我成為更好的伴侶／家長／員工。

如果你卡在不受干擾的時間與空間要拿來「做什麼」，請堅持下去。獲得寶貴的時間與空間是第一步，也是最重要的一步。運用這些資源去「做什麼」是下一章：「找出好奇所在」的任務，保證好玩又刺激。在此之前，請先專心處理你的「原由」，就算只是非常籠統的想法也沒關係。你的「原由」決定了你的意圖，最終將帶你找到你「想做的事」。

○○○

訴說你的故事

「原由」是故事的核心。所以請訴說你的故事，分享人生中對你來說意義深遠的時刻。很多人誤以為家人就一定知道我們的故事，只因為他們是「自家人」，或另一半是我們最親密的伴侶，但除非我們明確說出口，不然所愛之人常常不知道我們的「原由」。

史都華‧佛里曼博士是賓州大學華頓商學院的管理學教授，他強調下列重點：「誠實面對自己與另一半，說明你真正在乎的事，需要極大的勇氣與承諾，才能真誠面對你希望人生具有的意義。」當我們著手展開這項重要任務，神奇的事就會發生：誠實與脆弱的力量之大，足以加深關係、喚起同理心；而且當另一半不只了解什麼事會我們感到充實滿足，更明白背後的原由，他們也會因此感到歡欣鼓舞。

Permission Slip

我允許自己勇敢發聲、爭取所需，
以及訴說我的故事。

──簽署者：我自己

賽門·西奈克（Simon Sinek）是商業演說家與《先問，為什麼？：顛覆慣性思考的黃金圈理論，啟動你的感召領導力》一書的作者，他鼓勵大家「由內向外思考」，他表示：「讓別人買單的關鍵不是你要做什麼，而是你為什麼要這麼做。」想要啟發他人，先從想清楚自己的「為什麼」開始，而西奈克認為，能夠打動人心的領導者與組織皆是由此出發、採取行動。而我則認為，最能鼓舞人心的伴侶關係也是從心出發。

講自己的故事就好

請講述自己的故事就好，千萬不要去談論你對自己述說、有關另一半的故事，也不要去說你認為另一半會如何敘述你的故事。等一下，是在繞口令嗎？待我娓娓道來。在採訪過程中，我發現為什麼我們常常在腦中上演另一半和生活中其他人的小劇場，主要原因有二：其一是避免失望（可能會被拒絕），其二是為了避開困難對話（不知道該要求什麼／不知道如何開口／最後總是陷入爭吵）。我聽許多人講過以下類似故事：

- 他們絕對不會贊同，幹麻要問？
- 另一半才不會願意把家事撿起來做，好讓我在早上有

一小時的時間寫日記，何必開口？

●老闆絕對不會讓我提早下班去上陶藝課。

●小孩連讓我獨處五分鐘都不行，所以我根本懶得去試。

●如果我說：「我想休息一晚去畫水彩畫。」光用想的就
　知道會收到什麼反應。

●我現在光用想的就能聽到他們說⋯⋯

　　我們大多可以講出為什麼另一半／孩子／朋友／雇主不會配
合或尊重我們有多想要不受干擾的時間與空間，卻從未實際驗證
這些故事是否為真。所以就迎來不幸的下場：憎恨另一半／孩子
／朋友／雇主，老實說對他們並不公平。更慘烈的是，我們也得
不到自己想要的東西。

　　丹尼爾‧史提爾曼反問大家：「與其耽溺在一堆假設與最糟處
境之中，何不考慮另一種可能性，比方說最好的情況？如果我能
得到自己想要的呢？」若想從生命中的重要他人那得到我們想要
的事物，最有效的方式是什麼？史提爾曼建議：直接說出需求。
反過來說，了解他人需要什麼，最好的方式也是直接開口詢問，
他如此建議。

　　史都華‧佛里曼博士將史提爾曼的建議更為清楚：「在我的研
究中，以及與多個雙薪家庭諮商的過程中，不少人發現他們其實
並不如自己以為的了解另一半，所以我鼓勵透過談話來處理這個

議題，比方說：親愛的，我認為某些事對你來說十分重要，我的想法正確嗎？我承認我並不真的知道你實際上在想什麼。我認為你的想法是這樣。我有沒有遺漏了什麼？你願意稍做解釋並告訴我更多細節嗎？」

如果你不願意開口要求或捍衛自己想要的自我空間與時間，想想有多高機率你會用負面方式，對自己述說另一半／孩子／朋友／雇主的可能反應或行為（而且大概都不是真的！）。挑戰這些故事，用為自己發聲取而代之。勇敢開口、無所愧疚地要求所需，並相信自己會得償所願。

【個案探討】
哈納里小島 [8]

在我朋友凱莉說考慮結束婚姻後過了約一星期，她傳簡訊給我：「你和魔法龍帕夫（Puff the Magic Dragon）可能都說對了某件事。」

出於好奇心，我請她出來散步一下。我們在附近的街坊繞來繞去，她向我解釋，她最近剛和八歲的女兒看完電影《魔法龍帕夫》。凱莉只有在七〇年代還是小孩的時候看過這部經典動畫電視

節目，後來就再來沒看過了；現在重看一次深深撼動了她。

「你記得最基本的主要劇情，對吧？」她問我。

「老實說我不記得了。」我承認。

凱莉開始為我解說：「好，小傑奇德萊珀（Jackie Draper）是故事中的男主角，而當他失去聲音、無法說話時，魔法龍帕夫出現在他的房間，一人一龍開始對話，然後他們一起踏上充滿魔力的神奇旅程，一同擊敗了恐懼，而且帕夫的魔法戒指可以映照出人類內心的渴望……」

凱莉講得雜亂無章，但她很興奮地重述劇情，所以我也沒打斷她。

最後她說：「故事走到尾聲，小傑奇派柏再次找回自己的聲音，然後……」凱莉突然停在人行道中央，轉過身來熱淚盈眶看著我：「我突然發現我就是小傑奇派柏，我必須找到開口說話的勇氣，並發起困難的對話，而且我要成為女兒的榜樣，教她也勇敢為自己發聲。」

「說得真好，」我抱了抱凱莉：「這確實需要勇氣，但妳一定可以做到。」

---

8 譯註：英文原文是"Honalee"，童書《魔法龍帕夫》（*Puff, the magic Dragon*）的故事就是發生在名為哈納里（Honalee）的島嶼，這裡充滿了想像、接納與愛。

自從找回自己的聲音，我就再也無法保持沉默。

——莎拉・艾倫索（Sara Erenthal），跨領域藝術家

築起隔音牆

允許自己發聲、透過述說忠於自我的故事、開口爭取所需，就是在維護另一道重要的界線，好好保護自己不受干擾、神聖不可侵犯的時間與空間。這道界線永遠都不會動搖嗎？不，肯定需要反覆練習。就像健身或學習新舞步：一開始都會面臨巨大挑戰……但每穿上一次閃亮舞鞋並開始舞動，就會漸入佳境。（或是以這個主題而言：每為自己挺身而出一次，你就會愈來愈上手。）而且就像任何有效果的運動一樣，儘管需要花費精力、時間與持續付出，但保證值回票價。只要勇敢為自己發聲，就有機會得到自己最想要的東西。

勇往直前！只要你持續敞開心胸、誠實坦白地進行合作對話，前往獨角獸空間應許之地的征途就能由你做主。推翻會讓你無法發聲的內在故事，然後不帶歉意地清楚傳達自身感受與需求。就算撞上遭到預料之內的反對聲音，你也要清一清喉嚨（咳咳），再次展開對話。

對話時該做的事

- 定義「溝通容器」。

（切記：容器應該要包含下列成分。）

    · 定期做近況確認。

    · 留意自身語氣並傾聽。

    · 事先商量你的時間與空間。

    · 說明你的「原由」。

    · 訴說你的故事。

對話時不該做的事

- 別人還在講話時就轉身走人。
- 用插話、離題或改變對話方向等方式綁架對話。
- 做近況確認時不專心或同時做其他事。
- 在情緒高漲且認知能力低下時展開（容器範圍以外的）對話。
- 自行編織與另一半有關的故事。
- 對想要擁有專屬於自己的獨角獸空間感到抱歉。

PART 3

培養創造力的 3C 原則

好奇渴望、交流互動、達成目標

我們將在下列章節探索獨角獸空間的 3C 原則：好奇渴望（第七章與第八章）、交流互動（第九章與第十章）與達成目標（第十一章與第十二章）。

第七章

找出好奇所在

根據自身價值觀找出好奇所在、
前進專屬於你的獨角獸空間

現在要做什麼？

我朋友蜜雪兒最近向我吐露：「我和先生已經重新分配家務了，所以我們都有更多時間留給自己。這是一大進展，只不過現在我雖然有時間花在『自己』身上，但我毫無頭緒要『做什麼』。」

「什麼意思？」我問她。

蜜雪兒是位事業有成、幽默風趣的女性，身兼人資高階主管、媽媽以及我成員漸多的獨角夥伴同盟成員。

她繼續說道：「有天下午，我有幸獲得二小時的自由時間，因為丹說要帶小孩去海邊玩。我滿心歡喜，然後他們一出門，我坐在廚房流理檯旁想破了腦袋：我喜歡在閒暇時間做什麼？我的興趣是什麼？」她嘆了一口氣，我們當時正在 Zoom 上視訊通話，

用的是《脫線家族》（*Brady Bunch*）風格的虛擬背景，她說：「時間一分一秒流逝，我居然開始討厭專屬於我的時間與空間，因為一旦沒了待辦清單，我突然覺得不知所措、漫無目的，會不會太慘了？」

「先不要急，」我向蜜雪兒說：「聽起來你和丹都能抱持開放心胸溝通，重新協商育兒工作的分配。」這就是一大進展了。而且能做到此點，表示你已明白，時間與空間的界線是你保有理智、經營關係以及持續和自我交流的關鍵。這就是你的『原由』。接下來就是好玩的部分了。用『想做的事』把這些空間與時間填滿吧。你想用自己的時間做什麼呢？」

「問題就出在這，我不知道要做什麼。」

我追問下去：「我問你，什麼事會讓你感到火力全開？興奮不已？」

蜜雪兒想了一下，突然整個人亮了起來，好像找到了答案：「有時我會一直滑 Venmo 行動支付服務，看看朋友都把錢都花在哪些地方，然後發現很大一部分都是花在壽司和狗保姆服務上。」

你是否忘了被埋在待辦清單之下的那個你？

得到蜜雪兒的允許後，我和艾莉卡·凱斯溫（Erica Keswin）分享了她（好到不可能造假）的故事。艾莉卡是暢銷書《將人性帶入工作：職場管理必勝之道，讓員工、企業共好，甚至還能改變世界》（*Bring Your Human to Work: 10 Surefire Ways to Design a Workplace That Is Good for People, Great for Business, and Just Might Change the World*，暫譯）的作者，同時也是職場策略師、炙手可熱的講師以及企業教練，專長是打造「更具人性」的工作環境。她也貢獻了類似經驗：「上我播客節目的來賓我都會問一個問題：在生活中做什麼事會讓你感覺最像自己？他們大多會因此語塞，而且真的是絞盡了腦汁在想答案。我有次對某位超級成功的執行長問了這個問題，她停頓了很長的一段時間後才答：『購物嗎？』」

　　「為什麼會這樣？」我大聲說出心中想法：「為什麼要我們說出自己愛的是誰與熱愛做什麼，會如此困難？」

　　凱斯溫對我說：「道理很簡單啊，我們鮮少與自我交流。」但與自我交流指的究竟是什麼？如果我們長久以來、甚至是從未鼓起勇氣問自己這個問題，要如何開始找到自己所愛之事？

好奇勝過熱情

接下來幾個星期，我一直在想這個議題對獨角獸空間的意義。為什麼講出「做什麼」會讓我們活力充沛是如此艱鉅的任務，對女性來說尤是如此？為什麼「做什麼會讓你感覺最像自己？」這個問題，屢屢讓我們陷入長時間的沉默？為什麼我們與自己和所愛之事如此缺乏連結？

我現在的想法是，熱情是太難以企及的高標。如果有人直接問你：「馬上說出你對什麼事懷有熱情？」我想我們大多會當場呆住。但如果我問你：「馬上說出你家小朋友最愛的迪士尼卡通？」或是「好市多的起司貨架在哪裡？」你大概都能一秒答出。我認為這是因為我們跟心中的照顧者和任務解決者比較有連結……同時也是因為大多數的人都覺得，「熱愛」的興趣、「創造力」的概念以及讓我們感到「獨一無二」的事物，都是太不明確且模糊不清的觀念，所以才會啞口無言。

我仔細回想了至今為止，我為這本書做過的數百場採訪，其中有不少受訪者異常肯定地說：「我就是個沒有創造力的人。」某位女性毫不猶豫地表示：「我是標準的 A 型人，務實且有條不紊，『創力』不適用在我身上。」假設你是因為無法理解其語義，不如我們來重新框架該問題吧。

你對什麼事感到好奇？

什麼是好奇渴望？

然而，好奇渴望也是模糊的概念，很難去定義，但好險有諸多智慧高深的前輩都已為該詞下好了定義，以下列舉幾個我深有同感的說法：

人天生渴望求知。

——亞里斯多德

好奇心來自想要探索的渴望。

——伊恩·萊斯里，《重拾好奇心》一書的作者

沒有熾熱的好奇心與強烈的興趣，
我們就不太可能撐到做出全新重要貢獻的遙遠未來。

——米哈里·契克森米哈伊，心理學家、研究人員以及《好奇心》一書的作者

好奇心就像飢餓感。

——伊莉莎白·波納維茲（Elizabeth Bonawitz），哈佛教育研究所

渴求、渴望、熾熱、飢餓感。我超愛這幾個對好奇心的描述，因為這些字詞可以應用在幾乎所有層面上，真心不騙。當我們透過這個角度去觀看這個主題，好奇心可以引導我們前往某些新奇之處，而創造力甚至能帶領我們探索更加奇異的境界。莫·威樂（Mo Willems）是兒童繪本作家，他是如此解釋創造力的不可預測性與跳躍性特質：「你不知道創造力會將會為你帶來什麼樣的冒險，它不是從甲地到乙地的直線，反而比較像是從甲地通往草莓披薩的路徑。」

我的朋友布倫南·史匹格（Brennan Spiegel）也畫出了專屬於他的不規則路線，不是通往草莓披薩，而是前進大腦深處的處女地。布倫南是名醫師，他對於心智擁有的治療力量有著求知若渴的好奇心。近年他的好奇心帶領他創造了全新的醫療型態：虛擬療法（Virtual Therapeutics），這是革命性的全新醫療照護方式，專門利用虛擬實境來治療疾病。虛擬療法旨在協助醫生和患者治療身心問題，不用仰賴侵入性手術或具成癮性鴉片類藥物。這是醫療照護領域中令人振奮不已的領先發展，而我對他如何發想出此妙計特別感興趣，也想知道他覺得這件事對於創造力未來更廣泛的發展有什麼看法。

最近和布倫南一家去露營時，有天晚上我和他在營火旁展開了一場深度對談，主題是好奇心與創造力。我問他：「在你的人生中，你如何定義創造力？」

他毫不猶豫答道：「對我來說，創造力和好奇心是我在科學上所有追尋的動力。在我個人還沒正式開始進行虛擬實境的實驗以前，我很早就感受過突破傳統思維框架的體驗，當時我和自己分了開來，一路飄到了天花板，從上往下看著自己的軀殼，我心想，電腦是怎麼辦到的？光是透過成千上萬行的程式碼就能輕易騙過我，讓我以為自己已經離開了那具肉體。電腦怎麼能夠將我的意識放進另一個替代現實中呢？一開始純粹只是好奇，我能從心理學、神經科學或心智哲學的角度，學到哪些能對患者照護帶來影響的知識？是否有任何過去未曾想到的新解決方案？我循著好奇心這條單純的線索前進並不斷提問，進而在此領域創造出一系列的突破性進展，令我振奮不已的是，虛擬療法被證實能應用在許多領域，舉凡燒燙傷、中風、到創傷症候群。」

雖然可能因人而異，但醫療基本上不會被歸類在「藝術」當中，而布南倫果敢挑戰現況，他表示：「醫學就是我的藝術，我很感激自己有份允許我發揮創造力的工作。」布南倫透過醫學找到了專屬於他的獨角獸空間。

感受是最好的線索

好的，我們已拓展了「創造力」的定義（出自於好奇心的引導，

不侷限於熱忱或藝術），那「活出創意滿點的人生」又是什麼意思？好消息：創造力不僅限於「創作」（視覺藝術或創意寫作），也包含「培養」（新的技能組合）、「拓展」（專業領域知識）以及「學習」（提升自己的興趣領域）等等。也就是說，不一定要拿起畫筆才能揮灑創意！根據我仍在不斷累積的採訪內容，「創意人生」是指積極放膽追尋任何形式的自我表達，重點在於要能激發與滿足個人的好奇心。只要你對某件事感到好奇，並且享受潛心研究該事的過程，對你而言有意義的任何活動都能成為專屬於你的獨角獸空間。

娜塔莉‧尼克森是《創造力覺醒》一書的作者，同時也是替《財星》雜誌五百大企業服務的創意策略師，我們在 Zoom 上半認真半閒聊時她說：「並非有些人就是比其他人來得有創意。任何人都可以發揮創造力，而第一步就是展開探索，也就是所謂的好奇心：你必須想要更加了解某事。」

布倫南就是最完美的體現，不管是左腦人或右腦人，只有擁有好奇心，就能擁有專屬於自己的獨角獸空間，這是所有人的天賦。而且不僅如此，好奇心對於幸福感、健康和整體福祉而言，都是必不可少的條件。接下來的章節將帶領各位展開自己的旅程、重新定義專屬於你的獨角獸空間，讓我們從好奇心開始出發吧。

自我練習題

開始好奇專屬於你的獨角獸空間

你對什麼事感到好奇？什麼東西能引發你的興趣？不管是透過正式或非正式管道，你已學過的東西有哪些？你接下來想朝哪個方向發揮自己的好奇心？什麼事會讓你想要留更多的時間與空間去探索一番？透過回答下列問題進行腦力激盪，展開專屬於你的探究之旅。你可以在日記或下方空白處簡單寫下答案：

我想要更多時間去探索＿＿＿＿＿＿＿＿＿＿＿＿＿。

我一直想要了解／創作／培養／學習＿＿＿＿＿＿＿＿＿
＿＿＿＿＿＿＿＿＿＿＿＿＿＿＿＿＿＿＿＿＿＿＿＿＿。

曾經引起我的興趣且對我來說意義重大的事物是＿＿＿＿＿
＿＿＿＿＿＿＿＿＿＿＿＿＿＿＿＿＿＿＿＿＿＿＿＿＿。

我想要重新探索或重拾＿＿＿＿＿＿＿＿＿＿＿＿＿＿＿＿
＿＿＿＿＿＿＿＿＿＿＿＿＿＿＿＿＿＿＿＿＿＿＿＿＿。

暫停一下。

如果你的答案是「我不知道」也不要緊。未知是很好的起點，代表著全然不受限的機會，讓你得以全心投入探索之旅。請閉上雙眼，想像不一樣的自己，除了是出色的伴侶、家長和／或專業人士，你能否重新與其他面向的自我建立連結？包括你正在做或曾經做過的那些事，讓你感到活力充沛、興致高昂、全心投入且滿腔熱血。繼續探究下去吧。

當我在＿＿＿＿＿＿＿＿，或是打算＿＿＿＿＿＿＿＿時，我感覺：

- 精力充沛
- 歡欣鼓舞
- 專心致志
- 全心投入
- 充滿動力
- 有所連結
- 朝氣蓬勃
- 心滿意足
- 充實圓滿
- 開心愉悅

肯農·薛爾頓博士（Kennon Sheldon）是哥倫比亞密蘇里大學的心理學教授，他的研究領域橫跨幸福、動機、自決理論、人格以及正向心理學，他表示感覺就是我們與好奇心重新建立連結的「線索」。我讀過的社會心理學相關文章幾乎每篇都有提到他的研究成果，因此決定想辦法與他聯繫，而他雖然行程滿檔，還是很

親切地撥出一小時空檔給我，一同討論找出自身好奇心所在這個主題。

他坦白說道：「知道自己想要『做什麼』並不容易，因為我們的自我述事常被文化敘事所蒙蔽。我們的心中充滿困惑，因為社會一直在告訴我們『該做什麼』，但內心深處總有個聲音在說話……只要你願意就能聽見。出於諸多社會因素，女性在這方面通常比較具有洞察力，但有時只是缺乏勇氣去跟隨這些線索。」

薛爾頓博士接著說：「要判斷是否找到自己『想做的事』，最好的方法是評估那件事帶給你的感受。如果你感到快樂、投入、進入心流狀態，這些全都是走在正確道路上的線索。」

當下我點頭如搗蒜。在過去的人生中，我不知道聽到多少次這個說法：把幸福當成終極目標，但原來應該是反過來才對，薛爾頓博士的說法有道理多了。讓幸福感成為那個『線索』，指引你走在通往「想做的事」的正確道路上。

 幸福感是走在正確道路上的線索！

持續探索自己的好奇所在時，請留意心中升起的感受（比方說，想到能夠做某件事，就會讓我有某種感覺）。「對我來說，好

奇心始於感覺狀態最佳的那些時刻，」羅賓・亞森（Robin Arzón）如此說道，她是《閉上嘴、跑起來：如何站起身、穿上跑鞋、昂首闊步並揮灑汗水》（*Shut Up and Run: How to Get Up, Lace Up, and Sweat with Swagger*，暫譯）一書的作者，她放下成功的法律職涯，在健康和幸福感領域展開全新冒險，將自己重新塑造成衝勁十足的超馬選手與聞名四海的健身教練。當時我們聚在一起喝咖啡，聊著好奇心的主題和她第一個小孩出世後的情況。

「仔細想想，當時我還在思考人生接下來要何去何從，最後發現我在跑步或寫部落格時感到最為幸福，寫案件摘要的時候肯定沒有這種感覺，」她眨了眨眼強調：「我也開始好奇心中的其他感覺，像是忌妒。比方說，我很忌妒同事的領導特質，也想展現出那種自信。或是說忌妒朋友可以自由從事自己熱愛的事，我也想要那種程度的自由。忌妒就像是小小的耳語，一旦開始認真傾聽，就成了重要線索。這些耳語讓我知道自己想達到的境地以及接下來想做的事，然後當耳語化成了怒吼，我也終於打造出全新人生。」

你的感受就是線索。開始探索這些線索時，鼓勵各位無視腦中冒出的一切懷疑或擔憂，不要理會那些不請自來的建議，一直試圖告訴你什麼才是「合理」且「可接受」的行為，或是意圖指導你追尋自身好奇心的最佳時機與方式。叫這些聲音閉嘴，因為它們會使你分心、漸漸忘記營造專屬於你的寶貴時間與空間。從

現在開始，傾聽自己的耳語、允許自己保持好奇心。

讓大腦休息一下

你將必須維護自己和工作／家務／家庭之間的界線。如果你跟多數女性一樣，一肩挑起維持家務和家庭正常運作近三分之二的工作，那肯定很難（或是說不可能）找到靈感，因為你忙著解決一個又一個緊急任務，根本不可能擁有任何身心空間。我們在第四章討論過，如果想要不受干擾的內省時光，你必須建立界線、讓自己靜下心來，才能讓好奇自由發揮。

芭芭拉・歐克莉（Barbara Oakley）博士是奧克蘭大學的教授，專門研究大腦模態（brain modality）的概念，並點出「發散思維模式[9]」的重要性，讓我們的大腦有機會在潛意識中發揮創意、解

決問題。只要把時間和空間留給自己（就算只有短短十分鐘也好，因為接下來就會有人闖進你忘了上鎖的房門），就能刻意讓大腦降檔到散發思維模式。換句話說：請暫時擱置你的待辦清單，為自己天馬行空的好奇心創造空間。

在〈創意在日常生活中扮演的角色〉（*Creativity's role in everyday life*，暫譯）這篇期刊文章中，學者凱瑟琳·N·卡特（Katherine N. Cotter）、亞歷山大·P·克里斯汀生（Alexander P. Christensen）與保羅·J·賽爾維亞（Paul J. Silvia）指出，「標誌性的創意作品和常見的創意行為大多是出自於創作者身處的環境當中，形形色色、風格迥異又再尋常不過……坐在咖啡店中、任由各種構想此起彼落；在森林裡散步、任由思緒遊走；或是拿起放在馬桶旁的素描本、隨意塗鴉。」

我看到他們提出的創意廁所解決方案時就笑了出來，因為朋友最近剛好送了我一本防水筆記本（真的可以一邊淋浴一邊寫字！），上頭的產品說明寫道：「不要讓好創意付諸流水！寫下腦中所有的奇思妙想、高明的解決方案或可能改變人生的絕佳點子吧，它們總是出現在令人意想不到之際，像是洗澡的時候！」

---

9 譯註：大腦模態有二種思維模式：專注模式與發散模式。在專注模式（Focused Thinking）中，我們的注意力會集中在某個特定區塊。而發散模式（Diffused Thinking）則是透過適當的休息放鬆，讓大腦不同區塊進行連結，激發創造力。

建立自身價值觀

當你找出自己的好奇所在，就等於找到通往獨角獸空間的線索，接下來的重中之重，就是依據自身價值觀來調整自己「想做的事」。在為家族基金會提供顧問服務時，我會透過價值觀相關問題進行引導，這個做法可以獲得洞察力十足的結果。所以說，即便清楚知道自己想要花時間與空間去追尋的好奇所在是什麼，也「千萬不要跳過這個步驟！！！」，這是探究真我的關鍵環節。（抱歉，用了一堆驚嘆號，但這個步驟超級重要！）

我們擁抱的價值觀是個人最看重且珍惜的事物，而且每個人天差地遠。雖然很少人提及此事，但價值觀體現在我們的一言一行當中，會直接影響到我們的人生，包括動機、行為、方向，並且能為好奇心提供更多資訊。

價值觀可以指引我們朝好奇的所在走去，而且只要展開行動、積極從事相關活動，就有潛力過上充實人生。表妹潔西卡在回想自身的獨角獸空間征途時表示：「如果願望清單根本空無一物，我要怎麼活出真正精彩的人生？」我回道：「那就以價值觀為依歸的全新好奇心來填滿這份清單吧。」

不少根深蒂固的價值觀都是從原生家庭繼承而來，所以這是很好的探詢起點，不妨問問自己：我的雙親最重視什麼？我對該事也同樣重視嗎？我一位同事的爸媽以前是新聞記者，所以從小

家庭環境就很重視言論自由。她長大後也把言論自由當成一生志向，致力於透過製作播客節目讓大家有發聲管道，這是因為他們一家人的價值觀協調一致。不同的家庭會有不同的故事。或許有些事是家人全心擁護、但對你來說卻完全無感；也可能是某些價值觀你雖然認同，卻不值得在自己人生中採納。這些聲音都應該受到傾聽。史都華‧佛里曼博士證實，這些情緒錯綜複雜但也真實存在，他對我說：「我們的掙扎經常來自於此。如果捍衛自己最重視的價值觀等同於要改變父母從小教育你的一切，一路走來一定苦不堪言。」

在為這本書進行研究時，我幾乎翻遍了所有我能找到與創造力有關的書籍。在此領域中，針對找出自身「好奇所在」最常見的提示，就是回歸孩提時期全心擁抱的事物。小時候你最愛的是什麼？你最喜歡玩什麼？對很多人來說這個提示非常實用，對有些人來說則不然，對我來說則是好壞參半。我小時候有過很多超棒的體驗，像是和媽媽一起去華盛頓特區參加平權示威遊行，但許多年幼時的創傷也是現在的我不想複製的。如果回顧過去不能為現在帶來動力，不如把注意力放在當下最看重的價值觀，而且只有你能做主，它們是另一條指引方向的線索，讓你知道接下來想做的事與想達成的目標。

自我練習題

我真正重視的是什麼？

你重視的是什麼？這項測驗可以幫你找出答案。(注意：這份價值觀清單綜合了各方參考資料，包括密西根大學羅斯商學院發明的「工作塑造」〔job crafting〕練習；馬汀‧塞利格曼〔Martin Seligman〕博士和克里斯‧彼得森〔Chris Peterson〕博士提出的二十四種品格優勢；「21/64」慈善團體；以及我自身的顧問經歷。)請先大致看過這份檢查清單，留意哪些價值觀特別能引起共鳴，然後再細看一遍，圈出你最重視的三項並劃掉最不重視的三項。你可以直接在書上做標記，或是在日記或紙上另外寫下這些價值觀。當然，「最重視」的價值觀可能不只三項，但不要想得太複雜，直接把當下最認同的詞彙圈起來即可！

價值觀檢查清單

圈出你最重視的三項價值觀。

劃掉沒有也沒關係的三項價值觀。

★ 自由的價值觀

富足	有所建樹	創造力	娛樂	自由
受到認同	關懷照顧	養成栽培	平等	友誼
擁有資源	挑戰	好奇心	公平	自我實現
當責	公民參與	果斷堅決	高貴優雅	樂趣
成就	溝通	民主	探索新知	未來主義
適應力	社群	值得信賴	善於表達	慷慨大方
冒險	同情心	平等對待	公正	回饋
美感	才能	忠誠奉獻	信仰	從容優雅
雄心壯志	達成目標	紀律原則	家庭	感激
眞誠	交流互動	探索發現	靈活彈性	恆毅力
自主權	保育	動力	心流	成長
美麗	協調一致	教育	專心致志	勤奮工作
魄力	勇氣	享樂	寬恕	和諧
療癒	領導能力	歡愉	規律	系統制度
健康	學習	權力	打破規則	團隊合作
榮譽	傳承	務實	循規蹈矩	深思熟慮
誠實	傾聽	隱私	安全感	及時
溫暖舒適	愛	解決問題	自我覺察	忍耐包容

幽默	忠誠	生產力	自我表達	感動
身分認同	精通	進展	分享	傳統
帶來改變	功績	爲他人付出	簡單樸素	透明公開
獨立自主	正念	使命感	學習技能	旅行
影響力	中庸	品質	社交	信任
創新	崇尚自然	獲得肯定	社會地位	眞實
正直	義務	可靠度	獨處	理解
聰明才智	樂觀主義	名聲	靈性	團結一致
興趣	組織	韌性	隨心所欲	多元多樣
旅行	主人翁精神	尊敬	穩定	願景
喜悅	熱誠	責任	管理	財富
正義	個人成長	嚴謹	力量	幸福感
善良	觀點	冒險犯難	支持	智慧
知識	玩樂	浪漫	永續發展	奇人異事

問問自己

- 在現階段的人生當中，我最重視的三項價值觀是什麼？
- 在現階段的人生當中，我最不重視的三項價值觀是什麼？

前三大價值觀就是你的**動機價值觀**，你可以由此得知現階段的好奇所在，並因此有動力在未來繼續追尋。舉例來說，我的朋友兼獨角夥伴蒂芬妮在某次有享用完媽媽準備的美味餐點後，她向我坦承：如果有天我媽怎麼了（拜託不要），然後她的食譜都失傳了，該怎麼辦？我建議她做做看價值觀測驗，當她發現自己的重要價值觀都和家庭傳統、述說故事以及透過食物分享有關，她就開始和姐姐共同分析並紀錄下媽媽最珍貴的中式與台式料理食譜。

「我們一開始只是蒐集與寫下食譜，然後就愈做愈有幹勁、想要更進一步。我們心想，何不乾脆寫一本真正的食譜書，搭配美麗的照片，好將母親活力四射的文化傳承發揚光大，並結合兩個獨特地區的食譜，和家族以外的讀者分享？」

各位看見了嗎？蒂芬妮的首要價值觀鼓舞她進一步創造出全新且寓意深遠的作品。

我透過此測驗檢視內心深處的價值觀時，在日記中寫了以下內容：

- 教育和終生學習
- 公平與正義
- 建立社群

我回顧了這輩子受到價值觀驅使的時光與記憶，思緒回到了先前說的那個故事：當時我大約九歲，正準備和媽媽泰芮（Terry）一起搭灰狗巴士，去華盛頓特區參加平權示威遊行、在國家廣場（National Mall）吃著自帶的簡單午餐，然後再搭巴士回到紐約，當日來回；某一年，我和媽媽上街為公民權利喊口號抗議；還有一年則是為了勞工正義。這個每年的生日傳統是源自於媽媽的動機價值觀，而在我內化了這些價值觀後，它們成了我成年人生的主軸，深深影響著我的各種好奇渴望與後續行動。舉例而言，因為我很重視公平，所以開始對整個系統性的家務分配不均問題產生好奇心，後來演變成狂熱投入性別正義志業，進而啟發我寫出第一本著作《公平遊戲》。因為我很重視社群力量，所以我的獨角獸空間就是要幫助並啟發人數漸長的獨角夥伴，去探索自身以價值觀為依歸的好奇心，並發掘專屬於他們的獨角獸空間。

最不重要的三項價值觀則是無法引起任何共鳴的那些觀念，或是就我的觀察顯示，大多是曾經打動過你，但現已不再能夠鼓勵你邁開腳步前進。以我為例，最不重要的三項價值觀之一是「義務」，依字面上的意思就是全力完成一項義務或承諾。雖然我相信這有其價值，不過它已不再能夠鞭策我前進。自從我和先生重新平均分配了家務量，好讓雙方一同承擔家事和育兒責任，並以更公平的方式看重彼此的時間，這項價值觀對我的日常生活就無關緊要了。簡言之：我不再覺得有義務要收拾所有人的苦差事，還

要獨力防止屋子被燒掉。

我朋友奈爾（Niall）和艾蜜莉（Emily）也踏上了各自的獨角獸空間之旅，他們彼此都同意，「傳統」是他們最不重視的三項價值觀之一，因為他們都想打破在父母身上看見的傳統角色框架。艾蜜莉分享道：「我媽是『一肩挑起』的那位家長，把所有事都攬在自己身上，沒有留任何創意時間給自己，而我爸在育兒方面完全是被動角色。我們正在努力打造自己的傳統，不要和原生家庭一樣，落入傳統的角色分配與失衡狀態，因此必須重新思考、重新定義並落實適合我們的其他價值觀。」

運用價值觀來打磨好奇心。

【個案探討】
隱世造型師

在最近一次的後院午餐聚會中，這些價值觀探詢問題幫我朋友希拉（Sheila）找出了她「想做的事」，結果是某件她早就在做、只是未曾察覺的事。當時我正一邊喝著冰茶、一邊和瑪莎（Masha）與吉娜（Gina）聊著近況，希拉悠悠哉哉地晃了進來，一如

往常比所有人晚了整整十五分鐘。

「抱歉，我遲到啦。」她略帶歉意地笑了笑，趕快挑了個曬得到太陽的位置坐了下來。「今早一直找不到適合的穿搭。」

我們看了希拉一眼也笑了，大家都知道彼此在想什麼：希拉永遠不會準時，但一定會精心打扮。我們三人一身休閒，彈性長褲、寬鬆 T 恤加棒球帽，而希拉則是一頭精心打理過的髮型，穿著合身的復古造型服飾，配戴著精心挑選的飾品，與她鞋子上的配件相得益彰。

吃完吉娜特別準備的美味沙拉後，話題轉向了老公、小孩和靈感練習。

希拉先開口：「今早在跑步時我突然有個念頭：或許我該再生一個。」

吉娜瞄了我和瑪莎一眼說：「呃……你確定？」

希拉說：「當然不確定，但我真的很適合當媽媽，也很懂如何幫助孩子表現出色。大家都說要做就做自己擅長的事，對吧？」

我想起托瓦‧克萊因（Tovah Klein）博士的睿智話語，她是《如何讓幼兒欣欣向榮》（*How Toddlers Thrive*，暫譯）一書的作者。我為《公平遊戲》一書採訪她時，她表示：「不要把培養完美孩子當成自己的熱忱所在。因為如果你將自身定義完全架構在另一個人身上，絕對會感到匱乏。」

我回嘴：「你又不是只擅長這件事。」

話一說出口，我就後悔語氣中的憤慨意味，但拜託，我們這群朋友總是直言不諱，不知道討論過多少次發展家庭以外角色的優點？又一次，貝蒂·傅瑞丹（Betty Friedan）的女性主義呼聲又在腦中響起：「女人絕不能透過他人找到身分認同，不管是先生、小孩……」

　　我請貝蒂的前衛主張先安靜下來，小心翼翼補上一句：「我無意貶低當媽媽的意義，這是極大的自豪來源，但不能僅止於此。我們可以有多重身分。」

　　我不只是在對希拉這麼說，也是在提醒自己、提醒在座忙於工作、孩子和伴侶身分的各位。千謝萬謝，希拉沒有因此受到冒犯，不僅覺得沒什麼大不了，甚至還有點好奇。

　　「好吧，」她提問：「比方說什麼其他事呢？」

　　我發現這是很好的測試機會，看看希拉的動機價值觀可以如何將她引導至自己的其他面向，進而積極展開追尋之旅。我建議：「讓我們再討論一次這個議題吧。除了當個超棒的媽媽以外，還有哪些價值對你來說很重要？在座的各位都很重視關懷照護，毋庸置疑。但你自己還重視什麼呢？以我為例，因為我媽的關係，我從小就很重視正義議題，這就是我的動機價值觀，但或許你們有其他想法。講到對你來說獨一無二的價值觀，哪些價值觀最先浮現？」

　　希拉停了下來、盯著我看，滿臉疑惑：「聽起來很難回答耶。」

「我覺得我有答案！」吉娜一邊揮手一邊插話：「我可以提供一條線索嗎？」

「快說快說，」希拉鬆了一口氣。

「好，首先，」吉娜一邊說一邊比了比希拉的裝扮：「你是我認識最會打扮的女性。」

瑪莎微微點頭：「真的，你搭配平價服飾和高級時裝的本領都足以登上《Vogue》雜誌了。」

「謝啦。」希拉笑著說，臉上的表情既開心又謙虛。「但你們也知道，我都是在目標百貨買特價商品，然後借我女兒的衣服來穿。」

「說得好，」我稍微傾身向前，興奮道：「改造時尚是你的拿手好戲。改造服裝或家中餐廳對你來說易如反掌，因為……」我說到幾乎要從座位上跳了起來：「你最重視的就是美麗事物！你透過特殊的眼光在欣賞世界，因此你的服裝、居家環境、花園、雙手觸碰過的所有事物，才會看起來如此美麗。你有發現嗎？這項價值觀自然而然地影響著你的興趣。」

希拉歪著頭思考：「嗯，我明白你在說什麼了，但我要拿它做什麼？」

「你已經在做了啊，」我根本是用喊的：「快允許自己做得更多。」

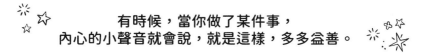

**有時候，當你做了某件事，
內心的小聲音就會說，就是這樣，多多益善。**

──雅各・諾德比（Jacob Nordby），《創意療法》（*The Creative Cure*，暫譯）

「有時我感覺已經迷失或遺忘了自己，」希拉在庭院午餐結束後單獨向我吐露心聲：「在當『妻子』和家長這麼多年後，我總是覺得連找出自己都很難了，更別提再次以創意方式表達自我。我們居然是自己把自己困在重重的框架下，太不可思議了。」她輕捏了一下我的手臂：「超感謝有朋友願意和我說真話，讓我記起自己是誰。」

朋友看我們往往更為透徹，因此不妨請他們提供回饋意見，或許能幫助你找出自己深信不疑、甚至從未察覺的價值觀，是如何引領著你的好奇心。為達此目的，下方測驗的靈感是來自提摩西・威爾森（Timothy Wilson），他是《佛洛伊德的近視眼：適應性潛意識如何影響我們的生活》一書的作者，其心理學相關研究建議，增進自我認識的內在與外在路徑有很多種，問問最了解你的朋友就是其中一種。

自我練習題

向觀眾提問

這項練習題取經自大受觀迎的益智節目《百萬富翁》（*Who Wants to be a Millionaire*）與威爾森的研究，是帶各位找回自己的救生索。找一群可靠的熟人（你的**觀眾**）或打電話給一位朋友也行，請他們提供真誠有愛的見解。

小訣竅！在挑選觀眾時，請找最為你著想且不會傷害你的朋友（就算是無心的也不行）。另外，最好也不要選太喜歡且崇拜你的朋友，因為他們的判斷與指示可能會受偶像濾鏡所影響，即便他們無意如此。如果腦中有任何微弱聲音在說，這些人還沒準備好大方給予意見，就表示他們不是適當人選。此外，不要和配偶或伴侶進行這項測驗（別擔心，第十一章就會換他們上場）。就算是立意最良善的伴侶都可能在無意間說錯話（我認為現在的你就是個好媽媽），或是用錯方式表達（我們剛認識的時候，你對什麼事都很好奇……），然後你可能在不知不覺間就開始感到心灰意冷、滿心怨懟、甚至直接屈服於現狀（這是最糟的情況）。

向你的**觀眾**提出下列問題，並請他們寫下答案，作答完畢前請勿討論。

- 當你想到現在的我與我的生活模式，你覺得激勵我前進的價值觀是什麼？
- 當你想到現在的我，或是在當朋友的這段期間內，你有沒有發現是什麼樣的好奇渴望／本領／才華／活動／環境，會讓我神采飛揚？
- 根據你為我挑選的價值觀，你會建議我多多去做哪三件事？
- 如果錢不是問題，你覺得我應該考慮允許自己多去從事什麼？

問完這些與你密切相關的問題後，就請對方提供回饋意見。有沒有任何描述讓你深感認同？或是引發新的好奇渴望？朋友給的答案有沒有讓你對接下來要追尋的目標有任何想法？他們有沒有提到任何關於自我認同的面向讓你想要重新找回或挖掘？

∘∘∘

做出創意承諾

許多機構組織會透過傳統的使命宣言來概述公司的價值觀與定義營運目標，而創意承諾就是翻轉版的使命宣言。從找出專屬於

你的獨角獸空間出發,這項測驗可以釐清你「想做的事」,然後帶你走向達成目標的正確道路。說到頭來,好奇渴望只是起點,交流互動是中途站,而達成目標才是終點。**創意承諾**也有助於你對自己負起責任,而且在日後需要修正方向時,還能當成參考藍圖。

我的創意承諾如下:

我叫伊芙·羅德斯基,我的動機價值觀分別是正義與公平、教育與終生學習,以及打造社群。從今天開始,我允許自己依照我的價值觀來經營人生。我允許價值觀成為我日常好奇渴望的指引,其中包括為允許自己去追求三職以外人生的女性打造專屬社群。我承諾會深入探索與追尋符合自身價值觀的活動與興趣,其中包括針對創造力這個主題採訪來自世界各地的人士,並據此打造相關社群。當我的價值觀與創意追尋合而為一,我就能找到專屬於我的獨角獸空間。

現在換你們了。各位可以寫在日記中,甚或是寫封電子郵件給朋友,總之就是以書面形式寫下創意承諾。(務必信守承諾!後續章節將會再三複習這項承諾,並以其為發展基礎。) 我叫＿＿＿＿＿＿＿＿＿＿＿,我的動機價值觀分別是

＿＿＿＿＿＿＿＿＿＿＿＿＿＿＿＿＿＿＿＿＿＿＿。

從今天開始,我允許自己依照我的價值觀來經營人生。我允

許價值觀成為我日常好奇渴望的指引，其中包括＿＿＿＿＿

＿＿＿＿＿＿＿＿＿＿＿＿＿＿＿＿＿＿＿＿＿＿＿＿＿＿。

我承諾會深入探索與追尋符合自身價值觀的活動與興趣。當我的價值觀與創意追尋合而為一，我就能找到專屬於我的獨角獸空間。

　　我們再次擴大了活出創意人生的定義：積極放膽追尋任何形式的自我表達，而且必須要能激起你的好奇渴望，並符合內心深處最重視的價值觀。緊接著就要來談談大家最常要求我進一步解釋的箇中差別了……。

工作可以是獨角獸空間嗎？

　　換句話說，如果你的價值觀是反映在有償工作上，那工作可以同時是「好奇渴望」嗎？最快找到答案的方式是問另一個問題：如果錢不是激勵因子，你還會選擇做這件事嗎？如果完全沒有財務報酬或外部讚美，你還會積極創造時間與空間去追尋它嗎？

　　如果答案是否定的，那麼只要是有支薪的任何事物，大概都不會是你的獨角獸空間。就算你的有償工作帶給你深切的滿足感，但金錢和外部肯定都是驅動因素，所以不太能算是百分之百

的獨角獸空間。

好，如果有償工作可以為你的人生帶來五級風暴般的熱情，而薪酬感覺比較像是額外的獎金支票，那就恭喜啦！「你的職業就是你的志業，」我十二歲的兒子扎克在高分拿下單字測驗後，驕傲地用這兩個字的差異玩起文字遊戲。然而，我還是認為再熱愛工作的人，還是需要培養其他的好奇渴望與興趣愛好，不然很可能會走向過勞（所以我才重拾舞蹈）。

我還在持續尋找更多積極培養自身好奇渴望的人，並在這個過程中偶然得知卡比爾‧賽加爾（Kabir Sehgal）這個人；二〇二〇年春季，他在臉書上創辦了每晚舉行的「隔離演唱會系列活動」（Quarantine Concert Series），由世界各地的音樂家跨刀演繹多元的音樂類型。我馬上深受此免費系列活動吸引，因為它在萬般艱困的時期散發出美麗的萬丈光芒。我出於好奇心想多認識這人一點，因此上網搜尋賽加爾並發現他在《哈佛商業評論》上寫的一篇文章〈為什麼你應該（至少）有兩個以上的職業〉（*Why You Should Have (at Least) Two Careers*，暫譯）。我發現賽加爾是名作曲家兼唱片製作人，他在臉書上的演奏會只是其作品的延伸活動，而且他白天還有份全職工作：企業策略師。履歷太驚人了吧！他在該篇文章中寫道：「最初啟發我成為製作人的動機不是錢，而是我對爵士樂和古典樂的熱愛。」我想辦法聯絡上他，後來我們在 Zoom 上進行的非正式談話中，他一派輕鬆地重申：「我

是不會為了錢去〔製作專輯〕，因為音樂本身會永恆流傳，對我來說這樣的回報便已足矣。」

我想要驗證我的理論，也就是價值觀可以指引我們找出內心深處的好奇渴望。我問賽加爾是否願意知無不言，他點頭答應。

我問：「你的首要價值觀是什麼？」他興奮答道：「我的價值觀包括與人交流互動和為創意提供支持。在疫情隔離期間，我開始好奇我們可以遠端創作出什麼樣的音樂，而且我知道有許多才華洋溢的音樂家失去了工作，所以我心想，何不創造一些讓眾人在家也能欣賞的美好事物？」

我同意，不是每個人都像賽加爾一樣有本錢或資源去展開第二職涯，而他也承認這點，但他同時強調，所有人都能擁有好奇之心。他表示：「只要跟隨自己的好奇渴望，就能將熱情注入正在從事的活動當中，進而使自己感到更加充實富足。」

獨角獸空間與財務優勢

諷刺的是，我發現在我的採訪對象當中，如果是屬於比較有財務優勢的受訪者，通常更難以發揮創造力，反而是資源較少的一般人更容易在生活中找到專屬於自己的獨角獸空間。

馬克・巴穆蒂・約瑟夫（Marc Bamuthi Joseph）是口語表演藝術家與甘迺迪表演藝術中心（The Kennedy Center）社會影響力企畫的藝術總監，他對此現象的解釋如下：「金錢常常被視為唯一的資本，因此對於沒有太多財富或傳統資本形式的群體，我們反而會不小心忽略他們的創意資本力量。」

【個案探討】
全新人生篇章

　　某天晚上，卡翠娜・梅迪那（Katrina Medina）正在給二歲的兒子講故事，她先生路過便停下了腳步，站在臥室的門口仔細聆聽，臉上表情又是開心、又好似有所頓悟、突然想到什麼好點子。

　　卡翠娜故事講到一半停了下來：「幹麻？你為什麼那樣看著我？」

　　他微笑說道：「我突然有個想法，你應該去錄有聲書。」

　　卡翠娜大笑：「也太突然了吧，為什麼你會這樣說？」

　　「不知道，就是看你講故事的樣子突然閃過這個念頭。你不是照本宣科在念字，而是在講述故事，聲音還很美妙。」他補充。

　　卡翠娜很喜歡先生的讚美，而且他說得沒錯，她一直以來都

很熱愛講故事，又很有天賦，絕對不只是有點喜歡而已，她對我說：「和兒子抱在一起講故事是我一天中最喜愛的時光，但是」她緩聲說道：「我已經是山姆會員商店（Sam's Club）收銀部的正職員工了，而且我根本不知道讀有聲書要做的第一步是什麼。」

然而，老公的話還是讓她有了其他想法。卡翠娜的好奇心油然而生：「我開始觀察書架上所有的書，想著自己有多喜歡學習新知和講故事，以及好像置身在故事當中的感覺。我心想，或許我應該花點時間研究這個主意。」

她承認：「一開始還是有點猶豫，但我找到一台清倉價的便宜麥克風，又和先生借了筆電。我在作家和旁白家專用的網站上創設了個人檔案，然後就直接上了。我錄了一小段《公主不用乖》（*Princesses Behaving Badly*，暫譯）的試聽音檔。」她邊笑邊說：「老實說不太完美，音質也差強人意。」但卡翠娜決定賭一把，按下了上傳鍵。

結果不到一個星期，就有人聯絡她去試鏡，她嚇傻了。沒多久她就拿到了第一份付費合約。「我完全不敢置信。收到電子郵件通知問我要不要簽約時，我心跳真的漏了一拍。我心想，就算這條路最後行不通，我還是有在這條路上留下了印記，證明我真的做到了！」

錄了超過四十本的有聲書後，而且幾乎都是在兒子睡著後的夜晚錄的，卡翠娜終於有了足夠的自信辭去山姆會員商店的工

作，投入全副心力去追尋錄音事業。為了慶祝這項決定，她在身上紋了這句話：讀書對這個女人來說跟呼吸空氣一般自然（She reads books as one would breathe air）。

卡翠娜笑說：「我辭職時我媽嚇壞了，知道我紋身後更是氣炸了。她對我說：『但是卡翠娜，如果你之後不做這個了怎麼辦？』我跟她說：『媽，沒關係啊，我的聲音已經在世界上流傳開來了，沒有人能拿得走。』」

當我問卡翠娜，聽從老公的直覺是否值得，她毫不遲疑地說：「我想大概是無法賺大錢，但至少很開心。」

永遠不會太遲

我和心理學教授肯農‧薛爾頓博士分享了卡翠娜的故事，他再次重申：「當你活得朝氣蓬勃、充滿創意，而且是以最符合自身獨特潛能的方式在好好生活，幸福感自然會伴隨而來。千萬不要把幸福感當成終極目標，反而應該去追求能夠實踐自身價值觀的事物，而且對個人而言要具有意義且能帶來滿足感。判斷自己是否成功的唯一標準就是你快不快樂。」

我真的很喜歡卡翠娜展開新職涯（而且剛好是她的獨角獸空間，這是有可能發生的事！）的心路歷程，原因是她不僅允許自

己去追尋心中的好奇渴望，更是找到重新來過的勇氣、根據自己的動機價值觀去重新發想全新的自我身分認同。在這個過程中，她寫下了關於自己的全新故事：我是媽媽、伴侶、旁白家兼說書人，而且我想和全世界分享我獨一無二的聲音。何等的帥氣又豪邁！播客節目「找到平衡的職場媽媽」（Balanced Working Mama）的主持人安伯・桑頓博士表示：「這就是我說的活出所有面向最完整的自己。」

在現今文化下，女性想要偏離傳統角色、開拓三職以外的可能性，以及追循自身的突發奇想、使命召喚或是好奇渴望（像是在小孩睡著後，用清倉拍賣價買的麥克風，努力成為說書人），依然會帶來極大爭議。各位女性同胞：我們的成就不用侷限在傳統角色之中。我們可以有不同的面向，可以用任何方式去定義自己，可以是創業家兼藝術家、家長兼表演者、會計師兼運動員。瑪希・艾波赫（Marci Alboher）是「Encore.org」組織的副總裁與《一個人、多重職業：全新的工作與生活成功模式》（*One Person/ Multiple Careers: A New Model for Work/Life Success*，暫譯）一書的作者，她發現擁有充實人生的強者都有「斜槓事業」。舉例來說，不要認定自己是消防員或廚師或媽媽或攝影師，而是要將自己定義為消防員／廚師或是媽媽／攝影師，如此一來才能整合自己的多項熱忱、才華與興趣，活出盡情揮灑的快意人生。

「學習新鮮事永遠不嫌晚，」麗莎在領英上如此寫道，她是名

加州的監察律師，同時也是我的同事。「我從四十四歲開始學畫水彩，有天會變得很厲害嗎？誰知道？我就是喜歡畫畫，也想要多學點，超過一半以上的時間，我的畫作看起來絲毫不像我想畫的東西，也常常把顏料混成髒ㄅㄅ的顏色。沒辦法達到自己想要的成果不會很挫折嗎？當然會，但我一直都有進步。而且如果我沒在四十四歲開始學畫水彩，只因為覺得自己太老了，現在會怎樣？一樣會是四十六歲，卻仍然對水彩畫一無所知。我後來終於發現，做任何事不是為了變得厲害，單純只是為了想做而做。」

「從小就有人說我不適合走藝術這條路，」我朋友莎拉·萊西（Sarah Lacy）也回應道，她是職場媽媽線上社群平台「主席媽媽」（Chairman Mom）的創辦人。「或許是因為這不是我在家族中應扮演的角色，又或許是我有更多其他興趣值得栽培，總之腦中就是永遠有個聲音在說：我不是藝術家。而我到四十五歲前一直深信不疑！我最近訂購了每月定期郵寄的素描組和水彩工具箱，然後每次都很興奮地叫家人欣賞我的作品。我兒子說：『我覺得爸爸都沒辦法畫得這麼好。』他爸可是有藝術創作碩士學位的專家！我很好奇自己身上還藏了多少這輩子尚未被挖掘出來的才華！」

麗莎和莎拉都在探索自己對水彩和色彩的好奇渴望，但我要再次強調，不一定要是藝術愛好者才能擁有創意滿點的人生。還記得嗎？我朋友布倫南將心智遊走體驗應用在醫療領域一事，當成他的獨角獸空間。專屬於你的創造力版本是全然不受限的，因

此你要捫心自問：我心中還有什麼尚未探索的好奇渴望與天賦才華？不僅如此，我是如何對自己講述自身能力的故事……那很可能全都是錯的？我可以丟掉哪些與我有關的老掉牙故事，並創造出刺激有趣的全新故事呢？

不論處於人生的任何階段、年紀或篇章，請允許自己改編、有時甚至是完全重寫自身故事。

如果要說誰最懂得揭過當前這頁、翻開全新人生篇章，那就非小勞勃·瓊斯（Robert Jones Jr.）莫屬了，他在五十歲寫出令眾人眼睛為之一亮的小說《預言》（*The Prophets*，暫譯），何況這還是他的處女作。剛好我們是同個出版商，所以我想辦法找到他進行採訪，有機會占用他二十分鐘的時間真是太榮幸了。當我問他是如何讓陳年老調脫胎換骨、創作出全新劇情，他說：「我以為我已經『錯過時機』了，畢章年輕時我想過自己在多少歲時就會怎樣怎樣與應該怎樣怎樣，我腦中有套理想進程，而且長久以來都在對自己述說錯誤的故事，也就是成就高低取決於你多年輕就達成目標。如果你也因為人生沒有完全依照自己規畫的方式或順序發展，而感到丟臉或害怕，我要告訴各位，現在還不會太遲。」

瓊斯的誠實告白讓我感同身受。我在四十歲開始闖蕩新事業，當時我其實害怕得不得了。我很擔心現在去追尋如此遙不可及的目標已經太遲了，但就像我同事麗莎的觀察，如果我沒有勇敢從法律界跳到出版界，就不可能在四十四歲時開始寫獨角獸空間主題的書。就像卡翠娜・梅迪那說的那樣，無論發生什麼事，已達成的目標沒人能奪走。

　　瓊斯繼續說：「我的親身經歷證明，屬於你的目標和使命一直都在等你，而且它們完全不介意你要花多少時間才會發現它們的存在；它們只希望你不要放棄。它們極度渴望與你相遇，張開雙臂歡迎你的到來……對你、對你選擇的路、你犯下的錯、你一路上的跌跌撞撞、你的步伐或是旅程，它們沒有任何批判。」

　　如果把獨角獸空間當成期待與你相遇的對象，會是何種光景？再也沒有所謂「太遲」的問題，只要你翻開下一頁，它們隨時等著你、無怨無悔。如果你想要繼續旅程、穿越好奇渴望的國度，請勇敢挺身而出、消滅那隻年邁的惡龍，才能夠相信自己可以突破固有角色，並開始或重新探索那個面向的你，然後點燃火焰、加速前進。請以現在的人生階段或年紀為出發點，致力於向前邁進。翻過眼前的人生篇章，勇敢開創全新故事，重新定義自己的性格特質，並將自己最重視的事當成行動典範。想要活出所有面向的自己，最佳時間點難道不就是當下？

Permission Slip

我允許自己大口呼吸／好好生活／
甦醒過來／重新開始。

——簽署者：我自己

第八章

設定目標

你的創意雄心是否足夠大膽無畏？

【個案探討】
好派女士

現在你知道自己「想做的事」，也開始透過創意承諾去追尋自身的好奇渴望，接下來打算做到什麼程度呢？這就是史蒂芬妮‧霍克史密斯（Stephanie Hockersmith）問自己的問題。史蒂芬妮是家庭主婦，家中有二個年幼兒子，她先生杜恩（Duane）是家電氣公司的專案經理。她同時也是麩質不耐症患者（吃到麩質時會產生過敏反應，每一百人就有一人有此問題）。我們是在我最後一場巡迴簽書會上認識的，會後我又和她討論了一下創造力的主題，因為根據我對史蒂芬妮的認識，她是追尋自身好奇渴望的模範榜樣，以創意十足的方式結合了她的眾多興趣，然後創造出與眾不

同的獨角獸空間，讓她得以和全世界分享她的獨特才華。

我問史蒂芬妮能否回想一下，說說她是如何追尋自身的好奇渴望，並將之轉換成明確目標。她想了一下：「嗯……我當時對家庭生活中無窮無盡的工作與以及窮於應付的健康問題，真心感到厭煩無比。我對自己與人生充滿了懷疑，強烈感覺到自己需要更多的什麼。」

身為甜點愛好者和自學烘焙師，她開始對無麩質烘焙感到好奇。「一開始我只是研究不同的麵粉替代品、混搭各種不同口味。說真的，純粹是抱著好玩的心態。」在經過無數次的試做試吃後，史蒂芬妮將重心轉到了烤派。實驗了一陣子後，「我發現我可以製作出無麩質的派皮糕點，而且跟『一般』的派一樣美味。」

她的試吃員也給予熱烈肯定。「我先生杜恩和二個男孩都很愛這些成品！」他們是史蒂芬妮最大的支持者和粉絲。杜恩催她去報名一場當地的烤派比賽。因為很多甜點史蒂芬妮都不能吃，所以她很喜歡這個主意，希望可以為和她一樣深受麩質不耐症之苦的民眾提供美味的替代品。她決定聽從先生的提議、採取行動……但加上一點小小的轉折。

史蒂芬妮狡點地說：「我用我的無麩質派參賽，和那些一般的派競爭，但沒有告訴裁判這件事。」

「結果他們的反應是什麼？」我問道，很想知道史蒂芬妮的無麩質替代品有沒有從眾多作品中勝出。

「總共有超過五十個派參加這場地方比賽，我拿下了第一名！大會宣布冠軍時叫到了我的名字，我感覺自己像要靈魂出竅一般。我看著眼前的人群，想要找到我老公杜恩，他臉上的表情令我永生難忘，那是由衷地替我感到開心。」

次年，史蒂芬妮參加了另一場無麩質派皮糕點比賽，然後又再次勝出。連兩次大獲全勝，她受到了莫大鼓舞，因此做了更多嘗試來增加生活中的甜蜜滋味。她笑道：「身為全職家庭主婦，我的廚房總是一團亂，還有小孩跑來跑去，閱讀和烘焙是唯二能讓我保持理智的事。」正因如此，史蒂芬妮結合了她的兩大愛好、創造出全新作品：以她最愛的書籍為主題，製作出美味且無麩質的派皮糕點。「簡言之，我開始『烘焙』出自己最愛的那些書，因為我相信美食和好書可以凝聚人心。」（備註：史蒂芬妮的前三大價值觀包括交流互動。）受到她在讀書會讀的一本小說的啟發，史蒂芬妮設定了全新目標：創造一道食譜並設計出與該書封面相配的造型。

「我從不認為自己是『有藝術天分』的人，但我還是放手去試了。杜恩和兒子也給我莫大的鼓勵，聽到他們說：『媽媽，你的作品真美』，我心中充滿了渴望已久的個人成就感。他們替我感到驕傲，而或許更重要的是，我也替自己感到自豪。」

史蒂芬妮有止步於此嗎？當然沒有，她進一步提升自我，設定了更加可口大膽的全新目標。她創設了自己的 Instagram 帳號

「@pieladybooks」，和大家分享她對書籍和派皮糕點的熱愛，沒多久就獲得各作家、出版商、圖書館和愛書人士與烘焙師的追蹤。

「我又再次被大家的熱烈回應嚇到了，」自從她重現了艾米・哈蒙（Amy Harmon）《最微小的部分》（*The Smallest Part*，暫譯）的封面後，就持續設計不同的派皮糕點，上頭裝飾著她最愛的格言，像是「皮拉堤斯？我的天，才不要，我以為你是說『派和拿鐵 10』」，還有像是奧斯丁・錢寧・布朗（Austin Channing Brown）《我仍然在這》（*I'm Still Here*，暫譯）這類的書名。

最近和她聊天時，我們一起對她上《早安美國》（Good Morning America）一事大呼小叫了一番。天啊，這個女人勢不可擋！她不斷設定愈來愈高的標準，好讓自己永遠處於積極放膽追尋的狀態。

她表示：「創作的過程實在太有成就感了，創作本身讓我興奮不已，就像呼吸般自然！我只想不斷繼續前進。」

就像呼吸般自然。還記得凱特・梅帝娜也是將自己的獨角獸空間比喻成呼吸空氣嗎？美樂蒂則是形容自己重新找回了生命力？各位有注意到其中的共通點嗎？

---

10 譯註：皮拉堤斯的英文是「Pilates」，拆開來看就像派和拿鐵的英文「Pie and Lattes」。

創意混編

找出以價值觀為依歸的好奇渴望(「想做的事」)後,就盡量跟隨著自己的想像力,有多遠走多遠,不要排除任何可能性。真的,一絲一毫都不要。信念可以超越任何可能性的限制、無需講求邏輯。志向要遠大、行動要大膽。在商業管理和領導能力的領域中,詹姆‧柯林斯(Jim Collins)因提出「BHAG」架構而聞名(讀音是〔bee-hog〕,為「Big Hairy Audacious Goal」四個英文字的首字母縮寫詞,意即大膽宏偉的目標),他同時是研究學者、顧問以及暢銷書《基業長青》的共同作者。他指出,最成功的公司與組織不只會設定目標,更會放眼膽大包天、令人躍躍欲試的遠大挑戰,像是飛向月球、解開世界的知識之謎。如果你也在思考如何展開自己的心靈與空間探險之旅,不妨從艾比蓋爾‧艾吉克里夫-強森(Abigail Edgecliffe-Johnson)的故事汲取靈感吧!她追隨自己對糖食的好奇心,然後往完全意想不到的方向走去。她自稱是「糖食機器人學家」(confectionary roboticist)兼「快樂工作師」(engineer of joy),專門製作能玩又能吃的互動式蛋糕。

艾比蓋爾在大學讀的是醫療人類學(Medical anthropology),然後花了整整十年的時間以研究生的身分做研究,並取得人類學與社會經濟學的博士學位。但在第二個孩子出生後,艾比蓋爾開

始思考一個問題：「好啦，我現在要做什麼？」

　　已學術過勞的她，決定成立一間新創玩具公司，但就跟許多其他小型生意一樣，沒能撐過疫情期間。在經歷了創業失敗後，她不確定下一步要怎麼做，並在某次通話時和我說：「我發現我一路走來的共通點是一直都在烤蛋糕，這是我喜歡做的事，從我大到可以開烤箱、不會掉進去時就開始了，就算沒有外在回饋也持續在烤。我這輩子都在擺弄、打造與製作各種奇奇怪怪的東西。長大後，製作精美蛋糕也一直都是我的創意出口。」

　　於是，艾比蓋爾拿出她所有剩餘的玩具馬達，開始專心投入她至始至終的真愛。「起點是我六歲女兒的生日蛋糕，她想要太空主題，所以我決定做一個可以呈現整個太陽系的蛋糕，中間用旋轉燈球的馬達，讓所有星球可以繞著蛋糕轉。後來還為兒子做了《星際大戰》中的死星（Death Star），旁邊還有 X 翼戰機繞著它飛。然後又做了《當個創世神》（Minecraft）主題蛋糕，上頭有隻龍、尾巴甩來甩去，還會有藍紫色的彩糖噴灑出來；另一個是「爆炸貓咪」（Exploding Kittens）蛋糕，貓咪不只眼睛會發亮，還會從頭頂噴出彩糖。怎麼說呢？我從此欲罷不能，加上愈來愈多的動作、爆炸以及互動效果。每做一顆蛋糕，都是在挑戰自我：我要怎麼把蛋糕做得更奇異？更棒？更好玩、更瘋狂？

　　思考一下你的目標。你想要在專屬於你的獨角獸空間創造出什麼？如果你已經知道自己想要攀登聖母峰，那就趕快繫好登山

靴、馬上出發。但如果你還不確定自己「想做的事」可以發展到什麼程度，或許可以透過創意混編來小試身手。這個做法可以幫助你重新發想過去的目標，或是將自己不同的愛好混編在一起，創造出截然不同的作品。想想看，你可以如何參考史蒂芬妮和艾比蓋爾的經歷，混編自己的各種興趣、創造出大膽宏偉的目標。熱愛烘焙＋熱愛書籍＝好派小姐食譜（史蒂芬妮）。熱愛烘焙＋熱愛打造奇怪瘋狂的小東西＝糖食機器人學家（艾比蓋爾）。如果把烘焙當成隱喻再更進一步延伸，你會如何混合自己最愛的幾個口味，然後製作出前所未見的麵糊呢？

柔依（Zoe）是我多年的朋友與獨角夥伴，我們一起出門散步時她說：「我已經想了幾個自己最愛的興趣喜好與新的好奇渴望，也一直在思考我可以如何將它們重混進我的獨角獸空間；我熱愛重播的《慾望城市》、最愛擴充我的香料櫃、喜歡出國旅行以及蒐羅古董。你有什麼好主意嗎？」

我笑了笑說：「嗯⋯⋯讓我想想，回頭再跟你討論。」

在思考柔依的創意混編時，我還採訪了另外二位「創意家」，他們也運用了類似的目標設定練習。

莎里・阿佐特（Sari Azout）的使命是將更多創意帶入科技和商業中，並鼓勵創新企業也使用同樣的創意混編技巧。我透過 Zoom 和莎里聊天，待在邁阿密家中的她說：「我鼓勵大家進行關聯性跳躍思考，將先前毫無關係的概念做出聯想與連結，看可不

可以運用在〔新事物〕上。」她的最新企畫「Startupy.world」是以社群為基石的人脈網，專門提供新創相關知識，正是專為成就創意混編而生。

「這項企畫可以幫助使用者深入探究某個概念的背景知識，比方說你對學習領域的未來發展很感興趣，進而引導你想要進一步了解未來的工作領域，接著你開始認識大家在太空中打造的東西，最後你發現，居然跟嵌入式遊戲有關，因為我們都知道，未來的一切事物都將遊戲化。創造力的本質就是組合變化，重點在於混編不同的奇思妙想。」

「你用的這個詞很有趣：創意混編，因為這個字對我而言意義非凡，」賈斯汀娜・布萊克尼（Justina Blakeney）如此說道，她是一位太太、母親、設計師以及「Jungalow」居家裝潢品牌背後的創意原動力。我曾在文章上讀到布萊克尼是如何將文化和色彩混入她的設計，於是我主動聯絡、想跟她聊聊，希望她和我分享一些故事。

她住在洛杉磯，家中充滿兼容並蓄的風格，她說：「這個創意流程是我所有創作的核心精神。受到我的文化遺產和家族的多重影響，再加上我的旅行經驗與人生中認識的所有人。我把這些經驗全部混合在一起，然後再經過創意混編，最後透過藝術和設計展現出來，希望可以體現出我所屬的社群想像。」

自我練習題

第一部分：你的創意混編是什麼？

一、簡單寫下自己的幾個好奇心、興趣與影響力，不管是過去或現在的都行。不要想得太複雜，寫就對了，可以是以任何方式觸動或感動你的人物、地點、傳統、體驗，彼此間不需有任何關聯。

_____

_____。

二、現在開始混合這些想法，你可以找到其中的連結嗎？或是彼此間的關聯？還是可以在看似不相關的興趣之間進行跳躍式創意思考、創造出全新事物？如果把自身願景放得更大、更狂野、甚至是更奇特，你的獨家麵糊中會加入什麼呢？你能用人生中的所有材料創造出什麼樣的作品呢？

_____

_____

_____。

如果你的**麵糊**看起來仍然只是一坨不明物體，不妨將它靜置一段時間、稍微發酵一下，過陣子再回頭查看。阿佐特表示：「對我來說，創意〔目標設定〕指的是要積極找出時間反思，而且絕對沒有捷徑可抄。」她說的沒錯！允許自己設立時間與空間界線，一起來進行這項反思練習吧。

○○

　　在允許目標慢慢成形的同時，請來趟回到未來之旅吧。也就是說，請開始編寫你希望對未來的自己述說的故事。班傑明・哈迪（Benjamin Hardy）博士在《我的性格，我決定：更有自信、更高 EQ、打造理想人生的性格養成計畫》一書中寫道，如果腦海中對自己的未來沒有清楚的樣貌，就很難（甚至是不可能）向前邁進。他大膽斷言：「你需要的不只是目標，更是未來的身分認同。」

　　花點時間進行更深層的反思。你或許需要創造更多時間和空間來做這項未來投射練習。閉上雙眼、想像未來的自己，從現在起的六個月、一年、五年，你看到了什麼？或是更精確地說，你想要看到什麼樣的自己？以及你希望自己身處何處？有明確的目的地嗎？想清楚自己未來的身分認同了嗎？以下提供幾個範例，都是取自我的採訪對象對「我在我未來獨角獸空間的樣貌」一題

所做的回應：

- 「我的書賣的比《愛之語》更好！」
- 「我在溫哥華的舞台上發表 TED 演說。」
- 「我走在聖地牙哥國際漫畫展（Comic Con）的會場中，很多人都打扮成我畫的角色。」
- 「我正在執導一齣關於更年期的舞台劇，而且超級好笑！」
- 「我要把人送上月球。」（騙你的！這是約翰・甘迺迪的夢想，不是我的受訪者啦。）
- 「我是一場獨角獸空間大會的司儀，大會規模比消費性電子展還大，所有獨角夥伴都有自己的展覽攤位；在中場休息時間，我會和 Shige-boh 一起設計一套舞蹈，帶領一百位女性在台上跳舞，讚頌充滿創意的自我表達，沒有任何罪惡感與愧疚感。」（這是我的。）

換你了。以哈迪的話為線索，練習把注意力放在自己的好奇心和創造力之上，想像它們在未來數日、數月、數年間，可以引導你前進的方向。為未來的自己設定目標，並將它們化為文字寫下來吧。

自我練習題

第二部分：你未來的創意混編是什麼？

當你混合自己過去與未來的所有好奇渴望、興趣愛好與所受影響，然後再把它們投放到未來，想想你的麵糊中加入了哪些材料？未來又能做出什麼樣的成品呢？

如果你的麵團還是鬆垮垮、軟巴巴的，不妨試試即興表演者常用的一項小技巧吧，有助於發揮「對，然後……」的力量、想像出不可能之事。我朋友亞歷克斯・傑默（Alexis Jemal）是位社工，擁有法學與社工雙博士學位，與臨床社工師證照，而她的獨角獸空間則是透過述說故事來探索種族歧視與社會文化隔閡。她鼓勵學生透過這項廣受歡迎的練習技巧，「放膽想像」人生中的全新可能。思考一下，眼前人生中哪些不可能之事，未來有一天將會成為可能。請使用下列提示句：

請填空：對，〔我是＿＿＿＿＿＿＿＿＿＿＿＿＿＿＿＿＿〕，
而且〔我可以＿＿＿＿＿＿＿＿＿＿＿＿＿＿＿＿＿〕。

以設定創意目標為題去做這項「未來創意混編」練習，我的答案如下：

　　對，我是伊芙・羅德斯基，我是名律師、作家、母親、女兒、妻子、姐妹，而且我正在打造創意女性的社群，這些人不再感到自己快要溺斃，而是能夠（和我與 Shige-boh 一起站上台）在雨中翩翩起舞。

　　班傑明・哈迪也運用了類似原則，並建議各位以現在式寫下未來目標。比方說，不要說「我可以」或「我將會」成為獨角獸空間大會的司儀，而是要說「我是獨角獸空間大會的司儀」。他表示，用現在式陳述或寫下自己的目標，「能夠強調你正在成為自己想成為的那個人，進而讓自己知道要做什麼，以及最終要成為誰。」

　　所以你想成為什麼樣的人？想像自己即將成為什麼樣的人，可以為真實的自我預留空間、大步向前。而忠於自我就是其中決定性的差異，也是下一節要討論的主題：設定忠於自我的目標。各位要知道，並非所有目標都同等重要，尤其是不屬於大膽宏偉的那些目標都不在討論之列。

目標確認：
你的目標正確嗎？

我朋友梅根（Meghan）為了養兒育女、打造富足家庭與居家生活，選擇離開商場。幾年前採訪她時，她勇敢承認：「就跟物理學所說的一樣，靜者恆靜、動者恆動，而我不再覺得自己有在移動，比較像是靜止不動的物體。我先前的目標是在公司一步步往上爬、賺錢養家，現在我已完成了所有目標，接下來呢？我連自己要往哪個方向前進都不知道，要如何重新動起來？」

梅根是名史詩級的偉大媽媽、無微不至的伴侶以及我所知最聰慧的女性。聽到她說自己缺乏動力，讓我震驚不已，明明她已擁有如此多的成就，而且依然有能力發揮創造力。我向她建議，她曾有過的那些目標都可以交叉混編，因為她、她的家人與她的需求都會不斷變動，因此想要新鮮多變的事物再正常不過了！

當你朝向你為自己想像的大膽未來前進，別忘了進行目標確認。問問自己：目前我正在努力達成的目標，對人生現階段的我來說是正確的選擇嗎？如果覺得這個問題聽起來不好回答，這是因為答案藏在另一個問題之中：驅使你前進的動機是什麼？

和她聊完沒多久，與別人的另一場對話徹底改變了我看待動機的方式；兩相對照之下，梅根的故事特別令人感到酸楚。這場對話完全不在預料之內，當時我在瑞士的達佛斯（Davos）參加世

界經濟論壇（World Economic Forum），就在我的第一本書《公平遊戲》出版後不久。其中一場小組討論的主題是鼓勵領導者在制訂公司政策時更加看重關懷，而在大家的熱烈討論結束後，我花了一點時間跟著茱莉安・哈克（Julianne Hough）一起隨音樂起舞；她目前流行文化界最知名的舞者，也是《與明星共舞》（Dancing with the Stars）的節目名人。當時她在會場有場名為「KINRGY」的活動，現場示範何謂嶄露真我的健身方法，我是臨時起意去參加的；三十分鐘後我已滿頭大汗，梳洗一下便別好名牌回到會議現場，這時我在人來人往的樓梯上巧遇了茱莉安。我們剛好都準備要去參加一場名字取得超棒的活動：「女性商數平等休息室」（Female Quotient Equality Lounge）（是不是超酷的？），於是我放膽藉機向她自我介紹。幾個月後，我便在 Zoom 上採訪她了。茱莉安才不過三十初頭，便有如此高的成就，我想知道從舞者變成歌手、又變成演員，然後成為健康倡議家與創業家的她，是從何找出這些看似無窮無盡的精力。我問她：「鞭策你前進的動機是什麼？」

她熱切回道：「你知道的，我做過許多了不起的事，包括在十九歲成為歌手、二十一歲演出第一場電影，出過一張排名第一的專輯。我拼命督促自己去達成這些事，然後有天發現居然全都達標了，而我感到精疲力盡，身體像被掏空了一般。」

這故事聽起來好耳熟。茱莉安的傷感發言讓我想起朋友梅根

的經歷，這兩位女性都在重新思考當初為自己設定且已達到的目標……顯然不再足以成為她們的力量來源。

「什麼事改變了妳？」我問茱莉安。我在達佛斯親眼見識過她的舞蹈，一拍不漏、瘋狂又美麗的舞步。這位女性肯定還有更多的能量（與靈活彈性）！會不會是她發現了秘密的靈感泉源？我們是否能從中學習一二？結果她的答案跟神奇一點也扯不上邊……不過卻證實了我的成長理論，也就是好奇渴望和價值觀必須要能提供我們前進的動機，而且還要是為了正確的理由。

她經過深思後說道：「我發現動機有分成推力和拉力兩種。長久以來，我一直是個推動者，我的動機就是『受到鼓舞而前進』，不斷地衝衝衝。然而，當你已疲憊不堪時，要如何持續擁有前進的動力？」

以心理學專有名詞來說，茱莉安說的就是內在動機與外在動機的差別。索妮亞・柳波莫斯基（Sonja Lyubomirsky）博士是心理學教授，同時也是《這一生的幸福計畫：快樂也可以被管理，正向心理學權威讓你生活更快樂的十二個提案》一書的作者，她在書中寫道：「內在目標是指追尋時會讓你感受到本質上的滿足與深刻的意義……〔而且〕除了你自己以外，沒有人會因此給你獎勵或逼你努力。反之，外在目標比較像是反映出他人對你的肯定或要求，比方說為了膚淺原因去追求的目標，像是賺錢……獲得權力或名聲，以及受人操縱或有同儕壓力等等。」換句話說，你

跳舞是因為會讓身心靈感到舒暢？還是因為想在抖音上獲得更多的追蹤人數？

柳波莫斯基表示：「人們通常將外在目標作為達到目的的一種手段，例如努力工作好獲得酬賞（比如財富或社會認可），或避免受到懲罰（比如感到羞恥或失去收入）。」柳波莫斯基強調，雖然擁有外在目標本質上並沒有錯，但「很可能會阻擋我們去追尋真正長遠幸福的機會。」

和我談過話的不少女性吐露了自己在達成外在目標後的失落感。我朋友梅根如此說道：「我做了所有該做的事，也就是我們的文化認為我們『應該』做的事，以及大家說會讓我們感到幸福無比的所有事情：結婚、有兩個以上的孩子、搬到好社區與好學區，但我還是不快樂。說這種話讓我滿心愧疚，因為我已經擁有了如此多美好的事物，但還是覺得缺少了什麼。」

這就是失去自我恐懼症！

大膽宏偉且忠於自我的目標（BHAAG）

結果我發現，設定目標時想得再遠大、再特異、再極端，或是把它們混合創作，甚至是把未來都考量進去，依然還是有所欠缺。就我和如此多人談過獨角獸空間的經歷來看，我發現大膽宏

偉的目標（BHAG）還是缺了一點什麼，而缺少的那塊就是忠於自我（Authentic）。當你擁有「BHAAG」目標（讀音是〔bee-hog〕，為「Big Hairy Audacious, Authentic Goal」五個英文字的首字母縮寫詞，意即大膽宏偉且忠於自我的目標，就像瑞典宜家家居〔IKEA〕傢俱的零件一樣，缺一不可），才會產生內在動機去達成目標。

忠於自我的目標是深植於自身堅信不疑的興趣與核心價值（記得嗎？確立價值觀是關鍵！），而且不受我們對社會認同的渴望所驅使，也不是為了獲得好處，或是想要符合雙親、同儕、伴侶或其他同領域專業人士的期待。

在探討目標設定和自主權的一項研究中，柳波莫斯基表示：「我們在追尋可以自主決定的目標時，會更開心、更健康且更努力，這是理所當然的事……」辨識出忠於自我的目標靠的是些許的自我覺察能力和情緒智商，她繼續說道：「但如果你清楚知道自己的指引價值觀，並熟知自己的偏好與渴望，只要你和〔目標〕配對成功，你絕對會即刻察覺。」

回到茉莉安身上。各位猜的到是哪項價值觀激勵她繼續前進嗎？她表示：「我的首要價值觀就是發揮創意！」注意，她說的是「發揮創意」，而不是「創意」。她講的是動詞，不是名詞。完全可以理解。雪莉·卡爾森（Shelley Carson）是《創意大腦：簡單七步驟，為人生帶來最大化的想像力、生產力與創新能力》（*Your*

Creative Brain: Seven Steps to Maximize Imagination, Productivity, and Innovation in Your Life，暫譯）一書的作者，她發現最具創意的人在做事時一般都有強烈的內在動機。卡爾森表示：「不僅如此，這些人更會好好規畫生活，為的是可以從事更多能獲得內在獎勵的工作。」

茉莉安熱情洋溢地接著說：「我的新目標是幫助其他人得以自由創作、逐夢、表達自我……而且我這輩子第一次如此清楚自己要做什麼，因為〔我的目標〕是發自內心，而不是來自外在期待，我感受到一股引導著我的拉力，而且有源源不絕的精力與能量湧出，讓我得以從更加真切實在、無比忠於自我的出發點去發揮創意。」

你是被外在期望推著走？
還是由忠於自我的目標引導著你前進？

隨堂測驗

荒島測驗

要如何知道自己的目標忠於自我且符合自身價值觀？捫心自問：一個人在荒島上時，我還會一心追尋此事嗎？

請想像以下畫面：你獲得一項獎勵，可以收拾行囊、遠離眼前的紛紛擾擾一整年。你將搬到一個遙遠的美麗小島上，吃住都不用煩惱，而且有不限速的無線網路與當地資源可以使用。喔，我有沒有提到？在長期假間你仍保有原本的工作和薪水，而且家人在家也過得高枕無憂。（就像是《我要活下去》（*Survivor*）節目一樣，只不過天氣超好，還有可以獨享的美食。這是幻想出來的情境，請投入點。）在這樣理想的環境和最佳條件下，你會把時間拿來做什麼？什麼活動可以引導著你前進？

我在荒島上的目標是（建造、學習、玩耍、設計、創作、寫作、唱歌、製造、探索、發現……）：＿＿＿＿＿＿＿＿

＿＿＿＿＿＿＿＿＿＿＿＿＿＿＿＿＿＿＿＿＿＿＿＿＿

＿＿＿＿＿＿＿＿＿＿＿＿＿＿＿＿＿＿＿＿＿＿。

多年來，我拿這個問題問過無數人，答案也各有千秋，從將鳳梨與芒果交雜育種（鳳芒），到打造一艘支架大洋舟（outrigger canoe）去研究海洋生物，應有盡有，但我從沒聽過下列答案：

❶ 透過節食來急速減重

❷ 打肉毒桿菌

❸ 開超貴的車

❹ 打扮得搶眼吸睛（給誰看？島上只有你一人。）

❺ 賺更多錢

為何這些事不會列在清單上？因為它們都是外在目標，大多是建構在社會期望和文化規範之上。荒島測驗旨在幫助你辨視出內在目標，足以引導著你前進、通往更忠於你自己的真實人生。

「切記，目標要反映出自身的嚮往，不是親近之人對你的冀望，更不是你認為社會期待你做的事。為了發揮最大效果，目標必須發自內心，」《創意大腦》一書的作者雪莉·卡爾森博士也說過類似的主張。

回到糖食機器人學家艾比蓋爾的故事。記得嗎？她說烘焙一直是她熱愛做的事，而且「無需外部回饋」。這就是我要說的。她沒做過荒島測驗，但曾和我分享過，當時她開始好

奇自己不從事學術工作後可以做什麼，一位朋友提到多年前某次的聊天內容。艾比蓋爾回憶道：「我朋友對我說，『如果你能做任何事，而且擁有世界上所有的錢，你會做什麼？』而我說：『我會做一堆怪東西。』那是我二十來歲說過的話，也是我現在在做的事！這件事讓我感到快樂。如果你正在做的事無法帶來快樂，你可以做出改變嗎？」

如果你依照世界期望你的樣貌去過活，
就等於讓真實的自己失望，
而世上也會因為你無法做自己而多一塊空白之處。

——亞歷克斯・傑默，法學博士、社工博士、臨床社工師

目光要遠大、步伐要謹慎

找出自己的「拉力」，即受到內在動機驅使的大膽宏偉且忠於自我的「BHAAG）目標後，你要以謹慎可行的具體步驟向前邁進。

這不是我隨口說說的建議。在研究目標設定時，我採訪了五十位以上的商業人士與人生教練，他們全都會運用類似的具體步驟架構。雪莉・卡爾森將之稱為朝向「主要」目標前進的迷你目標。約翰・惠特默（John Whitmore）提出的「GROW」模式明確區分出「績效」目標和「終極」目標。他舉例，如果你的終極目標是跑馬拉松，績效目標就會是每天跑三十分鐘。喬治・杜蘭（George Doran）、亞瑟・米勒（Arthur Miller）與詹姆斯・康寧罕（James Cunningham）在一九八一年共同發表了一篇期刊文章，名為〈「SMART原則」：如何制定管理目標與標的〉（*There's a S.M.A.R.T. Way to Write Management Goals and Objectives*，暫譯），其中提出了「SMART」目標架構，鼓勵大家設定目標時要符合以下條件：明確具體、可以衡量、可以達成、實際可行、有時間限制。

我再次聯絡上肯農・薛爾頓教授，請他對這個廣受喜愛的具體步驟架構發表意見。他表示贊同並說：「在設定目標時，一定要有個對你來說具有意義且無比真實的遠大目標，才能激勵你朝那個方向努力。在朝大目標前進的同時，你也需要一連串可以衡量的具體目標，才能感受到自己的進步。而這就是追尋的真諦。」

他繼續說道：「在針對此目標設定方法進行實驗研究時，我們發現只想著完成『完賽獎』目標的受試者，在遇到阻礙時就選擇了放棄。而受試者若是選擇全神貫注處理『近在眼前』的微小日常目標，反而比較能夠堅持下去，而且更有成就感。」

在前往「BHAAG」目標的路上找出可實現的具體步驟，此架構之所以熱門，是因為它真的有效。經眾人、跨領域實證有效的做法，實在沒理由不去執行。以獨角獸空間來說，我將這個面向的目標設定稱之為「升級」，取自電玩遊戲的用語。我試著和薛爾頓教授聊了一下。我解釋道，如果你玩過電玩遊戲或看過小朋友打電動，就會知道這個基本概念：不要在等級一就死掉！想要繼續玩下去，就必須按部就班「升級」，根據學到的知識和成就往更高階的目標前進。

而在真實人生中，我回想起採訪珊蒂．欽默曼（Sandy Zimmerman）的故事，她是第一位完成《美國極限體能王》（*American Ninja Warrior*）賽事的媽媽，也是年紀最長的女性（四十二歲），而且她是經過了四季嚴苛的競賽考驗，才終於突破近五公尺高的聳立之牆、按下最高點的蜂鳴器。當我問欽默曼她設定目標的過程，她想起當時為節目所做的初期訓練，那是她一次學習如何攀爬鮭魚階梯，這種技術是指抓住梯子上的握把，然後透過自身擺盪的動力，將握把從原本的梯階跳到再上一層的梯階。

她說：「一開始我只能整個人掛在握把上，甚至沒有辦法試著將握把移出卡槽。我就這樣連續好幾天都只是掛在那，直到有天才有膽子往上跳了一階。然後又反覆練習了好幾天，直到有天我向上跳了二階。我繼續練習下去，最終才生出勇氣直上梯子的最高處。我一步一步前進，用自己的步調，一次克服一項障礙。」

對這種高度競爭的節目來說，我想知道欽默曼是否曾覺得她的「升級」做法妨礙了自己的進步。

　　「當然沒有，這就是個過程，有時我覺得自己辦到了，有時又覺得自己搞砸了，但對我來說失誤就是最好的回饋，教會我不斷前進、『咬緊牙關撐下去』，而且〔錯誤〕更是持續成長的一大助力。現在回頭看，我其實很感謝自己花了四季節目的時間才成功按下蜂鳴器。」

　　索妮亞‧柳波莫斯基教授的建議也相去不遠：「如要朝更高層級的目標持續前進，你必須將主目標拆解成較低層級、更加實際的子目標。如果想要精通法國料理，」她建議：「你必須先學會如何燉煮比利時菊苣。而且在達成主目標前，每完成一個子目標都是為自己打氣的好機會。愉悅感和自豪感的提升是至關重要的環節，不僅可以強化〔幸福感〕，更能激勵我們繼續堅持下去。」

超超超認真的你
（具體步驟代表認真以對）

一旦你下定決心開著自己的船出航，並以「BHAAG」目標當作北極星，請以實際可行的微小步伐穩定前進，並以清楚可見的方式追蹤自己是如何不斷升級。舉個例子，布蘭達（Brenda）是一位作家朋友，她給自己訂下每天寫一千字的目標。她說：「這是我刻意為之的自我鞭策方式，而且過程中不會進行任何修改。我就是坐下來、寫一千字，就算寫的全是沒用的垃圾也沒關係。」雪兒‧史翠德（Cheryl Strayed）是傳記作家與《那時候，我只剩下勇敢》一書的作者，她也表示贊同：「成為藝術家沒有任何保證之道，但我們唯一知道的是，作家就是要寫才會成功。」要求自己遵守固定的時間表將有助於你持續追尋「BHAAG」目標（出自內在動機），而根據我個人的發現，制定專屬時程則可讓你保持積極追尋，有天終將帶你抵達梯子的最上層（你的「專屬時間」！）。

Permission Slip

我允許自己展開積極追尋。

——簽署者：我自己

艾蜜莉‧馮桑榮伯格（Emily vanSonnenberg）是加州大學洛杉磯分校的教授與幸福感的專家，她表示持續積極追尋是最重要的關鍵。她在一場採訪中提出警告：「『靜態目標』的是十分危險的概念，因為多數人把重點放在成就與追尋，成就是瞬息即逝的，一旦目標達成就結束了。反觀持續積極追尋才是更加充實圓滿的目標，因為你必須刻意且主動地全心投入人生。何不妨把追尋當作目標？並把活出精彩人生當成新的里程碑？」

沒錯！把投入人生和積極追尋當成目標就對了，但別忘了保留「專屬時間」，因為我的研究顯示，實現獨角獸空間最需要的就是時間。你需要特定的完成指標，並拆解成可行的步驟。如果你讓自己的「BHAAG」目標停留在夢想或構思階段，那它遲早會日漸微弱，甚至是完全消失不見。如果缺少發自內心激勵著你、引導著你前進的時程，你就可能會失去寶貴的支持力量。如果你要

採取必要的具體步驟來實現夢想，就不能想著要靠伴侶／室友／好友／團隊夥伴／老闆主動鼓勵你，或是萬分樂意提供你現在或未來所需的空間和時間，那是不可能的事。事實上，我的研究發現，伴侶和配偶通常最無法好好回應我們的未竟之夢。

「我有一輛一九七四年生產的舊款野馬（Mustang）汽車，已經停在車庫十年了，它一直是和我另一半多次爭吵的源頭，」亞倫（Aaron）坦白說道。

亞倫的先生私下跟我說：「多年來我一直都很支持他的修車計畫，但最後我舉手投降。實際情況是他只是嘴巴上說說要『把車修好、再次上路』，但我們都知道那輛車永遠不會離開車庫了。」

我為目標設定進行採訪的所有對象中，幾乎每個人對未竟之夢都有這種火藥味十足的反應，因此我得出一個結論：如果想要獲得身邊最佳啦啦隊員的支持，我們必須先展現出自己認真以對的決心，不能只停留在好奇／構思／幻想／作夢階段，而是必須開始執行最初可行的幾個具體步驟，並且要讓身邊的人看見。你想想，如果你有確實感覺到或看到朋友、同事或另一半在積極追尋並投入自身目標，是不是會更願意挪出時間與提供資源去支持他們的興趣？

採取具體步驟、設定可行時程、訂立確切完成點，這些行動皆可展現出你有多認真以對。這種有意為之的步驟能創造出急迫性，不僅可以對抗拖延症，還能促使你持續積極追尋、負起責

任，並堅守達成目標的承諾。跟先前的練習題一樣，請在下方或日記中以書面方式進一步完善你的**創意承諾**。

> 　　我的名字是＿＿＿＿＿＿＿＿＿。我的動機價值觀包括
> ＿＿＿＿＿＿＿＿＿＿＿＿。從今往後，我允許自己依循自身的價值觀生活。我允許自己根據自身價值觀去引導日常生活中的好奇渴望，也就是＿＿＿＿＿＿＿＿＿。我會致力於深入探索與追尋符合自身價值觀的活動與興趣，其中包括
> ＿＿＿＿＿＿＿＿＿＿＿。我計畫要將自己的放膽追尋做到＿＿＿＿＿的程度（思考「BHAAG」目標）。我想要「升級」與朝目標前進的第一個可行具體步驟是＿＿＿＿＿＿，
> 完成該步驟的日期是＿＿＿＿＿＿＿＿＿＿＿＿。
> （記住：設定日期可以讓你持續積極追尋。）

準備好和全世界分享你的旅程

　　如果你不知如何設定完成日期（與達成目標相關的詳細說明請見第十二章），請將該問題重新框架成下列問句：什麼時候我才能和全世界分享我的旅程？如果你的「BHAAG」目標是在 HGTV 居家樂活頻道上主持有機花園節目，什麼時候你可以正式和親朋

好友分享第一次大豐收的新鮮蔬果？如果你的「BHAAG」目標是用義大利文流利交談，訂下日期、召集一個只能用義大利文講話的聊天小組（或許還可以邊享受義大利美食與美酒）。如果你的「BHAAG」目標是寫自傳或電影劇本，請制定好時程表，包括什麼時候要將初稿拿給可靠的朋友或同事閱讀與評論。

我發現當你將目標加入「與全世界分享」這個要素，然後對外敞開心扉、和他人分享你最愛的事，獨角獸空間會變得更具意義與使命感，而且你會更容易堅持下去，甚至是將之發揚光大。

「沒錯！」糖食機器人學家艾比蓋爾興奮地表示同意，當時我們的訪談已進入尾聲：「重點是讓身邊的人與你熱愛的事交流互動。對我來說就是找出志同道合、跟我一樣有奇異鑑賞力的朋友，然後進一步探索自己的特立獨行之處。這就是核心關鍵。老實說，最讓我感到幸福的時刻就是我將製作好的蛋糕拿給別人，然後看到他們放聲大笑或忍不住露出微笑。有次我帶了一個很簡單又可愛的蛋糕去找一位女性友人，她直接哭了出來，因為她深受感動、開心得不得了。當時我心想，這就是我想做這件事的初衷：當個快樂工程師讓我感到快樂。」

所以接下來就是將終極目標與忠於自我和與他人分享合而為一。唯有如此，才能讓你因出於內在動機去做的事走得更遠、帶來更多意義，甚至足以改變自己與身邊朋友的人生。

第九章

和全世界分享

善用專屬於你的獨角獸空間和所屬社群交流互動

【個案探討】
牆上的狗狗畫

　　萊西·費里曼（Lacy Freeman）的工作是名法務助理，但她一點也不開心，按照她的說法：「我每天關在小小的辦公室隔間裡，感覺靈魂一點一滴被扼殺。我每天都很晚睡、然後又很早起，生活中幾乎沒什麼特別的事，我感覺自己不過是在苟延殘喘。」

　　當她先生克里斯（Chris）在另一個城市找到汽車技工的新工作時，萊西發現自己有了重新開始的機會並開始找新工作，希望能幫助自己脫離憂鬱狀態，重新找回生命的喜悅。

　　萊西承認：「我們很幸運，一到亞特蘭大，所有事好像都在冥

冥中安排好了一樣。我終於有一點喘息的空間去嘗試新事物。我知道自己想要更有創造力，但這輩子一直聽別人說：『藝術賺不了錢，不能當成事業發展。』」

這句話我聽了一輩子：「藝術賺不了錢，不能當成事業發展。」

我跟萊西說，這種「創造力換不到錢」的文化訊息十分普遍，好像自我表達必須換算成金錢，才能證明創造力是「值得」追尋之事。

萊西承認：「就是這個想法害我選擇坐在辦公桌前如此之久，我也懷疑過自己是否能夠、甚至應該去做任何其他事。但到了新城市後，我開始嘗試不同的工作，像是在兒童藝術營教課。我在市區畫了幾幅壁畫，後來甚至交到了幾個藝術社群的朋友，然後我漸漸發現，畫畫是最吸引我的事。我很幸運能有時間嘗試不同的事物，但我相信只要允許自己有足夠的時間和空間去找出自己最喜歡做的事，它就會開始引導你前進。」

茱莉安・哈克也曾用類似方法描述自己的創意旅程，我換個方式對萊西說：「當你讓興趣『引導著』你前進，就會產生更多的

餘力和靈感去創造。」

　　萊西說她確實感覺到一股不可抗拒的拉力，讓她渴望創作，因此她允許自己去追尋大膽宏偉且忠於自我的目標並成為畫家。她將新家的一個房間改裝成畫室，然後開始作畫，直到有天她創造出的畫作多到沒地方可以放了。

　　此時，萊西又再次向前邁進一大步。她回憶道：「我決定要在當地慶典活動上出售一些作品。當時我超緊張，心想我的作品並非頂尖，也從未辦過任何〔展覽〕，但還是下定決心要這麼做。我想知道別人會如何評價我的作品，儘管我超怕有人會走到我的攤位並說：『我的天啊，畫得真醜』，或是『我不喜歡這幅作品』，但這些事從未發生。」萊西微笑說道：「至今為止從來都沒有發生過喔。」

你是否對自己的作品有不合理的過度期待，導致你成為自身創造力的阻礙？

　　儘管萊西很害怕失敗，但當她和全世界分享自己的畫作時，她說：「我真的很驚訝大家有多支持我。即便他們並不一定對畫作感興趣，還是願意花點小錢買張明信片或拿張名片。我和他們

說：『歡迎下次再來參觀』。我發現對很多人來說，吸引他們走進攤位的原因是與藝術家面對面的交流互動。當然，作品能賺錢很棒，但創作出讓大家會心一笑的作品才是最讓我開心的事。而和大家交流互動的過程也讓我備受激勵，回家後就馬上開始為下場節慶活動做好準備。」

為了創作而創作並與他人交流互動，這是鼓勵萊西不斷前進的動力。

她最引人注目的畫作都是以動物為主題：長頸鹿、鴕鳥、兔子和羊駝。她回想：「羊駝在二〇一四年大獲成功，所以在下場慶典中，我攤位上展出的全是動物畫作，沒有任何其他主題。有人靠過來參觀時，我會替他們挑選配對的動物。我會先問幾個問題來了解客人，然後編織一個故事說明為什麼他們比較像長頸鹿或羊駝，客人真的很期待知道自己像什麼動物。那年我賣了超多畫作，我猜是因為大家透過我的作品找到了與自己的連結。」

她講的話讓我想起另一位受訪者，她是這樣形容自己第一次上台唱歌給觀眾聽的經驗：「現在是我和更廣大的我們連結交流的時刻。」而這種「超越自我」的連結同樣也啟發了萊西繼續創作，並朝向全新的「BHAAG」目標前進。距離萊西第一次公開展示作品已經過了好多年，現在她擁有欣欣向榮的事業，是專門客製寵物畫像的創作者，請她作畫的人大排長龍，而且擁有為數驚人的客戶群。跟她從小的信念「藝術不能當飯吃」完全相反，萊西把

藝術變成全職工作與專屬於她的獨角獸空間。

她強調：「而且我再也不會回頭去做任何其他事了，因為我發現自己如果沒有在創作並與人交流互動，我就會變得不快樂。」

她邊笑邊說：「而且我心情愉悅的時候好相處多了，問我先生和兒子就知道了。說真的，我認為大家如果都能去追尋並實現自己的夢想，這個世界一定會變得快樂許多。」

為何分享如此重要

當你將自身追尋搭配上「和全世界分享」的思維，當你對外界敞開心房、與他人互動，「想做的事」就會變得更具意義與使命感，而且會更容易堅持下去，甚至是使之茁壯。如果你還不清楚好奇心會帶領你去往何方，只要加入分享這個元素，就能更清楚辨識出自己的獨角獸空間。不僅如此，承諾與他人分享自己的「BHAAG」目標，會讓你更能夠對自己負責，並繼續朝向全新目標前進。

我注意到我的人生亦是如此。萊西她們在人生隱喻性的大雨中沒有感到快要溺斃，而是開心地跳著舞，而我愈是和她們交流互動，就愈是感到開心，然後這個寫書計畫對我而言的意義就更加重大。分享彼此對創意的構想和交換彼此如何透過獨角獸空間

來交流互動，這已成為我獨角獸空間的全新樣貌。除此之外，我採訪過的多數人皆表示，當其他人見證、觀察、參與其中、有類似經歷或正面受益於他們的獨角獸空間，自己通常會感到與所屬社群有更多的連結，而且更能感受到自己分享的事物有何意義。

意義關乎一切

除了我自己的研究以外，還有許多頂尖心理學家提出的新資料顯示，追尋意義——尋求交流互動以及對「自我」以外的事物有所貢獻，會使人感覺受到擁有共同目標的社群所指引與激勵——或許才是通往幸福的真實道路。在搜尋與交流互動的力量有關的研究時，我剛好看到《大西洋》（*The Atlantic*）的一篇文章〈意義比快樂更健康〉（*Meaning Is Healthier Than Happiness*，暫譯），其作者艾蜜莉・艾斯法哈尼・史密斯（Emily Esfahani Smith）提出了這個問題：有意義的人生跟快樂的人生差別在哪？為了幫助讀者了解其中差異，史密斯引用了一項發表在《美國國家科學院院刊》（*Proceedings of the National Academy of Sciences of the United States of America*）的研究，其中對幸福感的定義是感覺良好。研究人員評估幸福感的方式是詢問受試者下列問題，像是「你多常感到滿足？」以及「你多常感到開心？」愈是強烈指向「享

樂式幸福」或個人享受（像是在海灘上喝瑪格麗特）的受試者，他們的幸福分數就愈高。

反之，意義的定義是以某種比自我更偉大的事物為目標。研究人員評估意義的方式是詢問下列問題，例如「你多常感覺到人生是有方向或意義的？」以及「你多常覺得自己對社會有所貢獻？」以比自我更偉大的事物為目標的受試者覺得人生較有意義。研究結果顯示，如果不能二者兼得，生活就會出現不協調感。

各位看出來了嗎？關鍵資訊是我們可能會感到快樂但找不到意義；同樣，也可能找到意義但感覺不到快樂。我和勞麗・桑托斯博士談話時，她也談到了這個差異：「當你找到意義和使命感，就比較可能對人生感到滿足。而當你從事有使命感和意義的活動，你也更可能會感受到快樂等正面情緒。」

我把這件事與我的獨角獸空間連結在一起，甜蜜點是指意義和幸福感的交疊之處。沒有意義的幸福感可能會感覺像是空洞的派對，而如果定義為「有意義」的人生是指多數的時間要犧牲自己、為他人服務，那大概也算不上是海灘派對。這些發現都和我的人生有關，成為父母後為人生帶來諸多意義，但老實說，並不總是讓我感到開心，尤其是小朋友會不住打斷與干擾媽咪的獨處時間與空間，就算明明是全家一起事先商量好的（記得嗎？九點到十一點這段期間不准敲媽媽的門，否則你就麻煩大了）。然而，讓我同時感到意義重大且滿心喜悅的時刻，是我對獨角獸空間的

投入和熱情，啟發我的孩子以創意方式表達自我。舉例來說，我九歲的兒子班已經開始寫他的自傳故事，並希望有天能出版（暫訂書名：《穴居人國度》〔*The Land of Vavemen*〕）。而我十二歲的兒子札克現在常常加入我的 Zoom 小組會議，為性別正義議題貢獻 Z 世代的聲音。他在最近一場視訊通話中的表現讓我引以為傲，當時他發自內心地講述給予年輕世代平等機會的重要性。不騙你！看到我深信不疑的價值觀啟發了兒子自身的興趣，讓我感動到熱淚盈眶。

驅使你分享的動機是什麼？

和全世界分享你自己的動機因人而異。我發現根據個人目標而定，多數人的自我身分認同符合下列七種分享類型的其中一種。這些描述會有互補與重疊的部分，所以各位可能會發現自己落在二種以上的類型，但如果必須要根據自身目前的志向選出一個，哪個類型最能引起你的共鳴？換句話說，哪種類型的分享最能觸動你？

「延續傳統型」分享

當獨角夥伴艾胥麗還是年輕女孩時，她記得奶奶會以針織方

式製作茶巾、隔熱墊和「傳統家居用品」。現在艾胥麗也開始用奶奶的編織針來製作哈利波特的娃娃，然後拿到「Etsy」平台上販售，或是送給朋友當新生兒派對禮物。她擁抱家族傳統、並融入獨有的表達方式，實實在在將自己的魔法織了出來。

延續傳統型分享是受到內在渴望所驅動，想要擁抱上一代的傳統、知識、技能或技藝，或者是想要將之傳授給下一代。這類型的分享通常包括使用「傳統物件」或珍藏物品，像是艾胥麗家傳承下來的編織針，而維多利亞・西姆斯（Victoria Simms）博士的解釋是：「這類物品擁有足以連結世代的獨特能力。」她同時也是認知心理學博士與「西姆斯／曼恩研究所」（Simms/Mann Institute）的負責人。

柯琳・戈達德（Colleen Goddard）是兒童發展專家，她補充道：「重點在於對該物件的認同和依附是超越自我的，不管是照片、婚戒、紀念品、音樂、藝術作品和文化，我們不僅將之定義為懷舊的紀念品，更重要的是它們巧妙定義了我們在這個世界中的連結與存在狀態。」

我朋友妮可歐・卡穆奇・格里可（Nyakio Kamoche Grieco）也從她的過去找出與現在建立連結的事物。身為肯亞家族的第一代美國人，妮可歐創辦了一套護膚系列產品，「我奶奶曾是咖啡農，爺爺則是藥劑師，我的家族秘方與美容智慧都是從他們身上學到的。」

渴望延續家族傳統對很多人來說都是強烈的驅動力量。延續傳統型分享的微妙之處在於能夠鞏固家族成員間的美好連結。黛西也有類似體驗，她替兒子報名了擊劍課，希望能榮耀家族的拉丁美洲傳統，結果在觀看兒子上課的過程中，她也開始對該運動產生興趣。得到兒子的許可後，就一起報名上課了。現在他們享有同樣的創意出口，不僅強化了母子間的連繫，同時更創造出許多歷久不衰、富有意義的回憶。

史考特・貝森（Scott Behson）是《職場爸爸生存指南：如何成功居家辦公》（*The Working Dad's Survival Guide: How to Succeed at Work and at Home*，暫譯）一書的作者，同時也是全美工作與家庭議題的專家，他在《哈佛商業評論》上寫了一篇文章，主題是在新冠疫情期間盡量找出有意義的時間，和家人相處與「製造回憶」。「我們全家人很常一起烘焙，」他如此寫道，然後補充說道，和孩子培養共同興趣讓我們「有機會展開意料之外的坦誠對話，為孩子長大後的成年關係打下良好基礎。」換句話說，趁孩子現在還小的時候，投入心力與他們建立關係，隨著他們年紀漸長，便能為長遠穩固的交流互動奠定基礎。

受到渴望繼往開來所啟發的分享行為可能以下列形式展現：

- 重現與改良傳統。
- 為新世代展開新傳統。

- 與所愛之人分享你的創意表達方式。
- 透過傳承計畫向所愛之人致敬。

「展現支持型」分享

桃樂絲（Dolores）邀請了朋友（包括我）加入她的「蝴蝶部落」（Butterfly Tribe），她在母親因腦癌過世後創辦了這個運動社群。她在臉書群組上的號召口號是：「記住你是誰，你是力量超群的蝴蝶，永遠都有蛻變的能力。」而她口中的蛻變是指做出次數誇張至極的平板和波比跳動作。桃樂絲是隻超健壯的蝴蝶！我加入了桃樂絲的群組，不只是為了展現對朋友的支持，也是為了逼自己更常運動（老實說，我真的需要離開沙發練習舞蹈節奏！）。蝴蝶部落的成員遍及全國，而且所有人每天都會透過臉書貼文交流互動，因此更能鼓勵並激起個人的責任心：「保持運動比開始運動來得容易！」除此之外，群組也為會腦癌研究募款。加入這個女性社群、感受到遠大於我個人的共同使命，讓我有動力花短短五分鐘的休息時間站起身、動起來。

展現支持型分享的動機是來自於內心渴望達成你為自己所設的目標，並在此過程中幫助其他人。為幫助自己懷有責任感，你或許需要邀請值得信賴的朋友加入你的旅程，和他們一起往類似的目標前進。這麼做還有額外好處，你們可以花更多時間相處、好好經營關係（下一章將進一步說明「心靈之友」的力量）。如果

你是需要額外推力才會動作的人，不妨報名參加定期課程或工作坊，或許有助於你保持進度。如果能找到三位動力十足的朋友和你一起報名相同課程就更棒了。琳達（Linda）報名了一堂糕點課，專門教授如何製作傳統的義大利甜點提拉米蘇。她把作品帶去社區晚餐聚會給期待已久的鄰居試吃後，兩位鄰居馬上加入她的行列、和琳達報名了下周的相同課程。加入或組織任何人數的支持系統（例如作家工作坊、晚餐聚會、舞蹈、運動或音樂團體）都有助於你負起責任，而且還能讓你在固定時間與志同道合的朋友相處。

班傑明・哈迪（Benjamin Hardy）博士在〈有負責的夥伴不錯，但『成功』的夥伴將改變你的一生〉（*Accountability Partners Are Great. But 'Success' Partners Will Change Your Life*，暫譯）這篇引人注目的文章中提到，績效表現經過評量可以有所提升；而評量加上彙報，便可創造飛躍性的成長。哈迪表示，在人生中如果有位懂得問責的夥伴，肯定能增加你成功的機率。美國培訓與發展協會（American Society for Training and Development，現已更名為「人才發展協會」〔Association for Talent Development〕）亦支持這個論點，他們發現一個人只要跟另一個人做出承諾，達成目標的機率就會高出六五％；如果做好計畫和夥伴定期開會確認進度，成功的機率則可增加九五％。當你擁有十分成功且動機強大的夥伴，哈迪繼續說道：「不妨加入他們的行列，相互督促彼此

前進，抵達你獨自一人絕對無法企及的境地。」

受到展現支持所啟發的分享行為可能以下列形式展現：
- 邀請一位朋友或「成功夥伴」加入你的行列。
- 加入一個群組／團隊／課程，強化自我責任感。
- 為自己和夥伴制定時程表。

「萍水相逢型」分享

任何一天的早晨，都會有無數的衝浪愛好者在太平洋海岸乘風破浪，傑斯（Jesse）也是其中一位；他是名七十歲的退休小兒科醫生與三個孩子的爸。他在四十歲左右開始衝浪，自此沒放下過這個運動。我問他是什麼原因吸引他去從事這項看似孤獨的運動。「遠離一切俗事、獨自一人站在海上，只剩我和大自然獨處，對我來說是逃離現實的最佳方式，」他解釋道，並接著補充說明：「但我其實從不是一個人。多數的日子，我是和其他衝浪者一起分享大海。有些人就在幾公尺外，有些人在更遠的海岸線上。我們各行其事，但感覺又像是同個群體。我知道如果我陷入麻煩，有人會罩我，反之亦然。回到海灘上後，我們常會交流故事、鼓勵彼此。」傑斯笑道：「身為在場唯一一位穿著潛水服的老頭子，我結交到許多年輕的衝浪夥伴，他們正是吸引我不斷回到海邊的主因，幾乎跟衝浪本身一樣重要。他們讓我保持青春活力！」

萍水相逢型分享的動機是來自於內在的渴望，想要透過自己的獨角獸空間與他人交流互動，而愈是偶然的相遇，就愈有真誠交流的機會！就拿可兒（Cole）和卡麗絲瑪（Charisma）來說好了，她們是一對身體狀況不同（一方有殘疾、一方身體健康）的伴侶，創辦了一個 YouTube 頻道，希望能夠打造「愛的社群」。卡麗絲瑪對我說：「我們開辦頻道是為了向大家證明，身體健全之人也能考慮和殘疾之人在一起。在看了我們的影片後，誰知道自己會愛上誰，以及誰會因為受到我們的啟發而配對成功？」萍水相逢型分享是展現支持型分享的近親，唯一不同之處在於你現身支持的動機主要是受到自身強烈渴望的驅使，想要在認同你真實樣貌與價值觀的共同群體環境中，建立個人的連結互動。

　　對梅根來說（她也有加入我的線上獨角夥伴群組），她的分享則是替某政治組織當志工、認識志向相同的社運人士。她在群組聊天室寫道：「透過共同創辦『現身支持』（When We Show Up）組織，我展開了自己身為社運人士的第二人生。該組織的宗旨是重新框架並找回進步的價值觀。我捲起袖子、躍躍試試，想要盡己所能在方方面面帶來改變。」

　　萍水相逢型分享的正面影響是你將常有機會認識日常生活中不太可能認識的人。在這些意料之外、甚或是不太可能發生的交流互動中，你們共有的經歷會「以正面的方式放大」，勞麗・桑托斯教授如此說道。「相關資料顯示，從最基本的層面來看，光是與

擁有共同經驗的人相處就能讓人感覺良好。」

而且不只是感覺良好，分享還具有療癒效果。艾倫·麥克吉爾特（Ellen McGirt）是《財星》雜誌的資深編輯，她和我分享在疫情期間，她覺得「整個世界與人生變得太過沉重，讓人感到筋疲力盡。」艾倫的朋友建議她試試創意練習，或許會有幫助。她在電話中和我說：「我無意間看到一則推特貼文，解說如何成功畫出一滴水滴，我心想可以試試喔。畫畫很有靜心冥想的效果，讓我的心情不再浮躁，並開始感受到與生活更深的連結。」

艾倫開始每天在推特上張貼自己的水滴畫，配上簡單的訊息，像是：你是被愛且被看見的。「在畫水滴的過程中我學到一件事，水滴中的光亮部分比陰影多上許多，就像你、就像這個世界。」創辦有意義的線上社群、鼓勵其他人展開類似的療癒過程，現已成為艾倫的獨角獸空間。「我的實務做法成為可以和大家分享的事，這種感覺超棒。」

有時在雨中跳舞的序曲是從一滴小水滴展開。

萍水相逢型分享的療癒效果也常常出現在我的研究當中。許多受訪者和獨角夥伴都談到自己在成為社群的一份子後，變得更

有能力從困境、甚至是創傷事件中修復自我、復原如初。有人在我們的群組裡分享了一個好消息:「我打算辭掉現在的工作,專心協助因為疫情而承受了太多苦難的女性。我感受到一股強大的拉力,引導著我和其他女性交流、共情,這是為了療癒她們,也是為了療癒自己。或許我無法解決任何人的問題,但我可以認同這些事不是我們自己想像出來的,它們真實存在。」

艾瑪・賽普拉(Emma Seppälä)博士是史丹福大學(Stanford University)同情與利他研究教育中心(Center for Compassion and Altruism Research and Education)的副主任,她在《當代心理學》(*Psychology Today*)雜誌中寫道:「連結性……在社交、情緒和身體健康等面向創造出正向回饋循環……覺得和他人較有連結的人,出現焦慮和憂鬱傾向的比例較低。不僅如此,研究證實〔這種〕社交連結可以強化免疫系統……有助於我們更快從疾病中康復,甚至可以延年益壽。」

受到在因緣際會下建立社群所啟發的分享行為可能以下列形式展現:

- 建立支持團體／空間來提供歸屬感和療癒效果。
- 尋找志同道合、價值觀類似的朋友。
- 加入既存的社群。
- 分享經歷以滋養同理心與建立共通點。

- 在共有的共同空間（面對面或虛擬情境）中激發創意
  與交流互動。

「貢獻專長型」分享

我和兒子一起在電視上收看瑞可·菲利普斯（Rico Phillips）獲頒二〇一九年國家冰球聯盟（NHL）的威利·奧利社區英雄獎（Willie O'Ree Community Hero Award）。我深受感動，他本是消防員，後來轉職成為冰球教練，他談到為什麼對他來說，教導低收入戶孩子的意義如此重大，因為這些孩子通常不會有機會接觸這種看似在溜冰和玩耍的昂貴運動。他的「原由」如下：他自己曾經也是個窮小孩。身為來自一般家庭的黑人男孩，菲利普斯是因為教練和其他大哥哥的教導才有機會學習打冰球。

我和他聯繫、希望可以進一步了解他的心路歷程，採訪當天看見他出現在 Zoom 視訊的螢幕上時，我興奮不已。我問他：「啟發你的動機是什麼？」

他回道：「我心中一直有股想要為他人奉獻的熊熊火焰，包括透過行動和言語去實現這種渴望。」菲利普斯表示他對冰球的熱愛定義了他，但同時也啟發他看見自己以外的事物，進而促使他開始幫助那些沒從未想過可以接觸這項運動，或是不可能有錢買冰鞋和裝備的孩子。「和我一樣膚色的孩子通常和冰球沾不上邊。我想讓他們知道，他們跟我一樣有機會加入這個群體。所以我教

他們的第一堂課就是如何倒下。冰球就像人生，有時會跌倒，然後就要想辦法站起來。」

貢獻專長型分享的動機來源是渴望和他人分享你的技能、知識或專業。丹・麥克亞當斯（Dan McAdams）是西北大學心理學系的亨利・韋德・羅傑斯教授（Henry Wade Rogers Professor），他也認同最具「高度生產力」的人通常是最有動機為未來世代貢獻與創造影響力的人，他們通常都特別融入對自身而言意義重大的社會環境當中，並持續以有意義的方式參與其中。

我跟菲利普斯一樣，最容易受到此類型的分享所驅動。當我針對我最看重的主題上台發表演說或與人閒話家常時，我感覺自己就像置身在幸福感與意義的交叉口。對我來說，貢獻專長、和大家分享我的技能就是我的甜蜜點。

我朋友漢娜（Hannah）也有同樣感受。她在一間當地國小擔任藝術導覽志工，每周一次。她和我說：「我會教導小朋友藝術相關知識，然後和他們一起玩顏料與亮片。還有什麼事比這個更好玩？」

約翰是名專業攝影師，他在當地的男孩女孩俱樂部（Boys and Girls Club）分享他的專業知識和行業秘辛。他表示：「在俱樂部和孩子相處是我一周當中最開心的時光，我可以和他們分享自己最熱愛的事物，而且可能是他們在學校或家中都學不到、也接觸不到的領域。更何況，」他邊笑邊說：「小朋友給的意見都非常

直白，我是不可能從同行口中聽到這些話。在採納了這群十四歲小朋友給的建議後，我的攝影作品真的進步了不少。」

洛杉磯主廚陳葉（Diep Tran，音譯）已經持續舉辦了好多年的越南新年（Tet）派對，焦點活動是製作方形粽（Bánh Chúng），這是一種用糯米做的糕點。在《紐約時報》的一則報導中，陳葉表示：「越南新年可以是非常異性戀霸權的空間，而且通常非常保守。」這些年來，她的教學派對從一開始只是一小群越裔美國人朋友在家舉行的聚會，到後來已成長為數百位女性帶著小孩、姐妹和媽媽一起來參加，分享彼此的故事，然後將米飯一勺勺舀進折得精美無比的香蕉葉中包起來，最後帶回家和所愛之人分享。她在文章中強調，這場方形粽盛會（她現在都是如此稱呼這場年度派對）是為了創造一個空間，讓女性和所有有色人種可以交流互動，以及對同性戀的身分認同表示支持。

受到貢獻專長所啟發的分享行為可能以下列形式展現：
- 教導與輔導。
- 指導。
- 啟發靈感。
- 以任何方式傳授知識與技能。

「意見徵詢型」分享

當初萊西想在當地藝術展覽展出她的動物畫作，最初的動機就是希望獲得具批判性的回饋意見，好知道自身的不足之處與精進繪畫功力。她回想：「第一次展出時我真的超級緊張，但我把它當成學習機會，而且我真的學到很多！我在展覽上獲得的回饋，讓我下次與下下次的作品都更加完美。」

意見徵詢型分享的內在動機是來自於渴望增進自身技藝／技能／知識／專業。換句話說，為了回饋意見而分享可以讓你的獨角獸有機會升級、為下趟旅程的挑戰做好準備。娜塔莉・尼克森博士是《創造力覺醒》一書的作者，她將這類型的分享比喻為「為你的構思提供氧氣、空氣與陽光。它們或許還不甚完美、你或許不在最佳狀態，但只要和他人分享自己正在創作的作品，就會有所得。然後從這裡出發，回歸到作品本身，重新深入探究，接著再來一次。」

許多類型的創作者在修改過程中都非常仰賴他人對其作品的「回饋意見」，比方說獨角夥伴蒂芬妮為了獲得回饋意見，她會邀請親朋好友試吃她正在為自己的食譜書開發的新菜單。尼克森斷言：「你必須透過這種方式獲得洞見，才能使創造力進一步覺醒。」意見徵詢型分享和貢獻專長型分享常常是相輔相成的；你的特殊天賦會因收到的回饋意見而有所進步，致使你有更多價值可以貢獻給他人。

受到提供或獲得意見回饋所啟發的分享行為可能以下列形式展現：

- 歡迎有建設性的批評指教，並全心擁抱進步的機會。
- 針對構想進行討論並接納回饋意見。
- 請他人提供補充意見。
- 組織文學評論小組或朗誦會。
- 分享不同想法，然後展開共同創作，讓想法更加完整。
- 願意修正內容或調整方向。

「服務他人型」分享

在寫這章時，我剛好受邀去一場論壇，和從超模變成創業家的卡洛琳娜・柯考娃（Karolina Kurkova）討論關於疫情期間的心理健康議題。當主持人稍微催促她分享自己在模特兒行業的冒險之旅，她優雅地改變話題：「我比較想談談自己如何創造改變。」接著和觀眾分享，她所在的城市在疫情爆發之初，頒布了居家防疫令，當時她和朋友艾胥麗・里默（Ashley Liemer，一位母親與設計師）合作創辦了「人人都有口罩」（Masks for All）企畫，旨在生產可永續使用、非醫療型的布質口罩，好盡可能幫助更多人保護自己。

她說：「同為母親，我們都想要貢獻自身技能去幫助所屬社區，盡可能降低染疫人數，然後還將計畫的收益捐獻給『賑濟美

國』（Feeding America），該組織在對抗飢餓問題方面貢獻良多。」

在離家更近的地方，我孩子的足球教練薩米爾・薩卡爾（Samir Sarkar）和他的太太簡（Jen），在得知自己的兒子卡特（Carter）經診斷罹患了罕見的聖菲利柏氏症（Sanfilippo Syndrome）後，他們發起了一場募捐活動，名為「拯救獨角獸」（Save the Unicorn）。米爾對我說：「當我們發現卡特是獨一無二的獨角獸時，我們家從那天起就徹底改變了。」而他們對此消息的反應是開始採取行動，為其他小孩同樣深受遺傳疾病所苦的家庭貢獻己力。至今為止，他們的募款行動已在社群媒體上提高了大眾對此議題的認識，並已募得超過一百萬美元。

服務他人型分享的內在動機是來自於渴望自己行事慷慨，且能為他人與所屬社群提供服務（不只是盡義務而已）。分享本身就能帶來良好感受，而「服務他人」還能帶來額外的健康好處。在《紐約時報》的一篇文章〈誰在危機時伸出援手？〉（*Who Helps Out in a Crisis?*，暫譯），賓州大學非營利組織研究教授費米達・亨第（Femida Handy）博士發現，喜歡為他人服務和較不慷慨仁慈的人相比，兩者最大的差異在於：「前者壽命更長，」她談到服務組的受試者時如此說道。她強調，這項發現的控制因素包括健康、財富和教育。亨第在電話中向我解釋：「做好事、幫助人真的可以改變心理與神經反應。」換句話說，為他人服務可以提升一個人的身心健康。「這麼做可以降低發炎反應與壓力，而且還能啟

動和吃巧克力時同樣的大腦區塊，」她如此說道。在近期和同事莎拉・康拉斯（Sara Konrath）一同完成的研究中，亨第發現給予的行為對人體有深遠影響；做好事的人甚至會讓陌生人評價為較具吸引力。她笑道：「我們的研究明確證實，合群、做好事的人真的看起來更順眼，而且通常也較快樂。」

受到服務他人所啟發的分享行為可能以下列形式展現：

- 當志工和提供董事會專業服務。
- 提供物資和生活必需品。
- 安排「回饋社會」的活動。
- 舉行當地慈善活動或教堂團體活動。
- 協助學校與社區募款活動。
- 為社區圖書館、食物銀行或公園提供服務。
- （貢獻專長型也算在內。）

「展現自我型」分享

在滑 Instagram 時，我發現一位名叫凱西（Kasey）的女性，她的留言讓我深有同感，她張貼了以下內容：「我刻意和朋友分享我的詩詞作品，儘管我認為作品還未達完美境界，而且以前我絕對不會把未完成的作品給別人看。在允許其他人看見我的『不完美』的過程中，我感覺自己讓所愛之人有機會看見我、進而看見

自己，而且是以日漸忠於自我的方式。」

展現自我型分享是意見徵詢型分享的好朋友，但重點不是放在回饋意見，反而比較像是受到內在動機的驅使，渴望和全世界分享真實的自己，讓大家看見、聽見、知曉你的特殊技能或隱藏的才華。

新冠疫情爆發之時，萊拉・愛德庫婭（Lara Adekoya）在西好萊塢諾德斯特龍（Nordstrom）百貨公司的鞋子部門工作，然後在一夜之間被迫轉職。誰會在隔離期間買高跟鞋！與其「把所有時間花在使自己的領英履歷更加完美，」愛德庫婭對我說，她決定徹底改變方向，追求她此生的愛好……法式烘焙。她開始行動，結合了自身的創業家精神還有與生俱來的良好社交能力，開設了「鹽之花」（Fleurs de Sel）工作室，一間製作小量甜點的小本生意。「我一直都很熱愛烹飪和用各種方式照顧他人，提供食物也是其中一種。我天生就很看重人與人之間的交流互動以及與他人分享。在隔離期間和居家隔離命令頒布之初，我十分渴望找到和所屬社群交流互動的方式。烤餅乾不僅很有療癒效果，更成為散播愛與為他人帶來慰藉的方式，同時還能讓隔離期間更加甜蜜一點，」她解釋道。

我很好奇，是否有任何人對她離開時尚精品鞋、開始拿起紅糖的轉變感到驚訝。

「在疫情初期，我會送一些餅乾給我在諾德斯特龍百貨工作時

的忠實顧客，想要重拾人際間的互動。一開始他們都很驚訝，因為我拿給他們的是一盒巧克力脆片餅乾，而不是一雙古馳新鞋，」她大笑道：「但大多數的客戶很快就成為我餅乾社群的主要客戶了。」

當我允許他人看見更完整面向的自己，我們就能展現出更真實且忠於自我的樣貌，有時候甚至會使自己更具吸引力。

獨角夥伴潔姬坦承：「開始居家辦公後，我變得更加喜歡我老闆了。在 Zoom 視訊會議的時候，我突然發現我那位一絲不苟的主管有一台古董的勝佳（Singer）縫紉機，就放在他居家辦公室的後方角落。原來他的創意出口是為當地的社區劇院製作戲服。如果不是看到他私人的居家空間，我永遠不可能發現此事。我的主管在『超酷』部門拿下了高分！」

獨角夥伴柔依也有類似經歷，她無意間在社群媒體上看見鄰居的「醜蔬菜」貼文。她人在自家前廊和我 FaceTime 時說：「我住在艾德的隔壁五年了，一直以來只知道他的工作和危機公關處理有關，但對他的任何其他面向一無所知。周末時我會看他在花園裡忙活，但完全不知道他是在刻意栽培『醜』植物，像是巨型櫛瓜和奇形怪狀的胡蘿蔔與甜椒，而且還會幫它們拍照並張貼在網路上。顯然『#醜蔬菜』是真有其事，而且現在我還知道這也是艾德喜愛的事。你想看看嗎？」柔依把手機鏡頭轉向艾德的草坪。「就在那，你看到那些巨大的櫛瓜了嗎？超可愛的！」

展現自我型分享的真正動人之處在於，你的獨角獸空間會吸引別人靠近你，而且就像在邀請他人展露真實自我一般。當你讓自己為人所了解，當你坦然展現並和全世界分享自我，就能成為某些人的慰藉、快樂、靈感與收穫的泉源。

　　受到展現自我所啟發的分享行為可能以下列形式展現：
- 舉辦一場家庭派對，展現你不為人知的才華。
- 利用你的特殊技能與他人交流互動。
- 流露出更為完整的自我，讓別人大吃一驚。

交流互動是一切的關鍵

　　所以說你屬於哪種類型？出於什麼動機促使你和全世界分享自己的創意表達方式，也就是專屬於你的獨角獸空間？不論現在最吸引你的類型是哪個（在達成目標並設定新目標後，內在動機可能會隨之變動），請記得七種類型都有一個共通點：創造內涵深刻的交流互動；根據作家米亞・伯德桑的說法則是：「創造力加上交流互動能創造出一種神奇魔法，讓〔你在創作的任何東西〕都能進一步延伸、擴大。」

　　因此我開始思考，是否可以根據一個人的創造力與最適合

的社群或空間，找出兩者間的交疊之處，然後透過反向思考的方式，為一個人的獨角獸空間找出最佳配對？我想起之前採訪過的賈絲汀娜‧布萊克尼（Justina Blakeney），她是一位設計愛好者與《大自然系裝潢：美麗又狂野的居家空間》（*Jungalow: Decorate Wild*，暫譯）一書的作者，當時她熱情洋溢地談論著創造專屬空間的重要性：你必須與該空間有所連結，並允許自己大膽實驗、持續創作。

豁然開朗！一旦你辨視出以價值觀為依歸、想要積極追尋的好奇所在（想做的事），你想要做到什麼程度（完成的時機），以及促使你想要達成目標的內在動機（背後的原因），接下來就要決定你打算用什麼方式以及在什麼環境中和他人分享（目的地）。這就是你抵達專屬於你的獨角獸空間的途徑。

隨堂測驗

你的獨角獸空間在哪？

如果有一整個下午不受干擾的自由時間去追尋所愛之事，你最可能在哪種情境從事相關活動？（找到自己的答案後，請參考下方答案，尋找最能吸引你的共同社群。）

❶ 和姐妹在手工藝品店上製作剪貼紀念冊的課程。

❷ 和訓練夥伴會面、一起準備周日長跑。

❸ 和火人祭好友一起打造一個共同作品。

❹ 和靈性團體密切交流或帶領支持團體。

❺ 在冰球場上教八歲小朋友打冰球。

❻ 把自傳初稿交給你的寫作小組看（初次嘗試！）

❼ 組織「救救海獅」淨灘活動。

❽ 為公司的才藝表演努力練習（沒想到你歌喉超讚！）

答案：

❶ 延續傳統型分享（傳承）；❷ 展現支持型分享（負起責任）；❸、❹ 萍水相逢型分享（建立社群）和（療癒）；❺ 貢獻專長型分享（技能）；❻ 意見徵詢型分享（回饋意見）；❼ 服務他人型分享（給予）；❽ 展現自我型分享（被看見）

°°

現在，請完整寫出你的創意承諾

我叫＿＿＿＿＿＿＿，我的動機價值觀分別是＿＿＿＿＿＿

＿＿＿＿＿＿＿＿＿＿＿＿。從今天開始，我允許自己依照我

的價值觀來經營人生。我允許價值觀成為我日常好奇渴望的指

引，其中包括＿＿＿＿＿＿＿＿＿＿＿＿＿＿＿＿＿。

我承諾會深入探索與追尋符合自身價值觀的活動與興趣。我打算

將自己不設限的追尋做到＿＿＿＿＿＿＿＿＿＿程度（想想

「BHAAG」目標）。如果想要「升級」並向目標邁進，第一個可行

的具體步驟是＿＿＿＿＿＿＿＿＿＿＿＿＿＿＿＿。

完成這個步驟的日期是＿＿＿＿＿＿。（記住：設定日期有助於你

持續積極追尋。）最能引起我共鳴的分享類型是＿＿＿＿＿＿

＿＿＿＿＿＿＿＿＿，而在旅程上我想要與之交流互動的

社群是＿＿＿＿＿＿＿＿＿＿＿＿＿＿＿＿＿。

常見問答：和全世界分享

在進入本章的結論之前，關於和全世界分享專屬於你的獨角
獸空間，我想要再次複習我經常被問到的三大問題，以防各位也
有相同疑問。

問：和全世界「分享」自我是什麼意思？是指把自己通過鐵人三項終點線的照片張貼出來給大家看嗎？

答：不算是。分享創造力不是指把生活都張貼在 Instagram 限動上，也不是為了比數字、競爭或從事任何活動來獲得外界讚美或用以炫耀。**有使命感的分享是出於內在動機。**坦然對外界敞開自我，因為這麼做自然而然就會讓你感到滿足與獲得意義。透過分享自己特別的一面，讓其他人在某種程度上都能有所見證、感受、學習或從中獲益。所以說，和全世界分享自我是指邀請他人參與你的世界；是指分享你的獨特多重技能、才華及興趣；也是指和一群人（不論多寡）一同追尋並解放你的好奇渴望，允許自己為自己以外的人事物做出貢獻，以及進一步和所屬社群交流互動。

問：一定得和全世界分享我的獨角獸空間嗎？

答：這也是非常好的問題，最近我朋友戴夫也問過我，他是一位才華洋溢的經紀人，專門擔任新興音樂家和音樂製作人的顧問。戴夫最主要的工作就是賦權並鼓勵這些藝術家和世界分享他們的創造力，而他自己也有著極為圓滿充實的人生：在公司擔任要職，在家更是女兒的主要照顧者（當然有很多人在協助他，我第一次聽到有人願意承認這點！）根據我們的文化定義，戴夫已經「人生無憾」了。然而，大家都

不知道他是如何運用自己的「休息時間」，去追尋他出自於內在動機的目標。

戴夫和我分享：「我代表的客戶都是創作者，所以我的工作就是要『發揮創意』，但我真正的自我表達出口其實是我自己的音樂。」當然包括了和老師學打鼓，而且他的老師還是名退休的爵士傳奇人物。當我問他何時才能欣賞他下場表演，他笑了笑搖頭說：「我的生活大多都是在眾目睽睽之下，所以我的音樂是很私人的事。」

我反駁道：「難到你不想和其他人分享你對音樂的熱愛嗎？像是朋友、家人、客戶？」

他想了想我的問題並回答：「為什麼我不能擁有只留給自己的東西？」

我和戴夫說，他當然可以自己決定，但我觀察得到的結論是，花時間追尋獨享的事物，通常無法產出和他人分享的追尋一樣的正向結果。在與我聊過天的所有人當中，會和親朋好友與所屬社群（或全世界）分享自身創意追尋的人，都表示獲得了更高的幸福感與意義感。我和戴夫開玩笑：「你也不想把自己的音樂帶進墳墓，對吧？我很確定你女兒會很想見識你超殺的鼓手獨奏。」他大笑並重新考慮這個建議，「或許」他為自己下個生日訂下的里程碑，就是為親朋好友演奏音樂……相信我，我一定會追著戴夫討邀請卡。

> 如果夢想只和自己有關，格局肯定不夠大。
>
> ——艾娃・杜韋奈（Ava Marie DuVernay），得獎電影導演

問：不和全世界分享我的獨角獸空間會怎樣？

答：為了替這個問題提供最佳解答，我想請大家一起思考以下案例：「差點無法出版的暢銷書」。

如果你有小孩，甚至就算沒有小孩，都可能聽過或看過一本給大人看的超熱門童書，出版於二〇一一年，有著令人目瞪口呆的書名：《你他 X 的趕快睡覺》（*Go the F*ck to Sleep*，暫譯）。身為三個孩子的媽，我基本上可以一字不漏的背出這本書的內容，因為裡頭一些比較不像話的家長台詞，像是「靠夭，你當然不能去廁所，你知道你可以去哪嗎？他 X 的去睡覺！」我都曾對我家小孩說過類似、甚至是一模一樣的話。（對，我承認我曾在睡前時間罵髒話。）這本書是《紐約時報》最瘋狂的暢銷書，在全球已賣出三百萬本並翻譯成四十種語言，作者是亞當・曼斯巴赫（Adam Mansbach），他是小說家、劇作家兼喜劇表演家。我聯絡上他並透過Zoom和他通話，彼時他正在加州柏克萊的家中。

我向他解釋我正在寫一本有關創造力的書，因此很想知道「你是在什麼情況下，想出如此非比尋常的創意企畫……以及全世界對此書的反應是否出乎你的意料？」

　　曼斯巴赫絲毫沒有猶豫，用一如他聞名的直白風格答：「你要知道，我根本從沒打算把這件事當成認真的企畫，當初只是在胡鬧而已。但到了我女兒薇薇安兩歲的時候，上床睡覺還真不是她的優先要務。當時我人在密西根，去教一個短期的暑期寫作課程，並和一堆作家住在同個空間。那時大家站在一起聊天，我就開玩笑說我要寫一本童書，還要取名叫做《你他 X 的趕快睡覺》。一、二個星期後我回到家，某天下午就坐下來開始動筆，儘管我並不覺得會有讀者想看。有幾次我家族聚會上讀給大家聽聽，惹得大家哄堂大笑〔意見徵詢型分享〕，後來就和在獨立出版商工作的朋友強尼（Johnny）提出這項企畫，他覺得還滿好玩的。但當我把稿子寄給經紀人時，他的態度大概就是：『滿好笑的啦，但市場可能沒有很大』。」

　　「雖然我們擔心只有其他和我們一樣差勁的家長會覺得好笑，但強尼和我還是決定要透過他們家的小型獨立出版商出版這本書。」

　　「就在這本書預計要開始銷售的前幾個月，我在費城的一間博物館有一個朗讀活動，當時我剛從女兒的三歲生日派

對趕來，並在活動正式開始前的最後一刻，決定要朗讀《你他 X 的趕快睡覺》。現場大概有二百名觀眾，結果讀完後，不少人問我哪裡買得到這本書。我就說：『呃，現在還沒印出來，但可以預購。』隔天早上我突然想到這事，就去看了一下亞馬遜網站的預購頁面，然後發現這本書的銷量一直在上升。到周末時，已衝上亞馬遜排行榜的第一名，而且屹立不搖，我跟強尼驚呆了。」

「這本書終於在父親節出版，馬上就登上《紐約時報》暢銷書排行榜第一名，然後穩占寶座超過一年。」

雖然是無心插柳，但曼斯巴赫點燃了一場野火。他的文字直擊了痛苦不已、睡眠不足的家長的神經，引起廣大社群的共鳴，遠遠超越他原先以為會有所連結的「差勁家長」，反而是擴及全球各地的家長與準爸媽，他們感同身受、激動地和自己所屬的新手爸媽社群分享他的文字（萍水相逢型分享）。

「講真的，我個人真心沒抱任何期望。我認為這本書有極小的機會可能觸及更大的目標讀者群，但並不特別抱什麼指望。」

如果曼斯巴赫當初沒有憑著他的創意衝動採取行動會怎麼樣？如果他沒有積極追尋自己的好奇心，並將之化為文字會怎麼樣？如果他最初沒有勇敢和兩百名聽眾分享他的故事會怎麼樣？後來他不僅讀者遍及全球，更寫出兩本暢銷的續

集。

思考一下曼斯巴赫的警世故事並捫心自問：如果我沒有排除萬難、前往自己的獨角獸空間，我會失去什麼？如果我沒有分享自己的獨角獸空間，親近之人和更廣大的社群會錯過什麼？

會錯過你，還有你所能做到的獨特之事。

信念可以超越任何可能性的限制，而且請放心，不論你的獨特創意表達是什麼，一定都會有觀眾。如果你不確定自己屬於哪種創意空間，不妨參考曼斯巴赫的案例，他開啟了一場出版革命，並激勵其他作家與藝術家去追隨自己絕不一般的征途。他的建議是：「沒有空間就自己創造出空間。」

正面迎戰恐懼

秉持「準備、就緒、出發」的心態與他人交流互動

恐懼：
首要行動抑制因子

　　我在過去一年間詢問了超過一千名女性下列問題：「當你要追尋自己想做的事，最大的阻礙是什麼？」調查結果經統計後，前幾名的答案如下：

- 時間：像是「我沒時間。」（向前翻到第四章「允許自己不要隨時待命」。）
- 不確定性：像是「除了工作、育兒和操持家務，我不知道要為自己做什麼，或是有什麼值得分享的。」（向前翻到第七章「找出好奇所在」。）
- 伴侶支持：像是「我的另一半不是百分百支持」。（向後翻到第十一章「爭取伴侶支持」。）

●恐懼：比方說——

・如果失敗了怎麼辦？

・沒辦法有始有終怎麼辦？

・如果朋友／同事／社群和別人批評我怎麼辦？

・或是更糟的情況，直接拒絕我怎麼辦？

・如果已經來不及（即年紀太大了）去積極追尋個人
想望或從事新活動的話怎麼辦？

・如果我因為不相信自己還像從前一樣優秀而退縮不
前怎麼辦？

・如果我達不到自己的期待怎麼辦？

　　所有的受訪者都一致將恐懼列為首要行動抑制因子，使他們無法去追尋獨角獸空間。我朋友吉兒（Jill）是如此總結自身的恐懼：「我再也不可能像以前一樣優秀了，所以重新開始真的很可怕。如果我的表現糟透了呢？我擔心無論我再怎麼努力，一定有其他人早就比我厲害了。說實話，我不想再次回到原點。」

　　各位是否聽出吉兒話語中的恐懼，是如何輕易導致她不願採取行動、寧願原地踏步嗎？如果你沒有小心留意，恐懼將使你停留在構想階段，或是永遠站在起點無法前進。為了幫大家更加了解如何打破自身限制（通常是咎由自取與自我破壞），進而積極展開全新追尋，我聯繫了凡妮莎‧克羅爾‧班奈特（Vanessa Kroll

Bennett），她是「女孩動起來」（Dynamo Girl）平台的創辦人，這個課外活動企畫旨在透過運動與青春期教育來提升女孩的自尊心，進而勇於正面迎戰恐懼。

【個案探討】
馬桶上的頓悟

　　班奈特是在九一一事件後安全與危機管理的領域工作，她也是在那時懷上孩子並離開職場。對她而言，做出這個決定並不容易。班奈克回憶，在生了四個孩子、十一年過去後的某個尋常早晨，四歲的女兒錫安（Zion）走進班奈特的浴室，要找正坐在馬桶上的媽媽。

　　「她看著我直接說：『媽咪，艾登的媽媽是眼科醫師，你長大後打算做什麼？』我記得自己只能直愣愣地看著站在眼前的她。事實上我一直想著返回職場以及可能發生的情況，但我從未把這件事說出口。然後錫安就問了這個問題，好像可以看穿我的心思一般，有時孩子就是有如此神奇的魔力。我回她：『嗯……我還不知道自己長大要做什麼』，然後她笑了笑溫柔道：『好，媽咪，知道答案後要跟我說喔。』說完她就離開了浴室。」

　　「當時最讓我印象深刻的是她問問題時落落大方的態度，」班

奈特回憶道：「她的語氣不帶任何批判，沒有預設我已經錯過了那艘航向大海的船班。這個小小人兒相信，我還是有無窮可能，跟她一樣。」我還是可以長大成人、還是可以實現夢想。從她的觀點來看，我的人生還是充滿開放式結局。」

班奈特繼續說：「當時錫安身邊沒有任何事業有成的成年女性榜樣。她認識的多數媽媽（除了艾登的眼科醫師媽媽）都是全職媽媽。然而出於某種原因，錫安就是覺得我不僅止於此。正因如此，我開始思考，自己是否想要返回過去熟悉的職場？或是我能想像自己成功在其他領域開創一番事業？打造出專屬於我的新天地？」

這個小小人兒相信，
我還是有無窮可能，跟她一樣。

受到女兒天真無邪的問題所啟發，班奈特開始允許自己做夢。她接著說：「就在四個月後，錫安又找我問了同樣問題：『媽咪，你長大後打算做什麼啊？』又來了，這個小小人兒兩手叉在屁股旁邊，好像在說：我會監督你為自己負起責任。你打算要做什麼呢？我對你有很高的期望喔。她可沒打算輕易放過我。」班

奈特笑了笑。

「不過這次我想好答案了。我思考出自己的動機價值觀：誠實、同理心與韌性，並想到了接下來的職涯方向：透過運動來幫助年輕女孩找到自己的聲音與提升自尊自信。當我向錫安解釋『女孩動起來』的概念時，她馬上回說：我可以幫上什麼忙？」

班奈特之所以能創辦與打造「女孩動起來」平台，都要歸功於錫安對她的啟發；正因如此，錫安同時也是參加試行計畫的十位國小女孩之一。八年後，錫安依然是班奈特成功企業的重要貢獻人士，至今仍和媽媽一起教授課程與舉辦工作坊。「她四歲時對我提出這個問題：媽媽，你要成為什麼樣的人？現在她十二歲了，而我們的公司仍在持續成長茁壯，就跟她一樣。我認為她已經把自己視為繼承者，儘管我一直和她說，你不需要承接我的事業，你可以做任何事、成為任何人。畢竟是她教會我這個道理的。」

班奈特反思：「我想包括我在內的許多女性，都害怕自己已經錯過所有機會或一切都已太遲。害怕自己不夠格、做得不多、資歷不夠、能力不足、時間不多、沒有後援。然而，女兒對我說的話，一直是我最為珍貴的禮物：哦～不是喔，還有更多未竟之事等著你去完成。」

小心十年恐懼差距

就和「薪酬差距」一樣，從第一個小孩出生後就開始對女性帶來不成比例的影響，而且每多生一個孩子，差距就會再進一步擴大；我在採訪過程中觀察到這個現象：選擇將自身獨特才華與興趣擱置下來，把更多時間與精力放在家庭的女性，她們的「熱忱差距」與「恐懼差距」會隨著每多一個小孩與每過一年而逐年加大。選擇放棄自身獨角獸空間超過十年的女性，有很大比例根本不願意談論此事，而且大多對重新探索與找回獨角獸空間懷有恐懼。

《媽媽過勞》的作者雪瑞兒・岡佐拉・齊格勒醫師對我說：「我合作過的許多女性都經歷過這種差距。在到達職涯的特定階段或孩子年紀較長、不再如此需要陪伴後，她們有天醒來心想，過去十年發生了什麼事？當我聽到她們這樣說，我會鼓勵她們重新評估人生。如果你的孩子、伴侶或工作不再能夠帶給你自我實現感，那你現在的夢想是什麼？不是十年前、而是當下的夢想是什麼？對過去的選擇負起責任，並主動選定未來繼續前進的方向，才是奪回力量的唯一方式。」

READY. SET. GO!!!

恐懼架構第一步：
事前做好準備

　　當你「靜止不動」太久，思維模式就會困在恐懼當中。我年紀太大、無法去做這個、那個。我瘋了才會去試這個、那個。為了協助各位戰勝這些狹隘的信念，我聯絡上一位在職涯中每天都要面對恐懼的強者：羅伯特・哈沃德（Robert Harward），他是美國海軍三棲特戰隊退役軍人與美國中央司令部前副司令，他將恐懼擔憂重新框架如下：「不要對自己說，我一定是瘋了才會去〔高空跳傘、賽車等等〕，而是要換成：我一定是瘋了才不去〔高空跳傘、賽車等等〕。人生苦短，馬上動身吧。」哈沃德喜歡巧妙的比喻，但絕對不會說矯情的話，而且我由衷同意他的說法；每個人都應該養成或重拾「不斷移動」、「一定是瘋了才不去」思維，才能採取可行步驟大步向前，帶我們穿越恐懼、邁向下個目標。就算你還沒有專精的技能或開過賽車，不代表你現在或未來都無法達成目標。卡蘿・杜維克（Carol Dweck）是一流研究人員與暢銷書《心態致勝》的作者，她表示「尚未」是極具力量的想法，為

你指引通往未來的路，而且「未來」指日可待。

然而……

勇敢展現自己，走到前方、站上人生的偌大舞台，確實可能會讓人感到焦慮不安、甚至是動彈不得。在為此書做研究時，我在社群媒體上隨機調查了一百名對象，並提出這個問題：面對恐懼時你會做什麼？大家首選的答案就是「做好準備」。

比方說：

- 做好相關研究。
- 讀書。
- 諮詢他人意見（有經驗的前輩）。
- 反覆練習。
- 複誦肯定話語／抱持正確思維心態。
- 冥想與嘗試正念練習。
- 分配資源（必要的時間、金錢、物資或裝備）。

我大力贊同這些見解，做好準備即可創造更高效率，任何適合自己的形式皆可。不僅如此，我也有過親身經歷，成長型思維搭配萬全準備，就能讓自己準備好積極戰勝恐懼。

當我受編輯邀請為第一本書錄有聲書時，我知道自己應該感謝有這個機會，可以向更廣大的有聲書消費群眾傳遞我的訊息，但老實說，我的感恩之情蒙上了恐慌的陰影。我應該有提過，我

不喜歡自己的聲音（尖銳的要求：這位先生！），而且我實在想像不出來，要怎麼讀出自己寫的三百頁文字，而且是大聲念出來！同時還要擠在一個沒有窗戶的狹小錄音間，加上製作人在一旁監聽，而且肯定會一一指出我犯的所有錯誤。你可以重讀一次那個句子嗎？麻煩再讀一次？

我感到呼吸困難：如果我連第一段都讀不完就搞砸了呢？如果製作人也超討厭我的聲音怎麼辦？如果他們發現我不是卡翠娜·梅迪那，然後把我趕出錄音間怎麼辦？

我打電話給我先生大吐苦水，希望他能可憐可憐我，以配偶的角色允許我向恐懼屈服，然後我就能脫身了。「所以我應該拒絕這個機會，對吧？」我說這句話的方式比較像是已經做了放棄的結論，而不是在提問。但我的頭號擁護者塞斯並不同意，只淡淡地說：「不要逃避，勇於失敗。」

等一下，什麼？失敗？

所以說我還沒擺脫這項任務，超想要大聲尖叫、然後拿一大袋 M&M 巧克力躲進衣櫃中、再也不出來。但我沒有，反而是深吸了一口氣，然後翻轉我的心智工作盒，拿出我最信賴且可靠的工具來迎戰恐懼：我不是很厲害的說書人……現在還不是而已，再加上密不透風的萬全準備。

隔天早上九點鐘，我驅車前往「Studio City」去上第一堂業餘配音課。我走進教室，這裡看起來像出席率很差的家長教師會

會議室，只有折疊椅和螢光色的照明。大家開始自我介紹，一位商業演員希望能夠拿下「StarKist」公司的鮪魚角色查理（Charlie）；一位女性要面試兒童動畫電影中的老鼠角色；一位是睡眼惺忪的音訊工程師，家裡有雙胞胎新生兒。雖然我心中忐忑不安，但還是鼓起勇氣自我介紹。我們圍成一個圈圈，反覆讀出各自的台詞並聽取大家的評論（意見徵詢型分享）。我在鮪魚先生花式手勢的引導下，學會了如何留意語氣中的抑揚頓挫和語速，以及如何用「低戲劇張力」和「高戲劇張力」的方式講話。雖然第一天的課程結束時我累癱了，但恐懼感已降低了不少。

想要拿到動畫電影角色的那位女士向我保證：「你一定辦得到，至少你可以用英文說話，我還要想辦法用老鼠的方式說話咧。」

我接連五天的上午都去上配音課，晚上等孩子上床睡覺後，就開始練習自己的聲音表達方式直到午夜。到周末時，我覺得自己做好了萬全準備。開車前往錄音工作室的路上，我聽著我最喜愛的怪奇比莉的歌曲，讓腦袋進入狀態，然後就昂首闊步走進錄音間了。製作人史蒂芬妮（Stephanie）歡迎我的到來，然後點了點她的 Apple Watch 說：「今天要做的事很多，我們必須按時進行。」

我的高昂精神馬上開始萎靡。她眼睛略微一亮表示：「但我會幫你的，如果出現結巴或漏字，我會提醒你。或是如果需要放慢

語速或在聲音中加入笑意，我也會舉手表示暫停，下場指導你。」

　　好吧，我無奈表示接受，然後踏入錄音間；雖說我應該勇於失敗，但還是希望有好結局。各位知道嗎？我表現挺好！雖然如果早知道要站八小時，而且連上廁所的時間都有限制，我就不會穿那麼緊的鞋，大概也不會去上配音課，而是會直接聘請卡翠娜・梅迪那來錄就好。

如果等到恐懼走遠，機會也會隨風而逝。

——萊絲麗・布洛蓋特（Leslie Blodgett），
「BareMinerals」美妝品牌的執行長暨創辦人，
以及《美好建議》（*Pretty Good Advice*，暫譯）一書的作者

　　準備是最重要的口袋工具，幾乎適用於所有人，不管是業餘人士或專業人士。以神經解剖學家暨大腦研究人員吉兒・波特・泰勒（Jill Bolte Taylor）為例，我曾在某處讀到，她在 TED 大會上針對大腦復原力發表了一場強而有力的演說，但在上台前已經私下練習了二百次。二百次！這項心理技巧稱之為「心智演練」，而且研究顯示，在事前仔細演練恐懼可能到來的時刻，有助於降低害怕的程度。只要經過事前的精心排練，當重要時刻不可避免

到來時（站在 TED 大會的舞台上、在錄音間或是必須去的任何地方），你就不會太過驚嚇或震驚了。

恐懼架構第二步：
和心靈之友一起準備就緒

對我來說，「勇於失敗」的心態加上事前準備，就已是非常強大的武器，足以打擊恐懼和焦慮，也是我最常用的工具。然而——小心留意！——更重要的是不要卡在事前準備階段。做好事前準備工作，等身心就緒了就踏出前進的下一步。「就緒」（set）的字典定義是「處於或進入特定狀態」，是時候換心靈之友登場了。這類朋友可以幫助你進入「我能夠直面恐懼」的賦能狀態。大家務必注意，心靈之友不一定是認識很久的朋友，也可以是短暫的萍水相逢。重點在於這些交流互動必須在正確時機出現在你的生活當中。這些人可以在事情急轉直下時成為你的後盾，而且他們可以出現在任何地方，就像我在配音過程中學到的經歷一樣。誰想得到？「StarKist」的鮪魚角色查理會是我的「貴人」，他就是當下我最需要的朋友。

我對心靈之友的定義是在需要的時候，為你提供鼓舞與溫暖支持的朋友，幫助你解開糾纏不休的自我懷疑和恐懼觸手，才不

會使你無法前行。除了幫你穿上全副武裝、給你擊敗恐懼的勇氣以外，心靈之友還能鼓勵你和全世界分享你的特殊才能、隱藏天賦與專業知識，因為他們能夠看見你的真實樣貌與潛能。心靈之友的能力在於協助你找回自身力量，並在前行的路上成為超棒的歡樂泉源，以及創造意義重大的交流互動。

每次出差時，我都會邀請一位心靈之友同行。柔依是我多年的朋友與獨角夥伴，她也經常擔任我的旅伴。這些年來我們在飯店共睡一張加大雙人床的次數，已經多到我數不清了。

塞斯會問說：「為什麼不分房或分床睡？」

我回道：「因為研究顯示，面對面的互動和社交連結有益於個人的身心健康。簡單來說，就是當我開始控制不了自己的情緒時，柔依能讓我穩定下來，更何況她總是能把我的髮型用的美美的。」

根據我的個人經歷，以及我和數百人談話的內容，我已找出所有人都應該要好好培養的兩大心靈之友，協助我們面對壓力、焦慮和恐懼：

- **一號心靈之友**：分享旅程。這些朋友十分認同你的旅程，因為他們也有類似目標。他們會鼓勵你持續展現自我，並和全世界分享，尤其是當恐懼和質疑阻礙你前進的時候。我的配音朋友就屬於這一類。
- **二號心靈之友**：支持旅程。第二類的靈性友誼則是雖

然他們有自己展現創造力的獨特方式，但依然因你而受到啟發，且願意支持你的旅程；其支持方式是給予溫暖的鼓勵話語和建議，並提供所需的資源和人際互動，為的是助你達成目標，甚或是願意把他們寶貴的時間留給你。

我是在一家書店認識布蘭達・雅諾維茲（Brenda Janowitz），當時我的第一本書即將出版。我們起步的職涯都是律師，因此我們一拍即合。她對我說，她一直想要成為小說家，但外界壓力讓她覺得還是去讀法學院比較有吸引力。過了一個月左右，她在Zoom上對我說：「我開始在閒暇時間寫自己的作品了，但還是沒有全心投入，因為你也知道，律師的行程真的很緊湊，而且總是疲憊不堪，還要想辦法擠出時間安排社交生活。」

即便雅諾維茲承認，她並不滿意自己的職涯選擇，但她說如果不是摯友尚恩・莫里斯（Shawn Morris）出手介入，她大概還是會走同樣的老路。

「多年來尚恩一直聽我在抱怨類似的事，像是『我真的很想上寫作課』、『但實在太貴了』、『我沒時間去上』……我總是找得到藉口。所以在我三十歲生日的那天，她對我說：『不准再空談寫作的事了，你必須採取實際行動。』原來，她和我們整群的大學閨蜜集資，買了一堂正規的寫作課送我。」

讓自己身邊圍繞著願意給予你鼓勵支持的朋友，
使你有力量去找出與運用自己的聲音，
並鼓勵你和全世界分享你的特殊天賦。

　　雅諾維茲講述了當時她有多感謝大家的心意，以及萬分期待加入寫作社群的前景。然而：「我記得自己冒出一個念頭：我怎麼能夠承諾要做這件事？我真的有能力辦到嗎？」

　　尚恩透過鼓勵的方式，協助她一一平息了各種恐懼（別忘了，每周二晚上有寫作課！），還自告奮勇幫她看初稿。雅諾維茲邊回憶邊說：「出於某種原因，每周固定安排一晚去上寫作課，真的讓我一步步踏上正確的道路。」（展現支持型分享）「接下來我也開始會寄些稿子給朋友看，讓他們知道我的進展，還會一起討論、開懷大笑，就像在說，我們是不是真的超聰明的。」（意見徵詢型分享）

　　雅諾維茲在摯友的鼓勵下不斷前進；經過了一年，她寫出三百頁的稿子，完成了她的第一本小說。從那時起，她已完成並出版共六本小說，而且更因為最近出版的小說大賣，又簽下了第七和第八本書的合約。她邊回顧過去邊說：「如果尚恩沒有送我那堂寫作課，我不確定自己是否會寫出第一本小說。」這次允許自己去追夢的假條改變了她人生的軌跡。「每次翻到三十歲生日那晚的

照片，我都會想到自己的人生從那一刻起，發生了多麼翻天覆地的改變。從我開始動筆寫作，並將自己視為作家的那一刻，我感覺就像再次找回了自己。」

或許人生會從今天就此改觀，這想法有多美妙。

——布蘭達・雅諾維茲，
《格蕾絲・凱莉的禮服》（*The Grace Kelly Dress*，暫譯）的作者

打造專屬於你的交流聯盟

我的採訪資料顯示，任何形式的心靈之友（兒時玩伴、大學室友、鄰居和孩子）大多是對抗恐懼的最好辦法，允許我們重新展開新人生。想想現在出現在你人生中的那些人，包括生活周遭的熟面孔與常有來往的朋友，他們是否落在以下類別：替你打氣、給予支持力量？使你有力量找出與運用自己的聲音？鼓勵你和全世界分享唯你獨有的才華、天賦與知識？如果不是，請務必想辦法打造心靈之友聯盟。

我會在人生的各個領域尋求新友誼，所以我的老友莎拉最愛笑我是友誼囤積症患者。她說的還真有點道理，但總歸來說，我只是喜歡在人生路上認識形形色色的人。既然你永遠不知道自己

會在哪遇到下位朋友，不如就抱持開放心胸、盡可能認識更多人。在過去幾年間，我得到的結論是，友誼可以給予不同層面的支持。舉例來說，如果我想要詢問有關小孩的建議，我會打給蘿倫（Lauren）；如果我想要旅行的相關資訊或為生活找點樂子，我會打給碧安卡；如果我需要深刻的對話，聊聊人生的存在意義，我就會找柔依（然後一起躺在加大雙人床上）。我甚至還做了一張大師清單，依支持類型將我的朋友分門別類。我知道，聽起來完全就是 A 型人會做的事（我承認！）。

當我決定要寫這本書，然後開始探索創造力、身分認同與意義的交叉點時，我集結了一群心靈之友加入我的旅程。其中不少人是我多年以來的支持力量，在我出書時多次將我從可怕的崩潰邊緣拉回來。他們是我的核心小組、我的圈內人，更是獨角夥伴聯盟的核心成員。我在為這本書做採訪時，幾乎每次訪問都能認識到更多的人，其中許多人都成了我的心靈之友，因為我們有相去不遠的目標，而且支持彼此獨一無二的創意表達方式。

友誼聯盟會不斷變化

如果各位尚未擁有專屬的友誼聯盟，請先指定一位（或二位、三位、四位）心靈之友，負責在你有需要時給予你支持力量（精神層面或實際上的陪伴）、幫你穩住腳步，助你繼續前進與「升級」，一步步朝目標邁進。這個過程有點像是要為自家公司或組織

創立董事會，只不過你要找的是由心靈之友組成的聯盟，支持你完成專屬於你的獨角獸空間旅程。這個聯盟可能會隨著時間不斷變化，因為你的目標會一一達成，旅途也可能出現新的轉折。現在請先根據眼前的目標，挑選適合入盟的人選，以及哪些人需要暫時放一邊。聽起來或許有些冷酷，但找出總是以你的最佳利益為考量的朋友，以及辨別誰並不總是支持你或不會贊同你為自己設定的目標，兩者同等重要。

　　珊蒂・欽默曼回想起她第一次報名參加《美國極限體能王》的心情，她說：「第一次動參賽念頭時，我的夢想還非常脆弱。幸好，我打電話給一位摯友，然後跟她說：『我在考慮做一件超瘋狂的事，而且聽起來一定很像神經病，就是我想當美國極限體能王。』然後我告訴她整個比賽的流程。結果她說：『聽起來超讚欸！我可以幫上什麼忙？』我記得當時心想，如果我找錯人，那個人可能會說：珊蒂，你瘋了吧，你絕對不可能按到終點的蜂鳴器。你不可能辦到，你已經是三個孩子的媽了，幹麻要設定這種目標？如果是這樣，我真心覺得我的故事就會直接畫下句點了。當這位朋友說出：好，就這麼辦，我們一起加油，那真是決定性的一刻。女人可以為彼此提供的支持力量真的不可限量。」

我們的夢想很脆弱，
所以最好謹慎挑選最初分享的對象。

——珊蒂・欽默曼

　　回到雅諾維茲，她表示：「我真心覺得自己很幸運，成功將夢想變成了工作，然後這幾年我發現，有時別人不喜歡你活出自己的夢想，有些朋友還會因此憤憤不平，甚至覺得你憑什麼過著夢想中的生活？我明白這是因為他們沒有實現自身夢想才會這樣。我的知己尚恩一直都很支持我，但很遺憾的是，我不得不疏遠某些朋友。」

　　我在這些年來亦曾選擇放棄部分友誼，因為我意識到他們在關係中無法帶來支持或提升士氣的能量。蘇珊・傑佛斯（Susan Jeffers）是《恐懼 OUT：想法改變，人生就會跟著變》一書的作者，她建議大家捫心自問下列問題：「〔你的朋友〕很期待看見全新的你嶄露頭角，還是希望和過去的你做伴，就算你早已破繭而出了？」

　　放棄友誼是特別令人難受的事，尤其是認識了大半輩子的好友。但關鍵在於：當你身邊圍繞著真心實意支持你的朋友，實現夢想的過程會容易且好玩上許多。傑佛斯並補充道：「一群強大、

充滿動力且鼓舞人心的朋友，能為你帶來難以想像的力量。」

另一半是我的隊友嗎？

如果清點完畢哪些人最適合加入聯盟後發現，伴侶對你的目標所產生的行為和反應，符合應該排除的條件該怎麼辦？簡言之，如果伴侶不夠支持你的獨角獸空間時該怎麼做？

簡要的答案是：鼓勵各位尋求伴侶以外的心靈之友。我們的伴侶不能、也不應該是我們唯一的支持力量。儘管如此，對有另一半的人來說，對方的支持還是重要的一塊拼圖，後續章節會有更詳盡的解釋。現在先簡單說一下，根據我的觀察顯示，在伴侶或親密關係中，如果任一方或雙方都覺得自己不受支持或不被允許去追尋三職以外的興趣熱忱，許多配偶都表示會長時間感到怨恨、心中主觀認定不公平，而且缺乏自我實現感。更直白來說，如果沒有平均分配彼此的獨角獸空間，那讓我們最感幸福快樂的事，就會是另一半最怨懟我們的事，反之亦然。很難想像，對吧？

好消息，如果配偶有確實進行合作式對話，並將平均分配個人追尋的時間當成優先要務在處理，這種動力關係就會大幅翻轉，而且在短時間就能看出成效。獲得伴侶支持是上上策，然而加州大學洛杉磯分校（UCLA）的教授特蕾莎・西門（Teresa Seeman）博士也揭示了女性的微妙差異：「在年輕的時候，婚姻關係

至關緊要，但隨著年紀漸長，友誼反而變得日益重要，而且是否結婚相對來說就不那麼不重要了。」

恐懼架構第三步：
出發，做就對了

做好勇於失敗的心理建設與完成事前準備後（準備！），找出至少一位心靈之友（就緒！），此時你應該會覺得自己準備好破除任何出自恐懼、徘徊不去的反對聲音，它是唯一擋在你和目標之間的阻礙，接下來就是……出發！等一下，先別急。在動身之前，我想再為各位提供一項戰術，在最後一刻助你一臂之力，比方說在即將站到台上（隱喻上或真實的舞台）或要發動引擎的那一刻……你突然整個人僵掉了。

為了找出能壓制恐懼的動機、成為督促各位朝目標前進的最後一把推力，我聯絡上羅賓‧亞森，她曾在《財星》五百大公司活動上發表演說，主題是她如何無所畏懼地離開年薪百萬美元的辦公室職位，去追尋截然不同的冒險之旅，並成為「健身計畫」（Fitness Programming）的副總裁與派樂騰（Peloton）的總教練。趕在她下場健身課開始前，我們簡單見面喝個茶，我問她：「如果有人站在自己的起跑線、準備展開新旅程，結果恐懼讓他們無法

邁開步伐，此時你會給他們什麼建議？」

亞森露出了大大笑容：「我會對他們說我媽常對我說的話，『你辦得到的』，只要下定決心踏出那一步。此外，我也鼓勵大家這麼做：記住專屬於你自己的超級英雄敘事。」換句話說：回想自己的成功故事！聽起來很簡單，但她表示，實際執行起來卻出乎意料之外的困難。「一旦卡在慣性之中、害怕跨出下一步，我們很快就會忘記自己曾經有過那種衝勁。我發現野心十足、成就非凡的女性，反而不會花時間重新回顧自己的超級英雄敘事，也就是過去面對並突破恐懼的時刻。她們忘了自己走到今天這一步的關鍵轉折。」

亞森將這個為了繼續前進而回顧過去的練習稱之為「刻意回顧不安小儀式」，她認為該練習可以轉換應用在任何目標之上，包括新工作、報名課程、和老闆進行困難對話，或是邀請伴侶支持專屬於你的獨角獸空間。

「當你心想，我永遠做不到，請回想你個人故事中的其他篇章，上頭記載著你如何克服了恐懼，或是如何失敗跌倒但又站了起來。此項練習是為了讓你想起恐懼的模樣並相信自己的反抗力量，進而使你有勇氣一而再、再而三地起身與之對抗，不論當下處境有多艱難。」亞森表示：「平庸是更加安全舒適的選項，但只要你感受過自身的力量，就再也不會想要繼續平庸下去了。」她準備趕往下一場九十分鐘高心肺強度的耐力自行車運動，在這之

前，她掀起身上水藍色的背心，露出肋骨上的刺青給我看，上頭寫著 resilient stock（韌性滿點）。

善用你的抗壓韌性、你的超級英雄敘事。

所以說，重點不在於成為無所畏懼的人，而是要在面對恐懼時擁有良好的適應力。透過這項回想練習，我們可以培養隨機應變的能力以及長期的抗壓韌性。大衛·史密斯（David G. Smith）博士是美國海軍戰爭學院（United States Naval War College）領導與倫理學院（College of Leadership and Ethics）的社會學教授，同時也是退役海軍飛行員，他認為羅賓·亞森所說的刻意回顧不安處境的儀式練習，跟「曝露療法」有異曲同工之妙。我們聊天時，他提到了自己的親身經歷，當時是海軍學院（Naval Academy）的年度訓練，他必須從十公尺高的跳水板上跳下來。

史密斯承認：「我有懼高症，但所有人都必須要跳，真的很嚇人。〔克服恐懼〕的唯一解方就是跳下那塊板子，然後一次又一次、不斷練習跳下去。與克服焦慮有關的所有研究皆顯示，你怕的是什麼根本無關緊要。如果想要『不再害怕』、想要能夠冷靜面對恐懼，就必須不斷讓自己曝露在恐懼之下。」

自我練習題

創造刻意回顧不安處境的儀式

　　花點時間回想你害怕做某件事、但還是鼓起勇氣面對的經歷，也就是你將自己曝露在恐懼之下、奮不顧身的跳下去，然後成功存活了下來的時刻。在日記或下方空格簡單寫下自己的回憶：

我記得當時很害怕要演講／要求加薪／上台表演／辭職／學習新技能等等。請在空格中填入個人經歷：我記得當時很害怕要＿＿＿＿＿＿＿＿＿＿＿＿＿＿＿＿＿＿＿＿＿。

我記得自己感到擔心／害怕／丟臉／焦慮／沒自信等等。請在空格中填入個人的情緒經歷：我記得當時自己感到＿＿＿＿＿

＿＿＿＿＿＿＿＿＿＿＿＿＿＿＿＿＿＿＿＿＿＿＿＿＿＿。

在面對恐懼時，當我達成了目標，我記得自己感到放下心中大石／歡欣鼓舞／以自己為傲／腎上腺素飆升／無比強大等等。請再次在空格中填入自己成功迎戰恐懼後的個人情緒經歷：當我達成目標時，我記得自己感到＿＿＿＿＿＿＿＿＿＿

＿＿＿＿＿＿＿＿＿。我替自己慶賀的方式是＿＿＿＿＿＿＿＿＿

＿＿＿＿＿＿＿＿。

把這些話語記下來！下次害怕去做某件事時，請提醒自己過去迎戰並克服恐懼時的感受。在積極追尋新目標時，請再次想像那種感受。

⊙⊙

回到錄音間

　　當我受編輯邀請為此書錄有聲書時，我想起自己在為第一本書錄音錄了一整天的感受：雙腳疲憊不堪，因低血糖而暴躁不已；但除此之外，我還感覺自己好像無所不能。說真的，我開心得不得了，知道自己完成了一件高難度任務，而且一開始還極度不甘願（其實是恐慌），然後成功存活了下來。不僅如此，我還樂在其中，更和製作人史蒂芬妮成了新的心靈之友；她在聽我說了整整三天、長達三百頁的性別平等議題後，毫無保留地和我分享了她自己的婚姻故事。

　　所以這次我毫不猶豫地點頭答應了編輯，然後邀請史蒂芬妮和我一起加入第二回合的戰鬥。我抵達錄音室準備開始第一次的讀稿時，不僅做好了心理準備，還穿上寬楦的 New Balance 跑鞋、拿了個好笑的袋子裝滿零食。我知道接下來迎接我的會是什麼挑

戰，因為之前「曝露」在這個情境過了。在上台表演或截止期限前，我還是會有坐立不安的感受，但已不再感到害怕，因為我已準備好「出發」。

【個案探討】
加速前進

在寫這本書的過程中，我遇到了許多啟發人心的強者，他們在恐懼之下仍鼓起勇氣、追尋自身的好奇渴望，但應該沒有人像蕾妮·布林克霍夫如此常用這項「準備、就緒、出發」的三步驟架構。她將四個小孩拉拔成人，並在五十六歲時做出了充滿戲劇性的驚人轉變，搖身一變成為賽車手，改寫了自己的一生。布林克霍夫承認自己當初很天真，沒有多想就加入了這個以男性為主的賽車運動，然後展開了她的英雌之旅，而截至目前為止，她已見識過無數風景、行駛超過二萬英里、橫跨全球所有大陸。她的非營利車隊「Valkyrie Racing」至今已募得近五十萬美元，其宗旨是幫助處於危難中的婦女和兒童，主要任務則是打擊兒童走私。

我想要採訪布林克霍夫，因為她等於是具現化了我「不斷前進」的比喻。我問她在追尋熱忱所在時，是如何翻轉自己對失敗的恐懼：「當時如果你逐夢失敗，會失去什麼？以及驅動你向前衝

的終極理由是什麼？（原諒我的雙關）」

　　她一派輕鬆地答覆：「那已經是近八年前的事了，當時不是我想要這麼做，而是我必須這麼做。腦海中有個聲音在說，我要去賽車。就在那一刻，我意識到我一直在對自己這麼說好一段時間了，只是我都充耳不聞。我結婚結的早，而且馬上就有了孩子；我喜歡自己身為媽媽和太太的角色，只不過我必須把年輕時喜歡的所有其他事都暫時擱置。五十六歲的那一年，我發現多年以來，我一直在把自我裝進箱子、束之高閣，久到都忘了自己是誰。因為這個聲音的提醒，我知道我必須找回自我。」

　　「為什麼是賽車？」我打破砂鍋問到底。

　　「老實說，其實也可以是任何其他事，比方說飛向月球，我只是必須要做什麼而已。」

　　布林克霍夫需要冒險，還有速度。

　　她接著說：「還小的時候，我曾和家人遊歷過許多國家，非常喜歡。然後就過了二十五年沒有旅行的婚姻生活，所以當我聽到拉力賽不是在固定跑道、而是在世界各地的馬路上舉行時，我心想，哇塞，聽起來超有趣。」

　　儘管過去沒有任何經驗，布林克霍夫還是報名了二〇一三年的卡萊拉泛美公路賽（La Carrera Panamericana），這是一場為期七天的賽事，最早可追溯自一九五〇年，賽道將跨越二千英里的墨西哥街道與極端凶險的荒野地形。布林克霍夫買了台適合的

車、找了導航員與技師，然後就直接上路了。

「你不害怕嗎？」我一邊問一邊心想，這女人瘋了嗎？

她馬上答道：「怕啊，我超怕失敗、怕各種未知的情況，也怕自己站在那、大家不知道會怎麼看我。我心中無比恐懼。如果我不會開怎麼辦？如果我做不到怎麼辦？而且賽事本身很危險。比賽第一天早上就有人死掉了，兩天後有另一台車著火了，還有人開下斷崖。我心想，這場比賽太瘋狂了，不是鬧著玩的，但同時我又置身在全新的世界，整件事都令人興奮不已。我下定決心要『鼓起勇氣』、『勇往直前』，然後就在那一年，我和羅伯特〔她的導航員〕拿下了該組第一名。那是該賽事史上頭一遭，有女性第一次參賽就拿下冠軍！我意識到，哇，光是勇敢展現自己就能學到不少事，但還是很驚訝我們居然能有如此出色的表現啦。」

那次的大膽行動是布林克霍夫脫胎換骨的序幕。原本預計只是難得一次的體驗，後來變成擋都擋不住的新愛好。她說：「離開舒適圈讓人加倍的認識自己，包括弱點與強項，我還發掘出連我都沒想過自己擁有的力量。這次體驗大大改變了我的人生軌跡，所以我必須回到賽場上、再來一次。」

「我鼓勵大家都要踏出第一步、勇敢去試，然後不要考慮太多，也不要去聽否定論者的建議。是不是總會有人說這樣不行、那樣不行？不要理他們，耳朵關上、雙眼緊盯前方目標，衝就對了。」

自從完成卡萊拉泛美公路賽在墨西哥的賽事後，布林克霍夫已經從北京比到巴黎，一路穿越過東非、秘魯安地斯山脈以及托斯馬尼亞，接下來要去南極洲比賽。在參加比賽的過程中，她引起非比尋常的關注與影響力，並持續用自己的聲音發聲、對抗兒童走私，以及為相關行動募款（服務他人型分享）。而且幾乎每到一個國家，布林克霍夫語氣激動地說：「現場總是有各年齡層的女人與女孩在那等待數個小時，只為了親眼看我們進場。她們滿心感謝我們在『男性制霸的運動』中所成就的一切，甚至感動到落淚。她們會說：『妳激勵了我們去從事社會或文化說我們沒能力去做的事。妳證明我們有能力、我們可以辦到。』這類的話。認識這些女性同胞就是我前進的動力。看見自己對其他女性的人生創造的影響力，知道自己可以給予她們希望，去突破自身限制、勇敢追夢、找到自身力量，讓我覺得一切的努力都值得了。」（貢獻專長型分享）

　　她三十三歲的女兒克莉絲緹娜（Christina）從一開始就陪著布林克霍夫旅行各地，現在是更是布林克霍夫全職的商業夥伴，專門負責媒體相關事務，我必須問她這個問題：「你替媽媽感到驕傲嗎？」

　　她露出大大的笑容：「天啊當然，我親眼見證到媽媽人生蛻變的整個過程。在她完成第一場墨西哥的比賽後，我記得自己心想，原來這才是她真正的樣貌。對我來說，這也是充滿反思的經

歷，現在我會問自己，我接下來要做什麼？我想要追尋和達成的事是什麼？我媽有很多地方值得我仿效，但她的成功故事代表的是更多的希望，因為她證明永遠不會太遲，我們隨時都能翻轉人生。」

你可以達成無比驚人的成就，
遠遠超過自身預期，
只要你願意站上舞台、放手一搏。

——蕾妮・布林克霍夫，賽車手

第十一章

爭取伴侶支持

善用堅定支持的神奇魔力、讓人生改頭換面

【個案探討】
喪屍伴侶

　　向各位介紹尚恩・布德蘭（Shan Boodram），她是具合格執照的性教育家、親密關係專家暨約會教練。布德蘭的 YouTube 影片超受歡迎，有各式各樣與經營關係有關的主題，包括她本人大方坦蕩的指導伴侶如何「增進手上功夫」。我們最初是在錄 Podcast「話說公平」（In All Fairness）時認識的，當時她和她的另一半傑瑞德（Jared）是我的節目嘉賓，我在現場都能感受到他們彼此間的真實愛意。在她和傑瑞德的第一個小孩出生後，我和她聊了一下近況，還特別問了她，傑瑞德對她的創意事業有何反應，以及他如何展現支持。

布德蘭笑了笑、自在地說：「傑瑞德對我工作的反應大概可以用他最愛的一句話總結：『我沒有不滿。』他的意思是我認同工作是你的優先要務，能讓你士氣高昂，而我也沒打算跟你的工作競爭。再來，他是發自內心對我在做的事感到著迷，而且想要有所貢獻。他常常會買和我工作有關的書給我，或是傳送超酷的 TED Talk 演說連結給我。」

「其他伴侶要如何仿效你們？」我問。

經過一番沉思後她說：「傑瑞德自己就是才華洋溢的表演者。他是音樂家與內容創作者，他有自己的事要做，也有自己的目標，但與此同時，我出類拔萃時他也會更加開心。比方說當他和我一起出席演講或活動時，看見我站在眾人面前、因大家踴躍參與而變得更加活力充沛，他也會覺得自己有所提升。他不會因此自尊心大受打擊，反而是像父母一般替我感到驕傲。和傑瑞德在一起，我從來不需要遮掩自身光芒。」

我不假思索地將自己的想法說出來，不知道布德蘭是否了解自己有如此支持她的另一半有多幸運。和我聊過天的許多配偶，或至少是其中的一方，對另一半都長期抱有埋怨。

她點點頭說：「哦，我知道啊。我的前任伴侶常對外說自己是『最懂支持的另一半』，但其實並不是。他滿腔妒意，而且備感威脅，而正因如此，我浪費了好多創意能量在和他爭論與控制關係中的衝突，那段時期糟透了。」

布德蘭提醒大家，如果各位處於她所說的「喪屍關係」中，也就是另一半不斷消耗你寶貴的腦力與創造力時，請快逃。

布德蘭接著說：「我的談話與教學主題都是性，但我對真正親密關係的定義是：珍貴且私人的緊密關係，會不斷變動、經得起挑戰，而且願意給予彼此支持；不一定會照順序發生，也不一定是等價交換。隨著人生走入不同的階段，一段健康、親密的關係會隨著你的狀態一起轉換，因為你是不斷追求改變和成長的個體。」

在最理想的世界中，當你在積極追尋專屬於你的獨角獸空間、採取行動達成目標與實現夢想時，另一半會給予鼓舞人心的支持力量。

看清楚我的用語：在最理想的世界中。

我採訪過數百對異性戀與同性戀配偶，他們有著不同的社經與文化背景，我覺得其中最顯見的道理就是，創造時間和空間留給個人的自我表達是有潛力為關係帶來正面轉變，但必須符合特定條件。想要安心自在地待在專屬於自己的獨角獸空間，伴侶雙方都必須要獲得相應的時間和空間，去探索與培養自身獨一無二的才華與興趣……而且他們必須互相支持彼此的個人表達與成長。

問：如果沒有另一半呢？

答：你也可以選擇跳過本章⋯⋯但在你決定這麼做前，我認為本章還是有值得一看的智慧與建議，不管你現在是否有穩定的感情關係。本章的發現適用於生命中的任何親密關係（友誼、親情、甚至是室友與同事）。「從我到我們」的關係有很多不一樣的形式，不管在你眼中看起來是什麼樣貌，伴侶關係都能為創作生活提供關乎成敗的支持力度。

障礙何在？

如果你感受不到另一半的支持，或是不認為自己獲得追尋個人目標的許可，那這段關係中最大的障礙是什麼？是什麼原因阻止你或另一半擁有自己的獨角獸空間？我問了數百人這個問題（包括我的獨角夥伴聯盟），然後收到了形形色色的回應，但最熱門的有毒「浪費時間」訊息又再次登上榜首：

- 「我沒時間，所以我的伴侶當然有時間花整個周末修

理他們的古董車引擎。」

- ●「不把時間花在陪孩子、陪另一半或家務上會讓我有
　　罪惡感。」
- ●「他們痛恨我把時間留給自己。」
- ●「什麼時候才輪到我休息？」
- ●「另一半認為我的獨角獸空間是在浪費時間。」

　　除此之外，許多配偶表示，溝通障礙也會妨礙他們創造時間
和空間給伴侶或家庭以外的事務：

- ●「當他們聽到『我需要時間去⋯⋯，』就會假裝沒聽
　　見。」
- ●「他們直接拒絕我。」
- ●「用不了多久我們就會大吵起來。」

　　各位有沒有發現，我們很容易把另一半當成自己無法從事個
人追尋的主因？即便有些人（尤其是女性）確實找出時間和空間
去從事個人興趣，仍表示沒把時間花在完成其他責任上，他們會
有罪惡感。

　　為什麼會這樣？我們都知道追隨好奇渴望與培養個人興趣於
己有益，更是健全伴侶關係的關鍵。為什麼想要給予和獲得追求
個人自我表達所需的伴侶支持，還是如此困難？接下來就讓我們

來一一拆解擋住我們去路的數個障礙，首先是憤怒。

【個案探討】
夜貓創作者

我的朋友珍（Jane）向我坦承：「每當我聽到艾德要花整晚的時間在車庫忙另一個計畫，然後我又被關在家準備全家的晚餐，我我就氣到連血液都要沸騰了。為什麼他可以在外頭做他的事，我卻必須要待在家？我知道他熱愛晚上的『修東修西』時間，但不公平啊，為什麼他可以在那玩他的工具到晚上十點，而我卻要負責維持家裡正常運作。而且到底什麼時候，」珍怒氣沖沖地說：「才輪得到我有任何自己的自由時間？」

「你聽起來真的超氣，」我回。

珍斜抬起頭，看了我一眼，像是我在說廢話。

當我問珍是不是有其他情緒潛藏在憤怒之下，她聳聳肩表示不知道。我解釋給她聽：「有沒有可能你對艾德的怒氣，其實是為了掩蓋自身的恐懼，你覺得有可能嗎？」

「不可能，」她堅定說道：「我百分之百是在生氣。」

「好，」我語氣溫和地繼續說：「試想一下在某個平行時空，艾德持續把時間用在自己身上，而你一直在放棄自己的時間，會

不會讓你感到害怕？」

珍放下了防禦姿態，突然眼眶充滿了淚水。她自省了一下說：「好像真的是這樣。在那個世界我很怕自己變成刻薄的老女人，放棄了自己的夢想、自己喜歡做的事，只為了配合其他人……然後，」珍的語氣突然又兇狠了起來：「一想到這我又開始怒火中燒了。」

憤怒等於恐懼

我朋友珍不是單一個案。我和許多女性聊過，她們毫不掩飾自己對另一半的憤怒，原因包括另一半是她們最大的怒氣來源，以及另一半拒絕給予她們所需的空間和時間去發展三職以外的角色。茱莉・楊（Julie Young）是名特教老師與三個孩子的媽，她在 Reddit 上寫了封公開信給她先生：「只因我生來有陰道，不代表我就要負責九成的家事和顧小孩的責任。」她繼續寫道：「我最氣的是我自己，居然害自己消耗到精疲力盡、灰心喪志的程度。」茱莉的貼文獲得了超過一萬八千名讀者「按讚」，他們都對她的不滿感同身受。在後續的貼文她寫道：「我現在才知道不是只有我有這種感受。」

在和雪瑞兒・岡佐拉・齊格勒博士聊天時，我問了她關於伴

侶關係中常見的埋怨，以及這種情緒與獨角獸空間的關係。齊格勒在 Zoom 視訊通話中解釋：「我在專業訓練中很早便發現，人類有兩大原始情緒：愛與恐懼。憤怒、憎恨、罪惡感、悲傷、沮喪、怨恨等情緒，都屬於恐懼的一種形態。」

我插話道：「所以當我們對另一半大吼，『我超氣你可以自己待在木工間，而我卻得困在家中、忙著做飯給一家四口吃』，其實我們真正想說的是……」

「我很害怕，」齊格勒幫我接下去：「以你剛說的故事為例，如果珍來到我的診間，我會說，『我明白你很生氣，但你真正害怕的是什麼事？最讓你感到恐懼的是什麼？』」

我說：「嗯，其實她是我的好友，而我也真問了她這個問題。她怕的是把所有人擺在優先位置，結果犧牲了自己。我曾經也是如此。」我向齊格勒承認：「在我替自己想清楚前，我也是會對著採購清單流淚的女人。我的恐懼包括失去婚姻，以及被一波接一波像海嘯般的無形工作滅頂，以致於不可能去實現自己的夢想。這份恐懼常常脫口而出、變成對先生的咒罵：『你該死的最好快來幫忙，不要什麼事都是我在做！』」

齊格勒提出問題：「想像一下，在經歷過這種低潮時刻後，如果你和先生坦承：『我很怕失去婚姻，也很怕失去自己。』是不是反而更顯脆弱與誠實？如此一來便能扭轉對話方向，以及營造真心誠意的交流互動。」

問問自己

● 我在怕什麼？

● 什麼事最讓我恐懼？

● 我的憤怒、悲傷、失望、怨恨等情緒，背後的恐懼是
  什麼？

齊格勒果斷道：「只要可以直指恐懼的核心，所有事情就能撥雲見日。『我超討厭你把髒碗盤丟在水槽裡不洗』，說這種話很簡單，但背後的意涵是什麼呢？」

為了回答這個問題，我聯絡上馬修‧費瑞（Matthew Fray），他在二〇一六年寫了篇誠實的不得了的文章張貼在部落格上，名為〈她因為我把髒碗盤留在洗碗槽而和我離婚〉（*She Divorced Me Because I left the Dishes by the Sink*）。各位可以想像，費瑞的告白觸動了許多人的神經；他的文章獲得了數百萬次的點閱率，而且受到《赫芬頓郵報》（*Huffington Post*）的轉發。自從離婚與後續因文章意外大受歡迎而聲名大噪，費瑞改頭換面、搖身一變成為

關係教練，目標是幫助配偶提升覺察情緒、積極經營以及正念思考的能力。《想知道我的婚姻是如何完蛋的嗎：拯救婚姻實用指南》（*This Is How Your Marriage Ends: A Hopeful Approach to Saving Relationships*，暫譯）是他即將出版的著作，書名非常有趣，從各個面向來看，就是個勸世故事，告訴男性同胞「不要重蹈他的覆轍」。和費瑞透過 Zoom 對談時我問他，除了把碗盤留在洗碗槽裡不洗之外（巧的很，我採訪過的許多女性也認為這是另一半最令人惱火的其中一個行為），還有什麼原因致使他的婚姻破裂？

　　他不假思索答道：「運作不良與溝通不良，這就是為什麼兩個秉性善良又深愛對方的人，會無可避免地在不經意間傷害彼此。當然，我一開始也是搞不清楚狀況的那群人。在婚姻破碎後，我不得不好好反思自己的人生，想清楚究竟發生了什麼事，然後才明白，問題核心在於我們有沒有設身處地為彼此著想。以和女性結成伴侶的男性來說，我們通常會犯下三大溝通罪行，長期下來會在無意間導致關係破裂：首先，我們會否定另一半的需求，說出『這不是什麼大不了的事吧？』這種話；再者，我們試圖糾正或重新框架她的故事，並說『你搞錯了，實際情況是這樣才對』這類的話；最後一點，我們會為自己的行為辯解或找理由，藉此去否定另一半的反應，所以日後大概還是依然故我。」

　　我問他：「在你為數百名同樣深受關係所苦的人提供意見諮詢後，現在請你回顧自身的婚姻，如果可能的話，你會採取什麼不

一樣的做法？你會如何建議其他深陷衝突當中的配偶？」

費瑞表示：「其實並不難，就是停下腳步、思考一下，試著理解另一半的需求。與其堅持舊習，馬上想要糾正、怪罪、批評或否定另一半的話，你能否選擇抱持好奇心？尤其是男性，只要你們把握這個機會、好好認識另一半，就像你花時間去熟悉自己的專業或精通自己最愛的興趣一樣……」

「我建議使用獨角獸空間一詞，」我微笑說道。

「沒問題，」費瑞笑著同意，繼續說下去：「如果你像了解自己一般去了解另一半，便能夠即時預測對方的需求，才不會在事情發生、傷害已然造成後才恍然大悟。當我們選擇抱持好奇心、努力尋求答案，另一半就會覺得被看見、聽見與肯定。」

循著費瑞的線索，現在請花點時間停下腳步、思考一下，然後試著了解自己與另一半的需求是什麼。以獨角獸空間來說，你和另一半需要的支持類型什麼呢？需要什麼樣的允許與鼓勵才能花時間和空間去追尋自我表達？還是想要被聽見、不希望被無視？請對另一半抱持好奇心，同時也好好思考自己所需的支持類型。

【個案探討】
黑色小洋裝

回到我與珊蒂・欽默曼的採訪，也就是第一位在電視節目《美國極限體能王》中按下終點蜂鳴器的那位媽媽。當我們談到設定遠大目標時，我改變了談話方向，突然問到伴侶支持一事。

「你先生一定很以你為傲，」我如此假設。

欽默曼委婉地說：「老實說，我第一次參加《美國極限體能王》比賽時，對我們的婚姻造成了很大的問題，非常非常大。我終於去做深深吸引著我的事，而且把很多時間都花在家庭以外的地方，所以我先生不太開心。除此之外，我也愈來愈強大、有自信，也就是說我一直在成長。這對他來說很可怕、充滿威脅性。我特別記得有一次〔在第一季的時候〕，我受邀參加某個大型豪華晚宴，並擔任當晚共進晚餐的競標項目。在那之前，我沒參加過太多活動，也不覺得自己是公眾人物，而且身為體育老師和媽媽，我最常穿的是運動褲和無袖圓領背心。但為了拍賣，我決定要買件好洋裝給自己。我找到了一件美麗的黑色洋裝，然後心想，我要穿上這件洋裝、站上舞台，儘管某部分的我超怕不會有人想要參加我的競標。」

「活動當天晚上，我穿著洋裝、準備要出發，我先生看著我

說：『你要穿那樣？』」珊蒂停頓了一下，深吸一口氣才說：「聽到他說出口的話，我真的很難過、很受傷，然而也是在那個當下我才明白，我受到如此多的關注讓他備感威脅。我一度想過要把洋裝換下，但心中有個小小的聲音在說：珊蒂，妳穿這件洋裝看起來天殺的好看。妳要去參加那場活動、迷倒全場。我真的去了，而且還拿下慈善競標的最高價。」

欽默曼的故事讓我想起好多和我聊過的女性，她們因為接收到另一半的批評意見，就撤銷了允許自己穿起那件「黑色小洋裝」的權利：妳要穿那樣？妳要那樣做？妳的感覺是那樣？妳又要那樣了？

欽默曼表示，那一刻是她婚姻的轉折點。她眼眶帶淚承認，她曾想過離開先生。她低聲說：「我腦中真的浮出了離婚的念頭，我也準備好要離開了，所以我和他說：我不會為了讓你的自我感受比較好，就勉強自己不去成為那個最好的我。」

她的勇敢宣言正是她先生需要聽到的話。在先生的建議下，他們一起去尋求婚姻諮商的協助。「我們一同解決了許多無比困難的議題，未來也會持續想辦法解決問題；但我們的婚姻真的開始出現了不可思議的轉變。他聽見了我的需求，現在更是我最堅強的後盾，好像一切都是注定好的。」

雖然聽起來可能很像不斷重覆的歌詞，但我還是要再說一次：學習有效溝通是人生中的重要（甚至是首要）課題。或是像

作家米亞‧伯德桑的結論：「人就是無法在沒有他人的情況下滿足自身需求。我們的本質就是關係。」

所以說，如果各位還沒開始經營關係，請馬上邀請另一半坐下來、好好討論獨角獸空間的重要性。針對將個人時間與空間用在找回或探索更多面向的自我，好好討論彼此心中的恐懼。你們可能要承受的風險是什麼？對珊蒂‧欽默曼、我朋友珍以及我自己來說，如果我們當初沒有挺身而出、為自己發聲，婚姻便岌岌可危了。

勞拉‧瓦瑟（Laura Wasser）是洛杉磯知名的離婚律師，她建議：「不要認為你必須結束這段關係才能成為『最好』版本的自己，你應該在伴侶關係當中試著找出自我。如果真的行不通，再打電話給我。」她俏皮地眨眨眼。

換句話說：請勇敢開口、爭取所需。

重新框架時間的價值

你們彼此確切需要的事物，必須由你和伴侶透過溝通去釐清，但我為本書採訪了數百對伴侶，所以請容我提供數個建議，全都是來自於他們身上的寶貴回饋。

重中之重，就是開口要求時間。正如我先前所說，除非你是

瘋狂科學家，可以扭曲時空連續體，否則就不可能在滿到不行的行程中找出自由時間；你必須有意識地去創造出時間。也就是說，你要重新框架自己看待時間的方式，然後努力把目標放在重新商量與平衡你和另一半分配到的家務時數，如此一來你們雙方才都能有時間從事獨角獸空間活動。

心理學家珍妮佛・彼崔格里利博士建議：「如果你們雙方都沒有時間花在獨角獸空間上，而且原因出在你們前進的方向不一、成為彼此的負擔，那解放自己的唯一方法就是解放對方。」如果各位還做不到這點，請再複誦一次第二章的伴侶誓言：「我和伴侶都值得且需要不受干擾的時間，專心從事自己熱愛的活動。這是維繫長遠關係和個人幸福感的必要元素。」

解放自己的唯一方法就是解放對方。

——珍妮佛・彼崔格里利博士，心理學家暨作家

允許擁有平等時間

解放彼此的方式是允許彼此擁有平等的時間與空間，專心從事各自熱愛的活動。一同討論各自目標的內容和需求，包括時

間、空間以及育兒相關事務（如適用）。你們需要多少時間去積極追尋各自的目標與夢想？比方說你想要每周有三小時的時間練鋼琴，而另一半表示他一周需要六小時的時間畫油畫，那就以最高的時數為依歸。雙方要有共識，你們各自都將有六小時的時間去從事個人追尋，然後一起制定明確計畫，好確保雙方擁有平等的時間。儘管我全力倡導公平公正的五五分家事制，但事先為獨角獸空間商量好平等的時間管理也很重要，因為研究結果顯示，在個人追尋的分配上，如果我們主觀認定不公平，就會怨恨另一半得以從事讓他們幸福的個人追尋。也就是說，如果另一半喜歡在星期六「放假」去打籃球，而你卻必須去採購日常用品，為了避免口角衝突與維持實質上的和平，你就可以挑選星期天或一周內你想要的任何一天放假。

史蒂芬・崔特（Stephen Treat）醫師是資深治療師、牧師與婚姻顧問，他記得自己和太太也有類似的明確協議。「我太太伊莉莎白（Elizabeth）有天突然直直盯著我說：『如果我想要完成博士學位，就需要整整十七周的周末時間，從星期五中午到星期天午餐過後。』她已經精算到小時了，」崔特回想當時情況，並露出被逗樂的微笑。

他繼續說：「當時我們家有二位小男生，而且彼此都有非常忙碌的專業職涯。我點頭答應會支持她，並連續十七周負起照顧兩個男孩的全責。我和兩個男孩在動物園和科學博物館消磨了不少

時間，多到我能把這兩個地方的所有動物和展覽名稱全記起來了！一個人負責照顧他們對我來說也是一大挑戰，但也讓我有時間和兒子們好好培養感情。如果伊莉莎白沒有開口說出自己的需求並設下牢不可破的界線，我也不確定自己是否會自發地把時間留給她。不對，我很肯定我不會。但她的堅持讓我允許自己重新平衡工作和家庭生活間的優先要務，而這種平衡狀態對我們全家來說都是一大幸事。伊莉莎白因此有時間專心完成學位和追求專業成就，」崔特補充道：「我們婚姻的整體滿意度也因此有所提升。」

問：我和另一半對於如何使用個人時間有完全兩極的看法。 他不像我一樣熱愛園藝，而我也不明白他對房地產銷售的執著，所以我們常常為了誰的個人時間比較寶貴而爭吵。要如何解決這個爭端？

答：解決紛爭的辦法就是同意尊重彼此的獨角獸空間，不論具體而言是什麼。 或許對方和你運用自由時間的方式並不一樣，但這才是重點，重點在於那不是你的時間。（接下來會進一步說明。）

提供堅定的支持力量

費蜜莉（Femily）是矽谷的性別與平等顧問，她和她先生就有著我們多數人最想擁有的「各做各的」共生關係。她在她舊金山的家中說道：「上個聖誕節暨光明節我自己一人享受了長達十天的瑜珈假期。如果我看待這件事的方式是『我要丟下我的家庭獨自過節』，現在就不可能如此自在地出門旅遊。但我們有好好把話講開，我說：『嘿，我們在長達一周的假期都沒有排任何行程，也不用工作，你想做什麼呢？』他固定會和他爸媽與前段婚姻的小孩相聚，我說我很渴望有獨處的時間，因此我們都同意去做彼此想做的事。

「我想我們如此深愛彼此，就是因為我們擁有各自的時間、空間與朋友。如果你不曉得刻意將自己的時間『留白』，社會慣例就是預設你們兩人要一天二十四小時綁在一起。」

時間管理都安排好後，請提醒自己，另一半能給予的不僅僅是一小時的放風時間。伴侶（至少是好的伴侶）還能擔任最認真傾聽與給予回饋意見的角色，更是我們最深切的關愛支持來源……但為達此目的，你必須善用「禮尚往來」的配方，告訴對方我們的需求和背後的原因。我先生賽斯一直是我最強大的擁護者與頭號粉絲，有時甚至會擔任我的唯一觀眾。最近我請他充當聽眾，看著我練習類似 TED 演說的演講，之後我將透過 Zoom 發表。我最大的恐懼就是看起來準備不周、言之無物，或是準備過

頭、說得太多。而且我某種程度上會擔心觀眾一開始就對我抱有成見，或是在演講還沒結束前就感到無聊了。基於這些原因，我練習了一遍又一遍，而我的好先生就一直坐在前面聽著。

儘管如此，在這次的臥室排演中，賽斯無意間做出了很糟糕的舉動：我話講到一半時，他拿出了手機。我停下來盯著他看，直到他發現我沒有出聲、一片沉默，才慢慢抬起頭來看著我。

「我的演說有這麼糟嗎？」我聽起來很生氣，但其實是很受傷。

他試著補救：「什麼意思？你表現得很棒啊。」

「那為什麼你在看手機？」

「呃，」他有點結巴，然後聰明地把手機放下。

我對賽斯解釋道，我相信許多女性也曾向另一半解釋過無數次，當我在說話時，我希望、也需要被聽見。「你一把手機拿出來，我的感受是完全相反的：不被聽見、不被認同、不被重視，而且」我加重語氣說：「這是我最大的恐懼，也就是我站在台上演講，結果往觀眾席一看，發現大家都在滑 Instagram，或是在推特上發文說這場演講爛透了。」

「我很抱歉，」賽斯再次道歉，然後身體微微向前傾：「我現在會全神貫注聽你說話。」

然後我也感受到了。在接下來的一小時，賽斯聽我重覆同樣的內容一遍又一遍（而且看起來是發自內心的投入其中），給了我當下最需要的東西：堅定的支持力量（而且沒有玩手機），當然還有關注與尊敬。一個星期之後，換我為他做同樣的事，當時他走

到我身邊說：「寶貝，我對明天的會議有點緊張，可以跟你聊聊幾個有點瘋狂的主意嗎？」

作家貝爾‧胡克斯（Bell Hooks）在其著作《改變的意願：男人、男子氣概以及愛》（*The Will to Change: Men, Masculinity, and Love*，暫譯）中寫道：「當我們給予愛、真正的愛，不是什麼「你給我我想要的、我就給你你想要的」這種感情交換，而是發自內心的關愛、承諾、知識、責任、尊敬及信任，就能成為誘發改變的催化劑。」

家傳支持秘方

當你（一）解釋清楚想這麼做「背後的原由」，以及（二）勇敢講出自己的恐懼，另一半就會更願意加入、準備好擔任支持力量。

第六章我們在討論在人生中創造獨角獸空間的原由時，你有沒有把自己的理由寫下來？如果沒有，現在再試一次：在每日／每周的行程中排定時間去＿＿＿＿＿＿＿＿＿＿＿＿

＿＿＿＿＿＿＿＿＿＿＿＿＿＿＿＿＿＿＿＿＿＿＿＿＿＿＿＿，

這對我來說很重要，因為＿＿＿＿＿＿＿＿＿＿＿＿＿＿＿＿

＿＿＿＿＿＿＿＿＿＿＿＿＿＿＿＿＿＿＿＿＿＿＿＿＿＿＿＿。

不妨考慮和另一半分享更多細節，像是你在從事獨角獸空間活動的感受是什麼？獨角獸空間如何幫助你度過人生中的風暴？如果沒有獨角獸空間，你會有什麼感覺？心中是否有任何恐懼？如有，請深入探究下去。

　　和另一半分享你「背後的原由」，並透過邀請對方一同分享他們「背後的原由」，了解彼此為什麼需要不受干擾的時間與空間去做自己喜歡的事，進而達到平等互惠的目標。

找出互補空間

　　一旦你和另一半皆擁有平等的時間，並感覺受到支持與許可，得以去追尋個人的目標和夢想，接下來會發生什麼事？天空無限開闊，你和另一半將陪伴彼此不斷發揮創造力，使彼此的旅途相互輝映，像是凱爾・康諾頓（Kyle Connaughton）和其妻子卡蒂娜（Katina）一般。

　　凱爾是名主廚，他太太卡蒂娜則是園藝學家，他們倆合力在加州希爾茲堡（Healdsburg）經營一家米其林三星餐廳「SingleThread」。我們最近去了該地區旅行、慶祝賽斯的生日，並在這對夫

婦的農場認識了他們，我問：「你們是如何襯托彼此的創意空間？」

凱爾說：「我們從十五歲時就在一起了，所以我們會輪流支持對方。我們在十八歲生了第一個女兒，當時卡蒂娜是我的支柱，我則是一邊在餐廳工作、一邊在學校讀書和學習語言。」

第二個女兒出生後，當時二十五歲的他們搬去了日本鄉下的一個漁村，好讓凱爾學習日式料理技巧。卡蒂娜在那認識了許多當地朋友，後來還因此對新鄰居採用的耕種技巧著迷不已。

「我記得她當時說的話：『這就是我的天職！』」

有了這個全新洞見後，卡蒂娜追隨自己對農耕生活的好奇渴望，最後演變成對永續農業和園藝的追尋。

凱爾回想起當時的情況：「然後就換我支持她了。」隨著他們雙方皆擁有更豐富的專業知識，並進一步拓展各自喜愛的料理和農耕領域，他們最終選擇攜手合作、揮灑創意，然後開了「Single-Thread」這間餐廳；凱爾表示，在這裡，他們仰賴的是彼此的創造力。「菜單是以農場為依歸，取決於卡蒂娜種植與收成的作物，所以我十分依賴她。沒有她，我就無法在廚房做我想做的料理，而且我等於是她辛勤工作成果的發表舞台。她費盡心力培育出的所有生物，都必須經過我們的巧手施加魔法、在短時間內呈現給客人，所以她也依賴我去確保食材受到正確料理、展現出最好樣貌，這是我們廚師的責任。我認為自己身為主廚的使命，就是將卡蒂娜的成果翻譯並呈現出來。」

凱爾將他們的創意合作稱之為微妙的平衡，沒有誰的創意出

口比對方重要，而是同等的勢均力敵、相輔相成。「我們各自成為的樣貌與努力在做的事是如此的協調相容，不僅使我們的關係更加牢不可破，也使我們得以用主廚和農夫的身分，一起不斷進化。」他如此說道。

我提問：「接下來呢？這個夢想完成後，還有其他新的夢想嗎？」

「有時我們會深入探究內心並拷問自己，為什麼我們要做這件事？這件事要緊嗎？這件事有意義嗎？這個世界需要我們去做這件事嗎？讓我們堅持下去的理由是現代人總是忙碌不堪、需要時間，而我們創造出一個機會，允許大家〔他的原話，不是我自己編的！〕花時間齊聚一堂，和親朋好友一同坐在餐桌旁，開瓶好酒、享受色香味俱全的美食，然後來場啟發人心的談話。我們之後希望將待客之道的概念進一步延伸，打造出一個空間，讓所有的客人都能覺得自己更具創造力，然後動身去追尋夢想。」

我認為凱爾和卡蒂娜講到點上了，這就是獨角獸超級空間！

維護自身空間

最後，我在整理本章的筆記資料時發現了一個現象，有些伴侶的獨角獸空間會開始合併，結果變成擁有相同的空間，而不是創造出適合任一方的互補空間，像凱爾和卡蒂娜就是最美好的示

範。有時出現「合併」的狀況，通常是雙方最初因有共同愛好或相同目標而決定在一起。在某些情況下，則是因為某一方特別有熱忱，但另一方則不然，此時兩人的關係就可能落入「代表彼此」的陷阱。

「我常對畢傑（BJ）說，他偷走了我身為畫家的身分認同，」法蘭基（Frankie）半開玩笑地說道，他和他的伴侶相識於十五年前。「我們都是藝術家，但剛認識時我比較是別人眼中的『那位畫家』。剛交往時，我們最喜歡一起做的事就是逛藝術博物館、找些創作靈感。這是很棒的交流體驗，而且畢傑也說我讓他重新挖掘出自己對藝術的喜愛，並培養出畫畫的愛好。多年下來，畢傑果真做出了一番成就，已經到了現在他才是『那位畫家』的地步了，至少某種程度上來說是如此。」法蘭基表示：「我覺得我已經失去某些讓我之所以我的特點了。」

當你和另一半將獨角獸空間視為「我們」的活動，也就是將某一方的愛好視為彼此選擇的活動（而且另一方『非常樂意配合』），一段時間過後，不管是一個月、一年、十年或更久的時間，犧牲的一方或多或少會產生些許埋怨，所以不要將「支持」另一半的自我表達和放棄自己的自我表達混為一談。採訪結束後幾個月，我很高興再次聽到畢傑和法蘭基的消息。法蘭基寄了封電子郵件給我，信中寫道：「妳讓我們明白了獨角獸空間的真諦。我又再度拿起了畫筆，目前也在畫一幅新作。所以現在我們都是

『畫家』了。我們都喜歡色彩繽紛的流行藝術，但各有各的獨特風格，因為說到頭來，我們依然是獨立的個體。」

你和另一半都需要時間與空間去積極追尋會讓自己活力充沛的事物。這些活動可以互相幫襯，但同時也必須具備你獨一無二的創意表達方式，因為不管怎麼說，這個世界上只有唯一一個你。

「最好的伴侶是擔任『雕刻師』的角色，將對方隱而未現的美麗形狀展現出來，」布萊德‧強森（Brad Johnson）如此說道，他是美國海軍學院的心理學教授暨約翰霍普金斯大學教育研究所（the Graduate School of Education）的成員。在我們的訪談中，強森和我分享了卡里爾‧拉斯布特（Caryl Rusbult）一系列的社會心理學研究，名為「米開朗基羅現象」（Michelangelo phenomenon）。

強森說：「繼續以雕刻師為比喻，最具支持力的伴侶並不會創造出另一半，而是會透過探尋來看見另一半渴望成為的樣貌，不帶任何主觀意識或假設。一旦我們理解另一半想成為什麼樣的人，就開始找方法幫助他們實現心中最熱切的渴望。最好的伴侶會為彼此創造機會去展現出自身最理想的形狀。」

**我看得出來你想成為什麼樣的人，
而且我想要助你達成目標。**

持續追尋所愛

為什麼「達成目標」勝過「追求完美」

達成目標並非追求完美

我和潔西卡拿出了我們的閃亮舞鞋，報名參加一堂戶外舞蹈課。我們同時是表姐妹與舞伴，常常擔任彼此的意見徵詢對象，所以在中場休息時，話題就轉向了獨角獸空間。潔西卡說：「好消息，我現在展開『積極追尋』了。我為了即將在『百老匯舞蹈中心』（Broadway Dance Center）舉行的表演，一直在瘋狂練舞，但是……」她遲疑地停頓了一下：「我想我衝太快了，現在很擔心自己無法站上那個舞台。我已經不再是以前那位舞者，也不知道自己是否有做好準備的一天。」

我溫柔表示認同並說：「或許不是受過紮實訓練的二十歲舞者，但相信我，你的才華絕對還在。我多希望自己的雙腳可以像

你一樣旋轉。」

潔西卡嘆口氣說道：「我不知道，我會不會跳到一半忘了排好的舞步，然後在劈腿時不小心尿在緊身褲上？或是劈到一半就卡住，然後動彈不得？」

我想到那個畫面就忍不住一直笑，然後向她眨了眨眼說：「還是你要穿尿布？」玩笑歸玩笑，我明白潔西卡的恐懼再真實不過了。她的言論讓我想起伊莉莎白・吉兒伯特（Elizabeth Gilbert）在《創造力：生命中缺乏的不是創意，而是釋放內在寶藏的勇氣》一書中寫了一段極妙的話：「完美主義尤其對女性有致命的吸引力，我認為主要是女性的自我要求高於男性……很多女性同胞的想法好像自己沒資格走到台前，除非她們個人跟作品都可以致於完美到誰也無法置喙。」

因此我開始思考在獨角獸空間中達成目標的意義。我強烈認為，追求完美不是我們的目標，但潔西卡也講到了重點：要如何知道自己什麼時候準備好站到台前？創意表達要到什麼程度才算是達成目標？終點線在哪裡？或是像我問朋友朱莉的問題：「什麼時候才會準備好迎接大火的考驗？」

我聯絡上朋友朱莉・伯斯坦（Julie Burstein），她是名演說教練，同時也是獲獎的電台製作人與大受歡迎的 TED Talk 演講「創造力的四堂課」的講者。伯斯坦在年屆五十五歲時，又在履歷上新增了「陶藝家」一職。她說：「我認為這是讓我重新找回自己的

方式。」

　　我打給伯斯坦問：「達成目標是獨角獸空間旅程中 3C 原則的最後一步。雖然這個步驟很重要，但也很容易讓人生心畏懼，因為許多人常把達成目標和追求完美混為一談。我採訪過的女性同胞常說出這類的話：如果表現得不夠好怎麼辦？如果我不夠好怎麼辦？這些想法很嚇人，有時甚至讓人招架不住，因為她們認為「BHAAG」目標實在大到難以實現。如果我無法有始有終怎麼辦？如果我無法完成對自己或他人的承諾怎麼辦？這種完美主義者思維模式常是導致夢想推遲或直接棄權的主因，但這個世界真的不能再失去更多夢想了。所以我的問題是，你身為陶藝家……」

　　「什麼時候才會準備好迎接大火的考驗？」伯斯坦接著說。

　　「對！」我急切回道。

　　伯斯坦說：「陶藝在克服完美議題上給了我不少幫助。你想花多少時間揉捏一件作品都行，但如果想要作品脫離黏糊糊的狀態，就遲早要把它送進燒窯中。也就是說，作品一定得經歷大火的考驗，你必須放手一搏。所以身為陶藝家必須學會的一件事，就是不要太過投注在特定一件作品上。重點在於達成目標，我最厲害的一位老師鼓勵我將作品視為一系列的創作。不要只做一個作品，而是要做數百件那個作品；不要只做一次，反覆做上數百次就對了。在不斷把半成品送進火窯，然後不斷創作系列作品的過程中，你會將自己所學的一切知識和做得好的部分，應用在下

個作品上。創造力就是在與火共舞，所以燒出來的成品並不一定和你想的一樣。有時這才是最關鍵的一點，我發現那些有裂縫、破損或被火燒到變形、不如你預期的成品，反而可能才是最美麗的作品。」

創造力就是在與火共舞。

　　我想像伯斯坦身邊擺著數百件不完美但無比耀眼的茶杯，對創造一系列的作品來抵抗完美主義這個想法著迷到無法自拔，這個道理可以應用在任何事情上。如果你是園藝師，那就播一百粒種子；如果是舞者，就學一百種舞步；如果是烘焙師，就擀出一百個派。對園藝師來說，目標不是種出一朵完美無暇的天竺牡丹，花圃也不會在一次春天花季結束後就「功成身退」了。不管是園藝還是其他活動，都是持續不斷的創意追尋，只要它能夠讓你感到充實圓滿。當你把自己的創意表達方式視為一系列的活動，像在——拆解不甚完美的過程，或許你就能更自由去創作，也更願意接受有些花朵會枯萎、有些花瓶會破裂。透過這個角度去看，或許還能找出自我提升或進化的新途徑，讓專屬於你的獨角獸空間活動更上一層樓。不論你在創作什麼，可以是陶藝、詩詞、播客

節目、畫畫等等，你是否能將「達成目標」重新框架成不斷失敗與成功的系列未竟之旅，而不是「僅此一次」的最終完美成品？

我超級興奮，決定要馬上和潔西卡分享這個新框架，所以我直接打電話給她：「重點不是做到完美無缺的地步，而是到了表演會的那天，你會站上舞台，你可能可以輕鬆完成劈腿動作，也可能失敗。就算你可能會尿在舞台地板上又怎樣？」

「呃，那我就真的『玩完了』。」潔西卡笑道。

我繼續接著說：「不管發生什麼事都沒關係，因為這場活動不會是你的『最後作品』。把達成目標想成是一個不斷進行的創作過程，而以你來說，就是不斷跳下去。這場表演結束後，再設定另一個目標。保持積極的追尋，而我也會繼續和你跳下去，直到下一個完成點。」

當我回顧自己的寫作過程，我發現我也深受完美主義所苦，總是想要做到字字珠璣的程度，不然就不能付印。說真的，要不是編輯一直逼我遵守出版交期，我現在大概就跟許多作家一樣，卡在無盡的修改深淵吧。如果我還在徒勞無功、費盡心思想讓第一本書臻於完美，大概早就錯過那個大好時機了。或是更確切來說，直接錯過出版日期，那這本同系列的續集大概根本沒有問世的機會了。不論你在創作的是什麼，到某個時間點就一定要迎接大火的考驗，是時候放手一搏了！唯有如此，放手後才能繼續展開下一階段的旅程。

如果有天醒來，你發現自己已七老八十，
然後從未寫下自己的自傳或小說；
或是從未去溫暖的泳池或大海中游泳，
只因自己的大腿太胖、肚子太大；
或是完美主義與討好他人讓你疲於奔命、
忘了活出精彩豐富的創意人生，
一如兒時無窮無盡的想像力以及屏氣凝神、
凝視太空的精神？
屆時你一定會懊悔萬分，請不要放任此事發生。

──安‧拉莫特（Anne Lamott），
《寫作課：一隻鳥接著一隻鳥寫就對了》

按自己的步調行事

為了解完美主義是如何成為達成目標的阻礙，我又再次聯繫上小勞勃‧瓊斯，他也是具有作家與小說家的雙重身分，我們是因共同的編輯團隊而認識彼此。我想知道他是否也曾因為「想要做到完美無缺」而深受其害。我問他：「一本書、一件陶藝或任何類型的專案，要做到什麼程度才算完成？」

瓊斯點頭表示明白：「對啊，你也知道，每個人都有自己的步

調，而我的旅程就是超級漫長的那種。我從二〇〇六年開始寫第一本書，然後不斷、不斷、不斷地重寫，花了整整十三年的時間。」

我問他：「經過了這麼多年，你是如何知道這本書終於準備好了？」

瓊斯大笑：「由我做主的話，大概永遠沒有完成的一天。我可能會再花二、三年修訂，但如此一來我就無法繼續前進、寫我接下來想寫的東西了。」

「我最後終於明白，對願意拿起這本書閱讀的讀者來說，它已經是完成品了。是時候放手、和大家分享了。所以現在這本書已不在我的掌控之內，但希望能為他人帶來啟發。」

或許對你來說尚未「完成」，
但對你想要分享的對象來說，
會不會已經是「完整」的作品了呢？

獨角獸空間並不總是一帆風順

儘管就如同瓊斯誠實的告白一般，在達到你覺得準備好和全

世界分享的那個時間點之前，可能需要大量的時間與修訂功夫，但達成目標就是和全世界分享你不甚完美的創意表達的那一刻。

在和有意追求創意人生的對象聊天時，我發現不少人經常誤以為（或天真的希望），只要積極追尋夢想，就會擁有暢行無阻的體驗，一路上充滿了彩虹和魔法亮片雨。果真如此就太棒了，但成真的機率不大，所以我會花點篇幅，用通俗易懂的方式講解從開始創作到作品完成的整個流程。我又要再次揭露自身的旅程，真實情況是：寫作這個任務真是天殺的難。創造力領域中最引人深思的智者米哈里‧契克森米哈伊表示：「追尋創意難題從不是輕而易舉的過程。事實上，正因它困難重重，所以才引人入勝。」

翻譯：引人入勝＝困難重重。

這個資訊需要花點時間才能理解，連我自己都還沒消化完畢。此概念有違直覺，而我將其銘記於心，每當寫作遇到某個句子重寫了一遍又一遍，我不禁心想，難不成這就是有趣之處？

對我來說，寫作過程是從靈光一閃開始，某個令人欣喜若狂的主意突然在腦海中冒出頭來！然後一堆好主意排山倒海而來。在採訪完一堆有趣的對象後，我更是靈感如泉源，接著我會在無人的房間坐下來，有時會花上整整一小時，一邊咬指甲、一邊狂灌甜茶，絞盡腦汁想把腦海中的各種思緒用最適合的文字轉錄出來。如果有幸在寫作時間（大多是取決於小孩那天的情緒好壞和後續被打斷的次數）進入心流狀態，我甚至會因為能在獨角獸空

間大展身手喜極而泣。但我要澄清一點，這種時光並不常見。多數的時候，我都是死盯著空白螢幕的深淵，而桃樂絲‧帕克（Dorothy Parker）這句名言說出了我內心的獨白：我恨寫作，「我恨寫作」，我最愛作品寫出來的時候。

我們就別再拐著彎說話了：達成目標的旅程困難重重，需要嚴格的紀律，而以我的標準來看，絕非有趣好玩的同義詞，當然更不是什麼令人愉快的事。我在寫作時的真實樣貌，跟我在講台與 Zoom 上展現出來的形象反差極大，如果各位有機會看到我本人的話，就更不一樣了。我通常是彎腰駝背坐在書桌前，穿著昨天的瑜珈褲，一頭亂七八糟的髒髮，再加上一副無精打采的樣子。無獨有偶，我在練習舞步時也常常出錯，從來沒辦法旋轉得恰到好處或優雅萬分。旋轉就是我的痛點！而每當我被自己的腳絆到，我的內在對話大概就像這樣：我恨旋轉，「我恨旋轉」，我最愛舞跳完的時候。

安琪拉‧達克沃斯（Angela Duckworth）博士在其著作《恆毅力：人生成功的究極能力》中寫道：「大家都不想讓別人看到私底下無數小時的努力，只想讓你看見努力後的精彩成果。」

蘇珊‧蘇（Susan Schuh）深知嚴格紀律的意義。「就算太空人也是要倒垃圾的，」她在美國國家航空暨太空總署（NASA）的在職父母論壇上如此對我說，當時我是論壇嘉賓。蘇負責為執行長期太空任務的太空人提供支援，包括在火星上生活與工作的

相關準備。她解釋道：「一般大眾只關心升空的那一刻，也就是太空人被發射到太空的神奇畫面。但要走到那一步，背後付出的是極為嚴格的紀律，太空人為此受訓了好多年。」正式進入軌道後，除了維持太空站正常運作的重大責任和執行特定任務以外（比方說在外太空進行基因序列分析，神奇吧！），這些卓越人才還是要做許多平凡無奇的日常工作，包括掃廁所、備餐以及（不怎麼尋常的）在零重力狀態下站著睡覺。

要達成太空探險如此神奇非凡的重大成就，需要累積大量的幕後「努力」。不論你想在地球上創作與完成的目標是什麼，一律適用這個道理。達成目標的旅程是令人愉悅的嗎？有時是，但更多的時候不是。通往創意人生的道路一直是處於不間斷的心流狀態嗎？別開玩笑了。根據每天的狀況而定，創造力也可能是辛苦無趣、險阻重重的跋涉之旅。但唯一值得安慰的是，「你會在嚴格紀律中發現美妙之處，」《創造力覺醒》一書的作者娜塔莉・尼克森表示：「我們都記得在學騎腳踏車時，我們有多專心、費了多大的勁……經歷了多少挫折、不斷重覆同樣的動作、一次次從車上摔下來，整個過程有多枯燥乏味，而且說真的一點樂趣也沒有。但天啊，在成功的那一瞬間，當我坐在香蕉形狀的腳踏車墊上，第一次在沒裝輔助輪的情況下，一路順著人行道直衝而下，用全新的視角觀察我住的街區，那種感覺真是太美妙了。」

這種美妙的感覺、達成目標的瞬間，讓你得以勇敢和全世界

分享自己不甚完美但充滿創意的表達方式，會讓升空前的所有艱辛準備、再次踩上腳踏車的勇氣，以及寫作時的字字琢磨，都值回票價。

切記具體步驟原則

然而，大多數的人在達成目標前，一路上還是需要各種小目標才能保持前進動力，並引導自身持續朝「BHAAG」目標前進。或許你並未因完美主義而苦，但根據我自身的經驗、觀察和採訪的過程顯示，在心中設好特定完成點的人，保持積極追尋的機率就會高上許多，也較能對自己的承諾負起責任、直到達成更遠大的終極目標為止。因此，我要再次強調具體步驟的重要性，但這次是以達成目標為主軸。對艾胥麗來說，創作出某個哈利波特娃娃的原型，就是她朝向達成目標前進的一小步。對萊西來說，則是準備好她的畫布。對蒂芬妮來說，則是為自己的烹飪書嘗試新食譜。這些全都是往達成目標前進的可行步驟。

尼克森強調：「任何目標如果沒有經過拆解並細分成可執行的項目，都可能變成可怕的怪獸。寫作時，我會設定二十五分鐘的計時器，最長不會超過四十分鐘；在這段時間內我會埋頭苦寫，關閉筆電上的所有通知，連手機也設成飛航模式。」

尼克森的做法也呼應了索妮亞‧柳波莫斯基的子目標方法：「如果想要精通法國料理，你必須先學會如何燉煮比利時菊苣。」

不論你的評估方式是什麼，像是項目、子目標或步驟都行，達成目標需要持續不間斷地積極追尋，否則便可能被流放至「未竟之夢的墳墓」。

我朋友亞曼達（Amanda）在看這本書的初稿時，發明了這個用詞。當我們在討論獨角獸空間的達成目標階段時，她說：「完美主義對我來說不算障礙，反而是保持積極追尋的狀態比較難。」

為證明自己所言不假，她提起自己的「GoDaddy」帳戶。她表示：「我已經註冊了不知道幾個網域名稱，但至今從未採取任何行動。我註冊了『sauceboss.com』，專門用來挑選適合你人格特質的醬汁；還有『dogcarwash.com』，讓人可以同時洗車和洗狗；哦，還有『good sadcards.com』，希望能幫助大家以較輕鬆愉快的方式面對悲傷。我每年花十‧九九美元（約三百五十元台幣）來為這些未竟之夢續命。」

我興奮地說：「都是很棒的主意耶，如果我把它們寫進書裡，很有機會能開花結果喔。」

亞曼達大笑：「你的讀者可以自由取用，不管他們是何方神聖，我都祝福他們實現我的夢想。」

我說：「不過認真點，你認為為什麼自己很難突破構想階段？」

她想了一下說：「我認為自己缺乏保持動力的良好策略。」

我回答：「若是如此，就要回溯到目標設定的環節，你必須採取可行的具體步驟並養成創意習慣，才能幫助自己保持在積極追尋的狀態。」

創意習慣

如果抵達完成點靠的是每天執行具體步驟向前邁進，你的步驟會是什麼？舉例來說，如果你的「BHAAG」目標是進入巴黎藍帶廚藝學校學習，具體步驟的目標可能是學說法文。這樣的話，現在你該採取的行動是什麼？下載「Babbel」語言學習應用程式？觀看有字幕的法文電影？還是經常光顧附近的法式咖啡廳，多多和可愛的法國服務生互動、順便練習法文？條條大路通羅馬，達成目標的方法百百種，絕對值得你的好奇探索。什麼事情會讓你有動機繼續採取下個步驟？就如安琪拉‧達克沃斯在《恆毅力》一書中所寫，什麼是你的「刻意練習法」？各位可以想想哪種做法適合自己，以下列舉幾個創意習慣，都是來自大家在前幾章看過的真人實例：

重新框架思維

熱愛競爭的珊蒂・欽默曼會檢視自己腦中的對話。她達成目標的具體步驟就是正向思考。「我們對自己說的話份量極重。如果自我對話不夠正向，或是出現我辦不到這種妨礙自我前進的話語，我就會挑戰自己重寫對話。」

不斷前進就對了

作家布蘭達・雅諾維茲的承諾是要「排除萬難」、每天寫一千字，但就算某天沒有達標，「我也不會過度苛責自己，而是會選擇隔天多寫一倍的字數，或是在周末寫作。我是為了自己去做這件事，沉浸在寫作這件事本身就是最讓我樂在其中的部分。而且在寫作的過程中，我不會想要達到完美或過度磨，因為之後有的是機會修改。」

保護並捍衛自身時間

史考特・貝森教授保護自身時間的方式是將之視為商業會議，並表示如果我們把計畫視為每天行程的一環，確實執行的機率就會大大提高。他在《哈佛商業評論》上寫道：「或許你熱愛針織，但一通工作電話可能就會破壞你的原訂計畫。但如果你加入每周舉行的針織聚會（就算只是在 Zoom 上），在聚會的那個小時你一定會把手機關機。如果你喜歡打籃

球，不要光是奢望臨時起意的比賽，不妨加入當地的青年聯盟球隊。不論你的〔追尋〕是什麼，找出方法排進每周的固定行程，然後捍衛該時間。」

實驗精神

設計師賈斯汀娜・布萊克尼表示：「我非常享受完成一個接一個專案的感覺，因為我可以將自己在上個專案獲得的知識和成就，應用在下個專案上。我覺得允許自己有實驗精神是很重要的觀點，一定要勇於嘗試新事物。如果你不知道自己的熱情所在是什麼，就不可能創造出自己熱愛的作品；然而，除非你不斷進行實驗，否則就不可能搞清楚自己真正熱愛的事。」

設定死線

朱莉・伯斯坦沒有坐在拉坯機前，而是在製作電台節目時，她會讓時鐘來決定一項作品是否完成。死線是她工作進程的驅動力。「如果你要在五點整播出，結果時間到了還沒準備好，節目就無法播出了。死線是外在的驅動力，也是自己給自己的規定，讓我可以放下完美主義，擁抱『夠好就好』的概念。」

你對以上任何做法或習慣有共鳴嗎？你比較像是珊蒂、布蘭達或史考特？還是賈斯汀娜或朱莉？或是她們的綜合體？請找出自己喜歡的創意習慣。什麼方法可以使你保持積極追尋？然後開誠布公地大聲說出自己最不喜歡的習慣，也就是你覺得可以戒掉的那個壞習慣，比方說：我會拖到最後一刻，直到死線已近在眼前，導致內在焦慮大爆發。因為拖到最後一刻才開始動作，所以我幾乎每次都是毀掉自己努力成果的那個人；換句話說，我無法好好完成任務，或是說完成度很低。

　　我要再次鼓勵各位以書面方式記下自己的想法。你可以寫在下方、日記中，或是誠實的和一位可靠的朋友分享。

　　我的創意習慣是＿＿＿＿＿＿＿＿＿＿＿＿＿＿＿＿＿。
　　我想要戒掉的壞習慣是＿＿＿＿＿＿＿＿＿＿＿＿＿＿＿。

表揚自己嚴守紀律

　　在你採取具體行動朝達成目標前進的路上，請記得要表揚自己。為自己的進展增添些儀式感、犒賞一下嚴守紀律的自己。娜塔莉·尼克森神采飛揚地說：「我每完成一個章節，就會跳一下快樂舞，有時甚至會在休息時間給自己買個杯子蛋糕，上頭還點了

蠟燭。」（在尼克森的建議下，我也開始採用這個儀式。攝取糖分後的興奮感讓我更有動力完成每個章節，儘管不甚完美，但一直寫下去就對了。）如果我們可以紀錄下自己的進展，並將之視為單獨的成就大大表揚一番，就會更有動力繼續衝刺下去。我在多場訪談中皆證實了這項發現，為了進一步驗證，我再次聯絡上獨角夥伴達比‧薩克斯比，想要了解儀式感和紀律背後的科學原理。各位應該還記得，薩克斯比是神經學家兼「德里媽媽」樂團的主吉他手。

她表示：「我喜歡待在樂團的原因是，我們會花半數的練習時間抱怨小孩，然後再用另一半的時間學習變得更好。每一周，我的手指頭都學會彈新的和弦，而且愈彈愈快，樂團的合奏聽起來也愈來愈棒。完成一件困難之事的〔過程〕，親眼見證自己透過嚴守紀律和努力練習而愈變愈好，相當物超所值，而且絕對值得大肆慶賀。」

對薩克斯比來說，學習彈一首歌的過程遠比表演那首歌的成果來得有回報。「在學習新歌、精進技巧的過程中，我感到不斷進步的內在滿足感，就算沒有任何樂團以外的人聽到我們表演。」

「但最後為觀眾表演的時刻，難道不是超棒的感覺嗎？」我提問。

她承認：「當然很棒，表演稱得上是精彩時刻，但真正的成就感是來自於奮力對抗阻礙：我在四十歲拿起吉他，然後想盡辦法突破自我。安排表演節目其實只是我們逼自己練習的方式，但聚

在一起演奏樂器本身跟上場表演一樣好玩。」

　　一針一線、一筆一畫、一撥一彈、一步一腳印，只要不斷前行，就有機會發現令人驚訝的另類道路與可能性，帶領你重新詮釋最初設定好的完成點。喬登・薛爾（Jordan Sherer）便是如此。

【個案探討】
火腿電台

　　喬登・薛爾是名軟體工程師，他開始在閒暇時間涉獵火腿電台（Ham radio）。「火腿」（Ham）指的是業餘無線電技術，一般來說是透過放送無線電頻率來交換非商業訊息，主要是用來傳送個人對緊急通訊和警報的回應。

　　「這是非常小眾的技術領域，」薛爾透過 FaceTime 說道，同時間我和兒子在好市多採購。「這項技術存在已久，但隨著科技普遍在進步，『火腿』技術也是。我會迷上這項技術，是因為我熱愛修東西、製作東西以及發明新奇玩意。和女兒一起休育嬰假的那段時間，我一頭栽了進去。我會一手餵夏洛特、一手編寫軟體，」他笑道：「同時處理我最愛的兩件事。」

　　薛爾表示，本來只是奇怪的愛好竟引導他走向完全意料之外的方向。他在這個領域的知識日漸豐富、技術也日益深厚，因此

決定要去申請火腿電台執照，才能合法傳送信號。接下來……

「我開始聽到許多人在用我寫的軟體，包括一位美國軍隊上校，他想要在訓練演習中使用我的技術，好讓小隊就算在沒有衛星訊號或全球定位系統（GPS）技術的情況下，依然可以隔著一座山進行通訊。」

「你說什麼？」我一邊說一邊把麥片放進購物車中。

「你沒聽錯，這叫做近似垂直投射天波（Near Vertical Incidence Skywave, NVIS）技術，基本上就是將訊號發射至空中，然後折射回落到另一端。還有好幾個州級的緊急機關想要使用我的技術做為備份系統，以防出現颶風或重大天災吹倒行動通信基地台的緊急情況。」

「太酷了吧！」我兒子班在一旁偷聽到一半突然插話，但我不得不同意他。薛爾的好奇心不僅向他展現了充滿驚喜的迂迴路線，還創造出充滿希望、甚至可能拯救性命的技術（服務他人型分享）。

薛爾坦言：「一路走來真的是酷斃了，但實情是，這不是一夜成真的事。你必須採取具體行動、按步就班的前進。以我而言，一開始只是感興趣而已，所以必須研究各種資訊（具體行動），然後是認真讀書以考取執照（具體行動），接下來必須實驗新技術（具體行動）。我每次花十五到二十分鐘的時間，一邊餵我家寶寶，一邊寫程式，就這樣持續了好幾個月。三年後，所有的具體步驟終

於合為一體，創造出有額外報酬的新機會……我不是在說我有因此賺到錢啦。」薛爾強調：「我不會、也不是為了錢去做這件事。這是為了自我實現、服務他人，完全符合獨角獸空間的定義，對吧？」

重新發想全新夢想

在某個時間點，你會抵達自己的終點線，取決於你何時感覺自己準備好和全世界分享自己不甚完美但充滿創意的表達。達成目標時，我強烈建議各位好好慶祝一番（別管什麼杯子蛋糕了，三層蛋糕端上來！接下來，我要挑戰各位重新發想全新夢想。問問自己，接下來要做什麼？找出創意自我表達的新方法會是一輩子的積極放膽追尋，全憑你自己做主。完成這本書時（只剩最後一個章節了），我打算開始著手構思下個「系列」的構想、短文與章節。持續不斷發想，直到我產出自己深有同感且值得與眾人分享的訊息為止。

阿夫德・阿齊茲（Afdhel Aziz）表示：「這就是所謂的引爆點，也就是當你的個人才華與對服務他人的熱愛結合在一起的時候。」

阿齊茲是我先生的多年好友，他是世界頂尖的商業專家，並因致力於推動正向變革而享有卓越聲譽。他極具遠見，其顧問公

司「Conspiracy of Love」專為品牌提供如何為世界做更多好事的建議，而其即將出版的新書《善良正當道：使命感原則》（*Good Is the New Cool: The Principles Of Purpose*，暫譯），旨在召集企業領袖並肩作戰、採取行動因應社會與環境議題。以我旁觀者的角度來看，阿齊茲不僅找到他的引爆點，更是其所屬領域的翹楚，所以當他和我說，他覺得自己準備好要轉換跑道時，我十分驚訝。

「我現在正在重新想像自己是個創意滿點的人。」阿齊茲向我傾吐心聲：「我站在人生的十字路口，心想：接下來二十年的人生我要做什麼？我想要繼續當顧問、為〔客戶〕寫策略簡報嗎？答案是不想。所以我接著問自己：那接下來想做什麼？」

毫不設限的全新夢想，我最感興趣了。我問他：「你有任何想法嗎？」

「嗯，我想挑戰自己成為更好的說書人。我想寫一齣電視劇。我想要拍一部記錄片、劇情片。而我也知道，這些企畫遠比我現在正在做的任何事都還困難，因為我在〔這些領域〕就是個大外行。」

我把心中的想法說出口：「你的創意習慣是什麼？你打算如何達成新目標？」

「我手上有份不斷更新的文件，可以幫助我闡明自身立場，也就是我真正想做的事。我寫下對自己在未來十年的想法，以及我想要去到何方，不是以公司或專家的身分，而是我個人。」

阿齊茲的敘述聽起來和「創意承諾」有著驚人的相似之處，也就是各位從第一百九十五頁開始就在努力的方向，包括說明自己「想做的事」，並讓自己站上通往達成目標的道路。他的「看向未來」做法讓我想起哈佛心理學家丹尼爾・吉爾伯特（Daniel Gilbert）的 TED Talk 演講：「未來自我的心理學」（The Psychology of Your Future Self），他在該場演講鼓勵大家重新發想與投資未來的自己，而且「絕對不要以現在的自己去定義未來」。

　　阿齊茲講了更多他為自己全新的個人敘事所付出的努力，我很替他的創意抗壓韌性感到高興，更是期待他接下來即將展開的旅程。

　　他笑著說：「有些企畫或許會成功，有些則不然，但執行過程肯定會讓我樂在其中，屆時我會挑戰自己忠於自我的價值觀，然後去做自己真正熱愛的事，而且嘗試的過程本身就是最大的成就。」

持續重新投資自己

　　當你把作品投入大火當中，並在達成目標的旅程上繼續前進，請記得你本人沒有「結束」的一天。你是不斷演化的作品。你這個人本身就是一系列的作品。不甚完美但充滿成長的力量，

在每個季節或為了任何理由都能往對的方向前進。當你把人生看成是一系列的創意表達，而不是單一的完成作品，就會允許全新的好奇渴望引領自己前進。允許自己追隨自身的好奇渴望，不論任何階段或年紀都要去重新發想個人夢想，根據自己堅信不移的價值觀再次投入人生，並且一生矢志追尋創造力。

Permission Slip

我允許自己重新發想個人夢想。
一生矢志追尋創造力。

──簽署者：我自己

繼往開來

為周遭世界留下創意傳承

星期五晚上我和賽斯與小孩窩在沙發上看我們最愛的迪士尼電影《魔髮奇緣》。以防各位沒看過這部電影，我簡單解釋一下，這是以童話故事「長髮公主」為原型的創作，而在電影版本中，被關了許久的公主和城鎮盜賊費林・雷德（Flynn Rider）合作，逃出了高聳入雲、沒有任何出入口的高塔。再次站回平地上後，長髮公主展開實現自身夢想的旅程：前往國王的城堡並親眼見識神奇天燈升起的景象，過去十八年以來，她只曾在高塔上遙望過。一路上少不了和當局的驚險衝突、千鈞一髮的逃脫，以及載歌載舞的歡快冒險，長髮公主和費林終於站在城堡的高牆外，然後出現了下列令人眼界大開的對話：

長髮公主：過去十八年以來，我一直看著窗外，想像自己看

著這些天燈升空時會是什麼感覺，如果不如我想像中的美好怎麼辦？

費林・雷德：會很美好的。

長髮公主：那如果真的很美好怎麼辦？接下來我要做什麼？

費林・雷德：嗯！我猜這才是最棒的事，因為你就可以開始找尋新的夢想啦。

　　就在情緒累積到最高點的這一刻，兩名故事角色開始唱起了二重唱，用情感豐沛的聲音唱出《因為我有你》（*I See the Light*），而我的小女兒安娜穿著自己最愛的公主裝，全心全意跟著唱了起來。我們全家一起觀賞這幕不下十數次，但唯獨在這個周五晚上，我九歲的兒子班突然坐起身，好像發現什麼新大陸似的，轉頭對我說：「媽，這就是你在說的道理。」班在過去一年旁聽了無數場 Zoom 訪談，也經常加入我和友人的閒話家常，討論積極追尋她們的夢想以及完成創意旅程的樣貌，他用非常務實、後青春期的口吻，將我的訊息重新轉達出來：「你不用止步於單一夢想，因為老兄，你永遠可以找出新夢想。」

　　「你說得沒錯。」我給了他一個微笑，同時舒服地窩在沙發上，擠在他哥哥和妹妹之間。看著三個孩子心想，我成功拓展了班的全新洞察力。我心中突然冒出一個想法：持續積極追尋夢想就是打造活躍現世傳承的方式。

將積極追尋夢想變成你的現世傳承。

　　對於我們這些有孩子的人來說，重要的是讓小孩見證與感受我們是如何活出充滿動力、意義與創意的圓滿人生，以及在任何年紀都要追逐夢想。就算沒有小孩，為同儕、親友以及社交圈中的他人體現這個訊息，也同等重要。示範如何以毫無歉意、坦率誠實的態度去追尋自身的好奇渴望，讓大家明白在日常生活中追尋創意自我表達是再正常不過的事，不論任何年紀、不論任何形式；並讓每個人習慣擁有這項權利，不論在任何處境之下，都能找出並進入自己的獨角獸空間。這就是活出活躍傳承的真正意涵。

　　我另一項有益社會的工作是為客戶提供建議，告訴他們要如何有意識地安排自身財富、不動產與資產，才能反映出他們的人生與榮耀他們的記憶，我每次都會問客戶：「你想要留下什麼樣的傳承？」即便是在這種情境下，客戶選擇坐在這裡、付錢給我討論他們的「死前願望」，多數人還是會感到不自在，甚至試圖閃躲這個問題，像是說可以討論其他事嗎？然後把話題轉向時事或運動賽事。有的客戶甚至會直接對我說：但我還沒要死啊。想當然耳，我必須發揮創意、慎選討論有限生命的方式（噓～別告訴我

的客戶：人終將一死），而最好的緩衝之道就是稍微重新框架一下這件不可避免之事。我換個方式問：「你今天希望別人如何記住你？讓我們來談談你的愛好與興趣，以及你當下的生活方式。」

對於眼前生活不太感興趣或無心投入的人來說，這個問題依然難以回答。但對於擁有與自身價值觀相符的活躍獨角獸空間的人來說，這個問題就容易回答許多。

自我練習題

你的活躍傳承是什麼？

在思考你的活躍傳承時，請想想自己當下的生活。問自己下列問題，並將想法寫在日記或下方空白處。

● 我現在積極追尋的好奇渴望和夢想是什麼？

_____

_____

_____。

● 我是否有依循自己深信不疑的價值觀在過生活，並積
  極追尋相符的興趣？

  _____

  _____

  _____ 。

● 當前是否有任何目標是出自於內在動機？追求這些目
  標本身是否可以帶來滿足感與意義？

  _____

  _____

  _____ 。

● 我最常交流互動的對象是家人、朋友、同事或其他更
  廣大的族群？我有和世界分享自己的獨特天賦嗎？

  _____

  _____

  _____ 。

°°°

從天賦中找到傳承

　　為慶祝莎拉四十五歲的重要生日，她女兒偷偷請媽媽的摯友用一個字詞或片語回答這個問題：*當你想到我媽，你會用哪個字去形容她？*她女兒蒐集了每個人的回應，並重新編寫成意義深重的題詞，然後寫在一張張美麗的色紙上，裝進密封的金色盒子中送給媽媽。值得玩味的是，儘管表達方式不盡相同，但她的眾多朋友都說了同樣的事：莎拉連結起許多非凡女性。

　　當我問莎拉，朋友的評價是否與她的價值觀一致，她說：「當然！建立社群和與人交流是我『人生清單』中的前幾名，雖然直到大家明確說出這件事，我才看清楚自己的特質。這些好友真的讓我更加明白什麼才是人生中最有價值的事。」自從收到這個金盒後，莎拉開始追尋全新的夢想：主持播客節目，透過找到「神經質與放輕鬆之間的甜蜜點」與女性同胞交流互動。

　　我帶著這個想法去找西北大學的心理學教授丹・麥克亞當斯。我問麥克亞當斯教授，他是否可以給予任何建議，鼓勵大家思考自己的活躍現世傳承。

　　「我認為大家必須先找到自己的天賦，然後在這個世界找到懂得欣賞這項天賦的地方或空間。也就是說，找到自己能夠給予、而且這個世界現在想要、也需要的『完美組合』，然後代代相傳下去。有時要達到此標準並不容易，因為不少人會覺得自己有能力

給予，卻苦於找不到欣賞或需要他們的對象。比方說，我真的很會修理錄影帶錄放影機」，麥克亞當斯教授邊說邊笑：「但這種機器已經在世上消失二十年了。我或許是這種機器的修理高手，但八成是需要找其他『天賦』來定義自己的傳承。」

什麼是你可以和親朋好友及全世界分享的天賦？

你可以從此時此刻開始打造自己的傳承，今天就開始動作！你的故事是現在進行式，會隨著人生軌跡不斷演化，也就是說你的身分認同並非一成不變，而你的傳承也不是命中注定。對於要活出什麼樣的人生，你有極大的自主權，當然也能自行定義你如何活出精彩人生的回憶。

如果還不確定自己現在想要打造的傳承是什麼，請參考莎拉的例子，問問身旁的人。再看一次第一百九十四頁的「向觀眾提問」，然後從現世傳承的角度去詮釋朋友的回應。

- 當你想到現在的我以及我過生活的方式，你覺得激勵我前進的價值觀是什麼？

- 你覺得我有哪些獨一無二的天賦？這些天賦該如何滿足這個世界的需求？
- 我的人生或熱情如何為你帶來啟發，促使你為自己發想全新夢想？

根據從觀眾那得到的回覆，各位有比較了解自己目前正在打造的活躍現世傳承嗎？

【個案探討】
「必須述說」的故事

魯迪・海波立（Rudy Hypolite）根本不需要向觀眾提問，因為他的傳承企畫在演出時高朋滿座，並獲得了滿堂喝采。

海波立是在千里達（Trinidad）長大，於一九七〇年代和家人一起移民到波士頓地區，他在那就讀高中，並成為家中第一位上大學的人，我是透過前同事聯絡上他的。經過了五十年，他已是兩位成年女兒的爸爸，同時也是哈佛大學文理學院（Faculty of Arts and Sciences）多媒體與科技服務的技術總監。在暑假和周末的閒暇時間，他則是記錄片導演，最為知名的作品應該就是《進攻：麥迪遜對上麥迪遜》（*Push: Madison Versus Madison*，暫譯）一片，紀錄下一支才華洋溢但狀況頻傳的高中籃球隊，在困境中

苦苦求生的情況：日益惡化的公立學校體系，以及大波士頓地區動盪不安的生活環境。在他最新推出的電影《不該如此》（*This Ain't Normal*，暫譯）中，則是進一步探究與海波立有著深厚淵源的羅克斯伯里（Roxbury）地區，片中紀錄了五位加入黑幫的青年，在波士頓舊城區中犯罪率居高不下的街區生活的情境。

「為什麼特別挑選了這些故事？」我問他。

「我的電影都是和有色人種族群有關的故事，尤其是在波士頓這個地方，和我一起長大的許多年輕人後來都加入了幫派。我想要給這些經常被邊緣化的同胞發聲的機會，因為外界在正常情況下不會聽見他們的故事。大家都聽過南波士頓和東波士頓的故事，代表人物就是麥特‧戴蒙（Matt Damon）和班‧艾佛列克（Ben Affleck），但從沒聽過我所熟知的其他街區少年的故事。《不該如此》的前十分鐘很粗暴，赤裸裸且未經修飾。我故意拍成這樣的，因為我想呈現這些少年的真實樣貌，但只要專心看下去，希望大家都能看見〔他們〕人性的一面。」

如此清楚點出這個社區的問題，我想知道他是否有遭受任何反彈？

海波立說起《進攻》一片在波士頓國際影展（International Film Festival）首映的情況：「那時來了好多好多的人。戲院可以容納約九百人，結果座無虛席，工作人員後來不得不拒絕讓更多人進場。影展主辦單位對如此熱烈的回應也不敢置信，但我完全

理解背後的原因。這是因為〔這些族群〕從來沒有機會見證自己的故事，他們覺得這部電影是為他們而拍的。」

除了大受歡迎並創造出過去從未存在過的空間以外，我問海波立是什麼動機驅使他不斷前進。

他真誠地說：「相信我，做這件事不是為了賺錢，我還經常需要和家裡拿錢，才能讓這些企畫持續進行下去。〔我的動機〕是述說故事，然後希望能打動觀眾、促使大家採取行動、創造變革，不管是在政治或教育層面都好。」

他的兩位成年女兒也從海波立身上獲得了靈感。他解釋到，她們都有大量參與他的創作過程。小女兒艾胥麗（Ashlee）將會協助他製作下個企畫，主題是黑人理髮店和美髮沙龍，而大女兒則是全心投入教育政策的制定與幫助第一代上大學的學生（延續傳統型分享）。

「我真心以她們為傲。」海波立微笑說道。

我直指核心：「你在述說故事和社會正義上有極大的貢獻，創造出活躍的現世傳承，而你的女兒已經在她們的人生中將此精神傳遞下去。你的作品和故事將永恆流傳。」

將採取行動、激勵他人做為自己的活躍傳承。

在研究的過程中，我一次又一次發現，願意把追尋夢想當成大禮送給自己的人，獲得的附加價值包括更高品質的交流互動、感受到更深刻的意義以及整體幸福感的提升。而活在這種神奇交叉點的人，會以各式各樣的形式發揮創造力，為在世上留下個人標記一事，創造出更豐富多元的意涵。卡翠娜‧梅迪那、萊西‧費里曼、卡比爾‧賽加爾、喬登‧薛爾、魯迪‧海波立，以及各位在本書看到的其他主人翁，他們不約而同擁有著相同的願景。

他們對活出活躍傳承的定義如下：

- 「追尋我的熱忱所在。」
- 「活出精彩人生故事。」
- 「讓家人以我為傲。」
- 「向全世界展示我的想法。」
- 「創造出從未存在過的全新空間。」
- 「展開對話。」

- ●「呈現美好事物。」
- ●「參與改革。」
- ●「啟發未來世代。」

史都華‧佛里曼博士鼓勵大家發揮創意，思考如何透過自身的獨角獸空間為他人創造價值。他提問：「你要如何動員別人加入〔你在做的事〕，一同創造更美好的明日？傳承指的是你的生活方式，以及你存在於熟識之人心中與腦海中的樣貌。」

只要以身做則、好好生活，全心投入在積極追尋夢想之上，你就有能力影響到伴侶、鄰居、朋友以及周遭的人，敦促他們去定義自身的現世傳承。更進一步來說，如果各位有小孩，在你的示範和影響之下，孩子也會開始追隨你的腳步，在世上留下創意足跡。

「如果孩子看見身邊的成人都在發揮創造力，他們也會開始展現創意。」童書作家莫‧威樂如此鼓勵大家。

如果把這些情況都列入考量，難道各位不會自覺有義務要找出自己的獨角獸空間，與他人分享自己的夢想，並成為創造活躍傳承的勇者，帶來無遠弗屆的影響力？

羅勃‧巴拉德肯定是這麼想的。巴拉德有著出色卓越的履歷，但發現鐵達尼號是他最為知名的成就，啟發了全新一代的探險者，展開自己的探險之旅。酷吧，沒幾個人能在自己的領英個

人檔案中寫上這種經歷！巴拉德現已年近八十，但從未停止積極追尋的腳步。在找到地球上最引人注目的歷史珍寶後，他並沒有就此停下腳步，反而是開始轉而尋找另一個看似不可能的發現：找出愛蜜莉亞・艾爾哈特（Amelia Earhart）失事的飛機。至今為止他已認真慎重地搜尋了數年，可惜目前尚未有任何發現，但他也還沒放棄。

和巴拉德談話時，我忍不住想問他有關傳承的事，而我也沒有打算兜圈子。在簡單的自我介紹後，就直接進入了主題。

「你可以說說傳承對你來說是什麼嗎？」我問。

巴拉德答：「激勵孩子大膽發想與勇敢追夢。」他的眼中散發出光彩，並接著解釋，小朋友是他最喜愛的觀眾，因為「每個小孩都是天生的科學家。他們第一次發問就是說：為什麼？好奇心是他們與生俱來的天賦。我最喜歡去中學演講，激起這些中學生的興趣，在他們年輕的生命中點燃熱情之火。他表示：「在發現『鐵達尼號』後，我收到一萬六千封小朋友寫來的信，他們都在問：『我要怎麼做到像你一樣的事？』我的答案是：相信自己的夢想與熱情，而且不要把別人勸你放棄的話聽進去。」

巴拉德還是年輕男孩時，他的夢想是成為一九五四年經典電影《海底兩萬哩》中的尼莫船長。「而我的父母並沒有嘲笑我的夢想。我認為嘲笑孩子的夢想，是父母對孩子能做的最殘酷的〔其中一件〕事，即便那個夢想和我的一樣荒謬可笑也不應該。你必

須想辦法和孩子一起努力爭取。當時我父母說：『和我多講一些尼莫船長的事吧，』所以我就說了，然後他們說：『聽起來很像是海軍軍官，我又說：『不不不，不只是那樣，他還可以看到海床，』然後他們說：『好吧，那聽起來應該是海洋學家。』猜猜後來發生了什麼事？我成為海洋學家和海軍軍官。我辦到了，我實現我的夢想了。而我的父母一路上都是我最大的支持力量。」

「哇，」我眼眶帶淚地開口：「你讓夢想成真了。」

巴拉德身體微微前傾，語氣嚴肅：「許多方面來說確實如此，但一路走來並不容易。」

他小心翼翼地講述自己是如何在一場重大汽車意外中失去他的大兒子，當時兒子剛要滿二十一歲；這場悲劇距離他發現鐵達尼號才不到二年。

「我真的受到很大打擊，失去一個孩子，而且都已經養到快要成年了。當時我不太能夠開口談論這件事，亟欲找出什麼事度過這個難關，所以當這一萬六千名孩子寫信給我時，我覺得自己有道德上的義務要回信給他們，因為我才剛失去了自己的孩子。我就是從那個時候開始決定把人生貢獻給孩童。」

談話突然變得如此悲傷，讓我震驚到無以復加；我只是雙眼含淚、呆呆地看著他。我超感謝巴拉德幫我打破了沉默。

「生命充滿了足以將人擊倒的風暴，而我在人生中不知道被打趴在甲板上幾次了。讓我們再次站起來的就是夢想，然後不斷向

前邁進、堅持下去，直到度過整場風暴為止。好消息是太陽永遠會升起，你唯一要做的就是想辦法在暴風雨中存活下來就好。」

「然後學著在雨中跳舞。」我微笑說道。

「沒錯，所以我才會對孩子這麼說：永保好奇心、追求夢想、別被他人勸退，而且要準備好在被打倒時振作起來，因為值得擁有的事物絕對得來不易。」

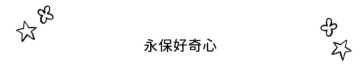

永保好奇心

——羅勃・巴拉德，科學家、探險家與真實人生中的尼莫船長

以別人絕對拿不走的最優體驗來說，找到「鐵達尼號」肯定算的上是前幾名。但巴拉德令人心碎的故事證明，抵達像是海洋探險如此超凡美妙的完成點，背後需要難以想像的嚴格紀律，有時甚至還必須承受巨大損失。

這個劇情主軸對丹・麥克亞當斯教授來說再熟悉不過了；敘事身分認同理論是他潛心研究的議題，也就是一個人內化且不斷演變的人生故事。丹研究的主題是我們每個人都會問自己的大哉問：我是誰？我是如何來到這個世上？以及人生要往哪去？

他在採訪時表示：「具高度生產力的成年人，其敘事身分認同[11]都有共通的主題：救贖，也就是將自己從苦難中解放出來，並昇華到更高層次的狀態。當人們能夠找出自己人生故事中的救贖轉折，或是在一連串困境的打擊中找到小小的救贖轉折，又或是克服人生中的逆境，他們的人生就會所有昇華。這些人在中年以後通常能夠擁有更高品質的心理健康、生存能力以及整體幸福感，而且他們的生產力也普遍較高。這類人幾乎是受到無以名狀的力量所驅使，自覺必須為未來世代留下什麼。」

丹是學術界的巨星，要我聽他講一整天的道理也沒問題（最好能坐在大講堂前排、配上無限量供應的甜茶），但怕各位愈聽愈糊塗，請容我簡單摘要一下重點。

當你遭遇到壞事卻從中得出好結果、從低處爬到高處、從靜止不動變成不斷前進，從停滯不前到創造出讓自己引以為傲、勇於和全世界分享的事物，在這個過程中你會成為更健康、更能適應環境的人類，有能力平安度過下次的暴風雨（因為你已通過無數次的考驗，並擁有足夠本錢丟開雨傘、繼續前行）。但不僅如此，你還會成為全心投入改善他人生活的夢想家。你會提升自己的傳承力（generativity），也就是對未來世代的關懷、貢獻與影響。各位親愛的讀者，這就是創造活躍永恆傳承的方式。

展現「傳承力」意即關懷自己以外的人類……
成為指引下一世代的明燈，
而且通常足以創造出正向傳承。

——艾達·卡胡恩（Ada Calhoun），
《為何失眠：女性的新中年危機》
(*Why We Can't Sleep: Women's New Midlife Crisis*，暫譯) 一書的作者

你的救贖故事是什麼？

所以說，你的救贖故事是什麼？你不覺得自己是有故事的人？別怕，讓我向各位保證，只要看完這本書，你也會擁有自己的救贖故事，或至少已經走在打造自身故事的路上。或許現在故事已然展開，因為你一直在尋覓與積極追尋讓生活更加圓滿且有意義的方式。我不會妄下結論，但我認為在某種程度上，你會展開這趟旅程，無非就是曾感到有所匱乏，想要擁有更多、更不一樣的人生。

---

11 譯註：英文原文為「narrative identity」，該理論認為個體是透過將生活經歷整合到內化和不斷發展的自我敘事來形成身分認同，足以為個體提供一致性和目的性。敘事身分認同是跨學科研究的焦點，深植於心理學當中。

在各位思考自己的敘事情節的同時，我想先分享我的故事。我的救贖故事就跟許多人一樣，都是源自於某個崩潰點。在生了三個小孩，並將工作強度調低好配合家務和育兒後，我很害怕我最愛的那個版本的自己，已經被無給薪且不受尊重的隱形家庭勞務壓得粉身碎骨、無影無蹤了。而且我也擔心自己對先生的怨懟可能會害我失去婚姻。

謝天謝地，我的婚姻並沒有破局，而我也沒有永遠地失去自我。我沒有坐以待斃，反而是決定翻開人生的全新篇章，向作家艾達‧卡胡恩取經，她鼓勵我們「用全新的方式去訴說我們犯過的錯與人生的故事，這次我們會是值得獲得掌聲的英雌。」因此，我不只對自己訴說我的故事，更對著成千上百萬和我一樣的女性同胞說話，她們在伴侶關係中苦苦掙扎、不敢為自己發聲，並因罪惡感與恐懼而惶惶不安。最終，我的崩潰點因後續產出的好事而「獲得了救贖」：創造出受眾人響應的「公平遊戲」社群，目的是在政策上與家庭中推動變革，而我感覺自己有義務必須要助其成長茁壯，就如同麥克亞當斯所說的一般。

而這個社群也日益壯大了起來，變成點燃全新夢想的運動：鼓勵大家重新發現並打造專屬於自己的獨角獸空間；允許自己不要隨時待命；燒掉罪惡感與羞愧感；再次感到好奇渴望；按照自己深信不疑的價值觀生活；以及積極追尋大膽無畏且忠於自我的夢想，並且和全世界分享。這便是我的救贖故事，而且尚未完

結。各位讀者及所有的獨角夥伴將接棒下去，放膽大步前進，將追尋忠於自我的人生故事變成他／她／他們的現世傳承。

與此同時，我還有另一個救贖故事，就是我終於學會旋轉舞步啦！沒錯，我可以像我的英雄 Shige-boh 和「不老怪獸」一樣，在舞台上旋轉舞動。秘訣就是一個又一個的具體行動、有紀律的練習以及一雙超寬楦的閃亮舞鞋，才能牢牢包覆我上了年紀的雙腳。雖然我已來不及參與《活色生香》的演出，但各位還是可以在抖音上欣賞我和潔西卡表妹的表演。

我從中學到的是，這些救贖時刻就像是最佳解藥，專門用以對抗繁瑣冗長的日常生活。而當故事走向因新壞蛋登場（比方說全球疫情）、劇情急轉直下，我現在知道只要堅持朝向下一個完成點前進，然後邊走邊跳舞，遲早都會抵達目的地。屆時，我就能吃塊蛋糕、大肆慶祝一番，然後再度展開旅程，實現下個夢想並和全世界分享，任何夢想都行。

將追尋忠於自我的人生故事變成你的現世傳承。

我在寫最後這幾頁時，除了要找出自己的救贖轉折，還要求自己再更進一步，而我也鼓勵各位一起試試：我的現世傳承是什麼？我想起丹‧麥克亞當斯教授用過的那道練習題，他說：「你是否可以用三個詞總結你的人生？對我來說就是『養女兒、寫作品、愛貝琪』（我老婆叫貝琪）。雖然聽起來很老套，但這便是傳承的核心力量。」

　　我心想，嗯……哪些詞可以總結我現在的人生呢？答案居然來自我十二歲的兒子，他是我們家的 Z 世代代表，我根本沒發現當下他就靜悄悄地坐在我旁邊，我還把自己的思緒大聲說出來。

　　「啊不就是 3C 原則。」他翻了翻白眼說：「你最愛的那三個詞啊。幾乎每場 Zoom 視訊會議你都要說一遍：好奇渴望、交流互動與達成目標。」

　　我大笑：「好啊，原來最專心的是你。你說的沒錯，這就是我最愛的三個詞。」（而且剛好正中麥克亞當斯的三詞練習紅心。）無論如何，我真心考慮要把這三個詞刺在肋骨上，就像羅賓‧亞森刺上她最愛的那個詞：resilient stock（韌性滿點）。

　　但扎克說到重點了，我開始沈思：這是我想活出與留下的傳承嗎？充滿好奇心、進行有意義的交流互動、持續積極追尋自己的目標與夢想。當我達成一個目標時，再次重新夢想另一個。沒錯，這正是我想活出與留下的傳承，而且 3C 原則如果能放在我的訃聞中，那我肯定能夠好好安息。

伊芙・羅德斯基，一位擁有無盡**好奇心**、渴望與人**交流互動**的女性。她堅信，雖然**達成目標**並非義務，但也不該輕言放棄。

我承認還需要修改一下，但我才四十四歲，希望還要等上很久才會有人需要幫我寫訃聞。在那之前，靠著堅定不移的 3C 原則，我已準備好面對接下來的任何挑戰。這又讓我想起我和海洋探險家羅勃・巴拉德的對話，當時訪談快結束時，他分享了一件趣聞：「那時我剛發現鐵達尼號，然後上了《今日秀》（*The TO-DAY Show*）、《今夜秀》（*The Tonight Show*）、還有什麼《明天過後》秀（*The Day after Tomorrow show*），」他開玩笑說：「有天我媽打來說：『我們想說的是，我和爸爸最近常在電視上看到你，鄰居也都在談論你。但你知道嗎？你發現那艘船真不是件好事。』」

「為什麼這麼說？」我問她。

「然後我媽說：『你是名很棒的科學家……也創造了許多重要發現，不過現在大家只會記得你發現那艘老舊生鏽的破船了。』」

巴拉德邊笑邊敘述這個回憶，然後對著我堅定的說：「事實並非如此。你要知道，人生是一連串的戰略性迎風換舷動作。早上起床，你知道自己的船想要航向何處，但風向不一定是吹往正確的方向，因此你要不斷迎風換舷，直到你出奇制勝、通過終點為止。」愛蜜莉亞・艾爾哈特的飛機依然下落不明，我已經試著尋找過一次了，未來也會繼續尋找下去。我一定會找到它……然後世人將會為此發現記得我。

出奇制勝、通過終點

在完成令人熱血沸騰的採訪後，我通常會和孩子分享精彩重點。採訪完隔天，班拿著一題數學走進辦公室問我，我忘了訓斥他打擾我工作，反而是興高采烈和他打招呼：「班，你不會相信我採訪了什麼人，就是發現鐵達尼號、現在開始尋找愛蜜莉亞・艾爾哈特飛機的那個人！他的一生成就了許多不可思議的事，但他說，對他來說最有回報的事是走進像你們學校一樣的教室，然後激勵孩子去追尋夢想，超酷的對不對？」

「挺好的啊。」他聳聳肩說：「嘿，我的夢想清單也新增了幾項：進國家美式足球聯盟（NFL）打邊鋒、童書作者以及專攻社會正義的律師。你知道的，」他一派輕鬆地說：「就像和平戰士一樣。」

我笑開懷，不愧是我的兒子。

他繼續說：「那個，媽，寫完這本書後，你接下來打算做什麼？」

喝瓶紅酒，然後好好睡一覺，我心裡是這麼想的，但還是很負責的答道：「我不確定下一個夢想是什麼，或許會再寫一本書，或許會做其他事，但可以肯定的是，我的旅程會繼續下去。我會繼續跳舞、繼續做夢。或許我只能歪七扭八地通過終點線，但還是會繼續為了創造力去發揮創意。」

「酷。」班點頭表示同意。

「現在你可以離開了，」我對他甜甜一笑：「媽媽還有工作要做。」

爲了創造力去發揮創意。

世界各地的獨角夥伴繼續走在各自的旅程上：

· 潔西卡經常練舞，也開始計畫下次去冰島冒險。

· 貝蕾欣正在拓展兩間公司，一間正在成為支持母職的活躍社群，另一間則是透過科技來支持媽媽。

· 艾莎計畫去印度拜訪她叔叔，當面向他請教占星相關知識。

· 達比正在為「德里媽媽」的小型搖滾演唱會勤奮練習。

· 蒂芬妮仍在試煮媽媽的食譜，但決定不寫食譜書，而是改成寫系列童書與插畫，主題是改編版的聖誕故事。

· 柔依正在寫一齣有關女性友誼的電視劇。劇中主角熱愛旅行，尤其是去以香料聞名的地區，而這位主角的愛人則是名古董交易商。

致謝

首先要感謝我先生賽斯，他對我有無比的信心，並在我寫第二本書時分攤了一堆家務卡，更別提是在疫情期間了。還要謝謝我的母親泰芮・米茲拉希（Terry Mizrahi），就算身為單親媽媽，您還是堅持將自己的獨角獸空間排在第一位，並教會我和全世界分享的價值觀。

感謝瑞絲・薇斯朋（Reese Witherspoon）、莎拉・哈登（Sarah Harden）、亞曼達・法蘭德（Amanda Farrand）、艾琳・史都佛（Erin Stover）以及「Hello Sunshine」整個團隊對我的信任，以及如此認真勤勉、悉心周到的在推廣獨角獸空間要傳達的訊息。感謝你們參與這個以女性為主體的故事。

我還要感謝莎曼莎・羅斯（Samantha Rose），身兼我的寫作夥伴與「工作妻子」。和他人有如此深刻的心靈交流十分罕見，我很榮幸能與你共享此經歷。你有著無與倫比的專業知識、寫作風格、幽默以及耐心。你是我最棒的夥伴，讓我們繼續一起攜手改變世界吧！

伊法特・瑞斯・甘德爾（Yfat Reiss Gendell），這本續集就是你信任我的最好證明。不管是寫作、談生意、編輯、廣告、系統測試，你的才華有著無限可能，你就是渾然天成的獨角獸。

感謝「Putnam」傑出出版團隊的所有夥伴。更由衷感謝我的

編輯蜜雪兒‧豪瑞（Michelle Howry），你聰慧敏銳、有條不紊的思維與悉心全面的指導，讓寫這本書的過程充滿歡樂。你給我的每句回饋意見都有著非比尋常的意義，並讓我的手稿不斷變得更好。我也非常感謝支援我的頂尖團隊，包括出版商莎莉‧金（Sally Kim）、總裁埃文‧赫爾德（Ivan Held）、公關總監亞力克西斯‧韋爾比（Alexis Welby）、行銷總監艾胥麗‧麥克萊（Ashley Mc-Clay）、公關專家艾胥麗‧休力特（Ashley Hewlett）以及編輯助理艾胥麗‧迪‧迪歐（Ashley Di Dio）。特別感謝總編輯梅芮迪絲‧佐斯（Meredith Dros）、副總編輯麥亞‧巴道夫（Maija Bal-dauf）、銷售部門負責人勞倫‧馬納科（Lauren Monaco）、行銷團隊成員艾蜜莉‧米內克（Emily Mlynek）和妮西塔‧帕泰爾（Nishtha Patel）、文字編輯艾莉卡‧費古森（Erica Ferguson）、出版編輯克萊兒‧蘇利文（Claire Sullivan）美術設計總監蒂芬妮‧艾斯崔區爾（Tiffany Estreicher）、美術部門總監安東尼‧羅曼多（Anthony Ramondo）和莫妮卡‧科多瓦（Monica Cordova）、版權總監湯姆‧杜索（Tom Dussel），以及桑尼‧邱（Sanny Chiu）超棒的封面設計。

珍妮佛‧揚克爾（Jennifer Younker），沒有你我就不可能寫出這本書，謝謝。你為了讓所有事如期進行，總是想盡辦法、排除萬難，而且在情況特別艱難之際，你也能讓所有事看似輕而易舉。

琳西‧梅爾-貝格（Lindsey Mayer-Beug），謝謝你為本書提供如此啟發人心的插圖。

「The Lede Company」公關公司的莎拉‧羅斯曼（Sarah Rothman）、梅芮迪絲‧歐蘇利文‧華生（Meredith O'Sullivan Wasson）、安娜‧貝勒（Anna Bailer）以及馬修‧亞凡托（Matthew Avento），謝謝你們如此努力將本書的訊息傳播得更遠更廣。

謝謝達比‧薩克斯比教授、朱利安‧戈德哈根（Julian Goldhagen）、瑞秋‧韋恩（Rachel Wynn）和朱莉‧伯斯坦，你們為我的手稿貢獻了諸多資料。各位為手稿給予的建言以及根據自身豐富知識提供的深入見解是無價之寶。

感謝下列專家在寫作、教書與工作的百忙之中，抽空為此書接受採訪：史蒂芬‧崔特博士、丹‧麥克亞當斯教授、安伯‧桑頓博士、勞麗‧桑托斯博士、娜塔莉‧尼克森博士、波雅‧拉克希明博士、史都華‧佛里曼博士、雪瑞兒‧岡佐拉‧齊格勒博士、珍妮佛‧彼崔格里利博士、肯農‧薛爾頓教授、亞歷克斯‧傑默博士、維多利亞‧西姆斯博士、費米達‧亨第教授、麗莎‧達摩爾博士、丹尼爾‧爾森教授、米亞‧伯德桑、雅莉安娜‧赫芬頓、葛瑞格‧麥基昂以及丹尼爾‧史提爾曼。各位的專業見解為《找出自己的獨角獸空間》一書提供了精彩豐富的資料。

另外要特別感謝兩位超棒的心理健康專業人士，他們提供了諸多深刻見解與實用資訊，有助於我們在日常生活中實踐獨角獸空間：心理學家菲麗絲‧科恩（Phyllis Cohen）博士以及心理治療師暨臨床社工師瑪西雅‧伯恩斯坦（Marcia Bernstein）。

感謝我最棒的姻親勞利和泰芮・羅德斯基，在我們的「構想、規畫、執行」三步驟（CPE: Conception, Planning and Execution）中，你們為我和賽斯在執行部分幫了大忙。你們的支持和鼓勵對我來說無比重要，而你們對扎克、班和安娜無條件的愛更是他們人生中的無價之寶。謝謝我的小叔伊萊・羅德斯基（Eli Rodsky）和妯娌蜜雪兒・科恩（Michal Cohen）對扎克、班和安娜的愛護。還有我們最棒的保姆西西莉雅・因特力亞諾（Cecilia Interiano），她每天都和我們一起實踐《公平遊戲》的原則。

柔伊・薛弗（Zoe Schaeffer），謝謝妳一路上的支持，幫我校訂初稿與提供關鍵回饋。

最後要感謝希拉蕊・榭瑞（Hillary Sherer）博士，你認真細心的比對了所有學術文獻，讓本書引用的所有數據與研究皆獲得充分的支持與驗證，更謝謝其他盡在不言中的協助。

參考資料

1. Alboher, M. (2007). One Person/Multiple Careers: The Original Guide to the Slash Career. A HeyMarci. com Production.

2. A Little Late with Lilly Singh. (2021, March 23.) "Freeze Your Kids with This New Technology." You-Tube video. https://www.youtube.com/watch?v=5qMr6IvkjaQ.

3. Altman, M. (2020, July 14). "Who Helps Out in a Crisis?" The New York Times. nytimes. com/2020/07/14/us/women-men-pandemic -disasters-help.html.

4. Baer, K. (2020). What Kind of Woman. Harper.

5. Beghetto, R. A. (2020). "How Times of Crisis Serve as a Catalyst for Creative Action: An Agentic Perspective." Frontiers in Psychology 11: 600685.doi.org/10.3389/fpsyg.2020.600685.

6. Behson, S. (2020, May 7). "Working Parents, Save Time for Hobbies." Harvard Business Review. hbr. org/2020/05/working-parents-save-time-for-hobbies.

7. Berger, J. (2020). The Catalyst: How to Change Anyone's Mind. Simon & Schuster.（中譯本：《如何改變一個人：華頓商學院教你消除抗拒心理，從心擁抱改變》）

8. Birdsong, M. (2020). How We Show Up: Reclaiming Family, Friendship, and Community. Hachette Go.

9. Bonger, N. (2017). "The Commodification of Wellbeing." In R. Hougham & B. Jones (Eds.), Dramatherapy: Reflections and Praxis (253–270). Macmillan Education.

10. Borritz, M., Bültmann, U., Rugulies, R., Christensen, K. B., et al. (2005). "Psychosocial Work Characteristics as Predictors for Burnout: Findings from 3-Year Follow-Up of the PUMA Study." Journal of Occupational and Environmental Medicine 47 (10), 1015–1025.

11. Brooks, A. C. (2020). "How to Build a Life: A Column about Pointing Yourself Toward Happiness. The Atlantic. theatlantic.com/projects/how-build-life.

12. Brown, B. (2013). Daring Greatly: How the Courage to be Vulnerable Transforms the Way We Live, Love, Parent, and Lead. Avery.（中譯本：《脆弱的力量》）

13. Burnett, B. & Evans, D. (2016). Designing Your Life: How to Build a Well Lived, Joyful Life. Knopf.（中譯本：《做自己的生命設計師：史丹佛最夯的生涯規畫課，用「設計思考」重擬問題，打造全新生命藍圖》）

14. Carson, S. (2010). Your Creative Brain: Seven Steps to Maximize Imagination, Productivity, and Innovation in Your Life. Jossey-Bass.

15. Codina, N. & Pestana, J. V. (2019). "Time Matters Differently in Leisure Experience for Men and Women: Leisure Dedication and Time Perspective." International Journal of Environmental Research and Public Health 16 (14), 2513.

16. Cohen, S. (2004). "Social Relationships and Health." American Psychologist 59 (8), 676.

17. Collins, J. (2001). Good to Great: Why Some Companies Make the Leap . . . and Others Don't. Harper-

Business.（中譯本：《從 A 到 A+：企業從優秀到卓越的奧祕》）

18.Conner, T. S., DeYoung, C. G., & Silvia, P. J. (2016). "Everyday Creative Activity as a Path to Flourishing." The Journal of Positive Psychology 13 (2), 181–189. doi.org/10.1080/17439760.2016.1257049.

19.Connley, C. (2021, January 11). "A Year Ago, Women Outnumbered Men in the U.S. Workforce, Now They Account for 100% of Jobs Lost in December." CNBC. cnbc.com/2021/01/11/women-account-for-100percent-of-jobs-lost-in-december-new-analysis.html.

20.Corry, D. A. S. (2014). "Harnessing the Mental Health Benefits of the Creativity–Spirituality Construct: Introducing the Theory of Transformative Coping." Journal of Spirituality in Mental Health 16(2), 89–110. doi.org/10.1080/19349637.2014.896854.

21.Csikszentmihalyi, M. (1990). Flow: The Psychology of Optimal Experience. Harper & Row.（中譯本：《心流：高手都在研究的最優體驗心理學》）

22. ──── . (2019). "Foreword: The Rewards of Creativity." In J. C. Kaufman & R. J. Sternberg (Eds.), The Cambridge Handbook of Creativity (2nd ed.) (xvii–xviii). Cambridge University Press. doi.org/10.1017/9781316979839.

23.Doran G., Miller, A., & Cunningham, J. (1981). "There's a S.M.A.R.T. Way to Write Management's Goals and Objectives." Management Review 70 (11), 35–36.

24.Druckerman, P. (2019). There Are No Grown-ups: A Midlife Coming-of-Age Story. Penguin Books.

25.Duckworth, A. (2016). Grit: The Power of Passion and Perseverance. Scribner.（中譯本：《恆毅力：人生成功的究極能力》）

26.Dweck, C. S. (2006). Mindset: The New Psychology of Success. Random House.（中譯本：《心態致勝：全新成功心理學》）

27.Edwards, S. M. & Snyder, L. (2020, July 10). "Yes, Balancing Work and Parenting Is Impossible. Here's the Data." The Washington Post. washingtonpost.com/outlook/interruptions-parenting-pandemic-work-home/2020/07/09/599032e6-b4ca-11ea-aca5-ebb63d27e1ff_story.html.

28.Empson, L. & Howard-Grenville, J. (2021, March 10). "How Has the Past Year Changed You and Your Organization?" Harvard Business Review. bg.hbr.org/2021/03/how-has-the-past-year-changed-you-and-your-organization.

29.Ewing-Nelson, C. (2021, January). "All of the Jobs Lost in December Were Women's Jobs." National Women's Law Center. nwlc.org/wp-content/uploads/2021/01/December-Jobs-Day.pdf.

30.Fancourt, D. & Steptoe, A. (2019). "Effects of Creativity on Social and Behavioral Adjustment in 7- to 11-Year-Old Children." Annals of the New York Academy of Sciences 1438 (1), 30–39. doi.org/10.1111/nyas.13944.

31.Finkelstein, J. (2020, June 5). "I'm a Gay CEO, and This Is Why Parental Leave Will Promote Gender Equality." Fast Company. fastcompany.com/90513225/im-a-gay-ceo-and-this-is-why-parental-leave-will-promote-gender-equality.

32.Forgeard, M. J. C. (2013). "Perceiving Benefits After Adversity: The Relationship Between Self-reported Posttraumatic Growth and Creativity." Psychology of Aesthetics, Creativity and the Arts 7 (3), 245–264. doi.org/10.1037/a0031223.

33. ———. (2019). "Creativity and Healing." In J. C. Kaufman & R. J. Sternberg (Eds.), The Cambridge Handbook of Creativity (2nd ed.) (319–322). Cambridge University Press. doi. org/10.1017/9781316979839.

34.Fray, M. (2016, January 25). "She Divorced Me Because I Left Dishes by the Sink." Huffington Post. huffpost.com/entry/she-divorced-me-i-left-dishes-by-the-sink_b_9055288.B.

35.Fredrickson, B. L. (2004). "The Broaden-and-Build Theory of Positive Emotions." Philosophical Transactions of the Royal Society London B 359, 1367–1377. doi.org/10.1098/rstb.2004.1512.

36.Friedman, S. D. & Westring, A. F. (2020). Parents Who Lead: The Leadership Approach You Need to Parent with Purpose, Fuel Your Career, and Create a Richer Life. Harvard Business Review Press.

37.Gadoua, S. P. (2020, August 12). " 'I Work with Couples About to Divorce, Here Are Their Top 5 Problems.' " Newsweek. newsweek.com/work-couples-about-divorce-top-5-problems-1524044.

38.Gilbert, D. (2014, March). The Psychology of Your Future Self [Video]. TED. ted.com/talks/dan_gilbert_the_psychology_of_your_future_self ?language=en.

39.Gilbert, E. (2015). Big Magic: Creative Living Beyond Fear. Riverhead Books.（中譯本：《創造力：生命中缺乏的不是創意，而是釋放內在寶藏的勇氣》）

40.Goddard, C. (2018). "The Significance of Transitional Objects in an Early Childhood Classroom for Children and Teachers." Dimensions of Early Childhood 46 (1), 6–9.

41.Hardy, B. (2019, January 17). "Accountability Partners Are Great. But 'Success' Partners Will Change Your Life." Medium. medium.com/@benjaminhardy/accountability-partners-are-great-but-success-partners-will-change-your-life-8850ac0efa04.

42. ———. (2020). Personality Isn't Permanent: Break Free from Self-Limiting Beliefs and Rewrite Your Story. Portfolio.

43.Holt-Lunstad, J., Robles, T., & Sbarra, D. A. (2017). "Advancing Social Connection as a Public Health Priority in the United States." American Psychologist 72 (6), 517–530. doi.org/10.1037/amp0000103.

44.Hooks, B. (2004). The Will to Change: Men, Masculinity, and Love. Atria Books.

45.Horowitz, J. M., Graf, N., & Livingston, G. (2019, November 6). "Marriage and Cohabitation in the U.S." Pew Research Center. pewresearch.org/social-trends/2019/11/06/marriage-and-cohabitation-in-the-u-s.

46.Huffington, A. (2020, October 30). "Why This Is the Perfect Time to Redefine Success." LinkedIn. linkedin.com/pulse/why-perfect-time-redefine-success-arianna-huffington.

47.Jeffers, S. (1987). Feel the Fear . . . and Do It Anyway. Fawcett Columbine.

48.Juhn, C. & McCue, K. (2017). "Specialization Then and Now: Marriage, Children, and the Gender Earnings Gap Across Cohorts." Journal of Economic Perspectives 31 (1), 183–204.

49.Kapos, S. (2021, January 15). "The Government's Vaccine Whisperer." Politico. politico.com/newsletters/women-rule/2021/01/15/the-governments-vaccine-whisperer-491431.

50. Kaufman, J. C. & Sternberg, R. J. (Eds.). (2019). The Cambridge Handbook of Creativity (2nd ed.) Cambridge University Press. doi.org/10.1017/9781316979839.

51. Konrath, S. & Handy, F. (2020). "The Good-looking Giver Effect: The Relationship Between Doing Good and Looking Good." Nonprofit and Voluntary Sector Quarterly 50 (2), 283–311.

52. Krogerus, M. & Tschäppeler, R. (2012). The Decision Book: Fifty Models for Strategic Thinking. W. W. Norton & Company.

53. Libby, K. (n.d.). "My Brain Was Damaged. Making Art Helped." The Riveter. theriveter.co/voice/how-art-helps-heal-trauma-covid-19.Lisitsa, E. (2013, April 23). "The Four Horsemen: Criticism, Contempt, Defensiveness, and Stonewalling." The Gottman Institute. gottman.com/blog/the-four-horsemen-recognizing-criticism-contempt-defensiveness-and-stonewalling.

55. Lyubomirsky, S. (2008). The How of Happiness: A New Approach to Getting the Life You Want. Penguin Press. (中譯本:《這一生的幸福計畫:快樂也可以被管理,正向心理學權威讓你生活更快樂的十二個提案》)

56. McKeown, G. (2014). Essentialism: The Disciplined Pursuit of Less. Crown Business. (中譯本:《少,但是更好》)

57. Merle, A. (2019, June 17). "The Best Type of Exercise Uses Your Body一and Your Brain." Quartz. qz.com/quartzy/1646275/the-best-types-of-exercise-for-brain-health.

58. Millwood, M. (2019). To Have and to Hold: Motherhood, Marriage, and the Modern Dilemma. HarperCollins.

59. Mineo, L. (2017, April 11). "Harvard Study, Almost 80 Years Old, Has Proved That Embracing Community Helps Us Live Longer, and Be Happier." The Harvard Gazette. news.harvard.edu/gazette/story/2017/04/over-nearly-80-years-harvard-study-has-been-showing-how-to-live-a-healthy-and-happy-life.

60. Mitchell, J. F. (2004). "Aging Well: Surprising Guideposts to a Happier Life from the Landmark Harvard Study of Adult Development." American Journal of Psychiatry 161 (1), 178–179. (中譯本:《哈佛教你幸福一輩子:史上最長 80 年指標研究,揭露快樂到老的智慧》)

61. Nagoski, E. & Nagoski, A. (2019). Burnout: The Secret to Unlocking the Stress Cycle. Ballantine Books. (中譯本:《情緒耗竭:停止過度付出、解開壓力循環》)

62. Nichols, M. H. (2020). All Along You Were Blooming: Thoughts for Boundless Living. Zondervan.

63. Nixon, N. (2020). The Creativity Leap: Unleash Curiosity, Improvisation, and Intuition at Work. Berrett-Koehler Publishers.

64. Oakley, B. (2017). "Learning How to Learn: You, Too, Can Rewire Your Brain." The New York Times. https://www.nytimes.com/2017/08/04/education/edlife/learning-how-to-learn-barbara-oakley.html.

65. Owens, Z. (Host). (2020, October). "Cheryl Strayed, This Telling." Podcast episode. In Moms Don't Have Time to Read Books. zibbyowens.com/transcript/cherylstrayed?rq=cheryl.

66. Payne, K. K. & Gibbs, L. (2013). "Economic Well-being and the Great Recession: Dual Earner Married

Couples in the U.S. 2006 and 2011."

67. PowerPoint Slides (FP-13-05). National Center for Family & Marriage Research. bgsu.edu/content/dam/ BGSU/college-of-arts-and-sciences/NCFMR/documents/FP/FP-13-05.pdf.

68. Ranji, U., Frederiksen, B., Salganicoff, A., & Long, M. (2021, March 22). "Women, Work, and Family During COVID-19: Findings from the KFF Women's Health Survey." Kaiser Family Foundation. kff.org/ womens-health-policy/issue-brief/women-work-and-family-during-covid-19-findings-from-the-kff-womens-health-survey.

69. Rao, T. (2019, January 28). "A Day of Rice Cakes for the Lunar New Year." The New York Times. nytimes.com/2019/01/28/dining/lunar-new-year-vietnamese.html.

70. Rominger, C., Fink, A., Weber, B., Papousek, I., & Schwerdtfeger, A. R. (2020). "Everyday Bodily Movement Is Associated with Creativity Independently from Active Positive Affect: A Bayesian Mediation Analysis Approach." Scientific Reports 10 (1), 1–9.

71. Runco, M. A. (2014). Creativity: Theories and Themes: Research, Development, and Practice. Academic Press.

72. Rusbult, C. E., Finkel, E. J., & Kumashiro, M. (2009). "The Michelangelo Phenomenon." Current Directions in Psychological Science 18 (6), 305–309.

73. Samuels, C. (2020, July 7). "What Is the Sandwich Generation? Unique Stress and Responsibilities for Caregivers Between Generations." A Place for Mom. aplaceformom.com/caregiver-resources/articles/ what-is-the-sandwich-generation.

74. Saxbe, D. E., Repetti, R. L., & Graesch, A. P. (2011). "Time Spent in Housework and Leisure: Links with Parents' Physiological Recovery from Work." Journal of Family Psychology 25 (2), 271.

75. Schulte, B. (2020, June 27). "How Not to Optimize Parenthood." Slate. slate.com/technology/2020/06/ parenthood-technology-optimization-future-tense-fiction.html.

76. Schwartz, J. (2017, August 4). "Learning to Learn: You, Too, Can Rewire Your Brain." The New York Times. nytimes.com/2017/08/04/education/edlife/learning-how-to-learn-barbara-oakley.html.

77. Seeman, T., Miller-Martinez, D. M., Merkin, S. S., Lachman, M. E., et al. (2011). "Histories of Social Engagement and Adult Cognition: Midlife in the U.S. Study." The Journals of Gerontology, Series B: Psychological Sciences and Social Sciences 66B (S1), i141–i152. doi.org/10.1093/geronb/gbq091.

78. Sehgal, K. (2017, April 25). "Why You Should Have (at Least) Two Careers." Harvard Business Review. hbr.org/2017/04/why-you-should-have-at-least-two-careers.

79. Senior, J. (2014). All Joy and No Fun: The Paradox of Modern Parenthood. Ecco.

80. ———. (2020, March 24). "Camp Is Canceled. Three More Months of Family Time. Help." The New York Times. nytimes.com/2020/05/24/opinion/coronavirus-parents-work-from-home.html.

81. Seppälä, E. (2014, April 11). "Connectedness & Health: The Science of Social Connection Infographic." Emma Seppälä. emmaseppala.com/connect-thrive-infographic.

82. ———. (2020, March 23). "Social Connection Boosts Health, Even When You're Isolated." Psycholo-

gy Today. psychologytoday.com/us/blog/feeling-it/202003/social-connection-boosts-health-even-when-youre-isolated.

83. Sevilla, A. & Smith, S. (2020). "Baby Steps: The Gender Division of Childcare During the COVID-19 Pandemic." Oxford Review of Economic Policy. doi.org/10.1093/oxrep/graa027.

84. Silvia, P. J., Cotter, K. N., & Christensen, A. P. (2017). "The Creative Self in Context: Experience Sampling and the Ecology of Everyday Creativity." In M. Karwowski & J. C. Kaufman (Eds.), Creativity and the Self (275–288). Academic Press.

85. Sinek, S. (2009). Start with Why: How Great Leaders Inspire Everyone to Take Action. Portfolio.

86. Smith, E. E. (2013). "Meaning Is Healthier Than Happiness." The Atlantic. https://www.theatlantic.com/health/archive/2013/08/meaning-is-healthier-than-happiness/278250/.

87. Solnit, R. (2010). A Paradise Built in Hell: The Extraordinary Communities That Arise in Disaster. Penguin Books.

88. Spalding, D. (2019, January 3). "Why Equal Parenting Is Still a Myth." Motherly. medium.com/motherly/why-equal-co-parenting-is-still-a-myth-d4ad732b106d.

89. Stone, B., Heen, S., Patton, B. (2010). Difficult Conversations: How to Discuss What Matters Most. (2nd ed.) Penguin Books.（中譯本：《再也沒有難談的事：哈佛法學院教你如何開口，解決切身的大小事》）

90. Teng, E. (@etengastro). (2021, January 12). "am I working at my regular capacity? no. but am I prioritizing and taking care of the most important tasks? no. but am I at least taking care of myself and my mental health? also no." Twitter. twitter.com/etengastro/status/1349066485310894082.

91. UCL News. (2020, May 27). "Parents, Especially Mothers, Paying Heavy Price for Lockdown." UCL News. ucl.ac.uk/news/2020/may/parents-especially-mothers-paying-heavy-price-lockdown.

92. UN Women. (2017). "Women in the Changing World of Work: Facts You Should Know. interactive.unwomen.org/multimedia/infographic/changingworldofwork/en/index.html.

93. Ury, W. (2007). The Power of a Positive No: How to Say No and Still Get to Yes. Bantam Books.

94. U.S. Bureau of Labor Statistics. (2020, June 25). "American Time Use Survey Summary." bls.gov/news.release/atus.nr0.htm.

95. Valenti, J. (2020, October 1). "'Am I the Asshole?' Reveals America's Sexist Underbelly." Medium. gen.medium.com/aita-reveals-americas-sexist-underbelly-4609aa56658d.

96. Vanderkam, L. (2020, August 2). "Working from Home Poses Serious Dangers for Employers and Employees Alike." Fortune. fortune.com/2020/08/02/coronavirus-remote-work-home-burnout.

97. Wagner, T. (2012). Creating Innovators: The Making of Young People Who Will Change the World. Scribner.

98. Zamarro, G. & Prados, M. J. (2021). "Gender Differences in Couples' Division of Childcare, Work and Mental Health During COVID-19." Review of Economics of the Household 19, 11–40.

國家圖書館出版品預行編目資料

找出自己的獨角獸空間 : 世界再忙,你也有權擁有創意滿點的
人生/伊芙.羅德斯基(Eve Rodsky)著 ;史碩怡譯. -- 初版. -- 臺
北市 : 大塊文化出版股份有限公司, 2024.05
384面 ; 14.8×20公分. -- (smile ; 205)
譯自 : Find your unicorn space : reclaim yourcreative life in a
too-busy world.
ISBN 978-626-7388-93-8(平裝)
1.CST: 自我實現 2.CST: 創造力 3.CST: 成功法
177.2   113005305